# 法国大革命批判辞典

## 5

### 阐释卷

〔法〕弗朗索瓦·孚雷 莫娜·奥祖夫 主编

洪庆明 译 刘北成 校

商务印书馆
创于1897 The Commercial Press

François Furet
Mona Ozouf
et collaborateurs
**DICTIONNAIRE CRITIQUE DE LA RÉVOLUTION FRANÇAISE
INTERPRÈTES ET HISTORIENS**

©Editions Flammarion, Paris, initially published in 1988,
New, revised and enlarged edition in 2007
根据 Flammarion 出版社 2007 年版本译出

# 《法国大革命批判辞典》中文版

## 编委会

刘北成　庞冠群　申华明
张　智　黄艳红　洪庆明

# 说　明

　　本册据弗拉马里翁（Flammarion）出版社2007年出版的《法国大革命批判辞典》（修订版）第五卷《阐释卷》翻译。修订版经重新审读和校对，文献目录也大幅更新。

　　"参见条目"中黑体标注者为本卷中的词条，其余则见于本《辞典》其他各卷，即《事件卷》《人物卷》《制度卷》《观念卷》。

中文版编委会

2021年

# 一部"革命政治的表象史"
## （代译序）

法国大革命，若从1789年算起，已经230多年了，但是它的影响至今不灭。

大革命为什么重要？以色列史学家阿隆·康菲诺对此作了一个解释。他把法国大革命称作一个"根基性过去"（foundational past）："根基性过去是指代表一个时代的事件，因为它体现了一种历史创新，成为道德和历史尺度，成为衡量一切人类事物的尺度。根基性要素不是事件的一种内在品质，而是存在于人们主观性之中的一种历史建构。"在他看来，法国大革命正是上述意义上的历史创新事件。具体而言，"《人权宣言》和恐怖重新定义了政治和道德。大革命催生了从1789年起决定现代欧洲和世界历史的思想和实践：自由主义、社会主义、女权主义、人权、总动员以及革命观念本身。大革命是关于民主和国家恐怖的第一次现代经验，因此被视为衡量现代历史的新标准。对于英国评论者埃德蒙·柏克来说，它是一个不惜任何代价都要避免的模式，但对于列宁来说，它是一个值得效仿的典范。"①

康菲诺的论断言简意赅，颇有见地。大革命作为现代性的雅努斯门槛，以《人权宣言》和恐怖两副面孔示人，不仅粗暴地截断了过去与现代，而且预示了"现代"或"现代化"的张力和冲突，开启了现代世界的路线竞争。

在西方乃至更广大的世界，从柏克－潘恩论战开始，有关大革命的争论从未停止。一代代的研究者和论战参与者，自觉不自觉地代入89年或93年乃至帝国的党派。这里不仅有语境和代际的差异，也有物质和精神利益的关联。正如法国历史学家弗朗索瓦·孚雷曾总结的："其他任何历史争论都没有如同每一代人都会发生的关于法国大革命的争论那样激烈和尖锐。"实际上，大革命不仅是一个历史事件，而且一直以历史话语的形式参与现实生活。现实与大革命形成互文关系。每一代人需要用大革命叙事和阐释来提供实践和思想的依据，大革命的历史话语成为现实的建构因素。而每一代人的大革命话语也是当时的现实映像，每一代人基于当代记忆和想象的历史话语来重构大革命。当然，大革命的历史话语积累了丰富厚重的思想遗产。

按照莫娜·奥祖夫的说法，法国经历了"旧制度与大革命的百年战争"，到19世纪末大致尘埃落定。艰难出世的第三共和国终于向第一共和国遥遥致敬。后来有"老虎总理"之称的共和

---

① Alon Confino, "Introduction. Edge of the past" in id., *Foundational Pasts: The Holocaust as Historical Understanding*, New York: Cambridge University Press, 2012, pp.5-6。康菲诺认为，法国大革命和大屠杀是近现代的两个根基性过去。他赞同孚雷的大革命结束论，理由是大屠杀的重要性在逐渐取代大革命。

派政治家乔治·克列孟梭宣布：大革命是一个整体（bloc），必须完整地接受大革命的一切，包括恐怖。这个基调当然不能结束争论。大革命史学作为一门专业学科，就是在第三共和国的实证主义和共和主义的氛围中诞生的。20世纪前期和中期，以巴黎（索邦）大学法国革命史研究所为中心的专业研究深受马克思主义的影响，自马迪厄、勒费弗尔到索布尔形成了学院派正统。学院派目光向下，开掘社会经济分析，将视野扩大到农村、无套裤汉以及民众心态，但他们对雅各宾派有明显的偏爱。本书第5卷有关于学院派的详尽评述，尽管是通过孚雷的批判目光，但仍可窥见一斑。

1989年，正值法国大革命二百周年之际。此前，索布尔的继承人米歇尔·伏维尔受法国政府委托协调法国和国际的相关学术活动，但是以孚雷为代表的修正派也开辟了另外的学术天地。1988年出版的《法国大革命批判辞典》就是修正派的集体之作。

《批判辞典》的主编和主要撰稿人是弗朗索瓦·孚雷和莫娜·奥祖夫。孚雷（François Furet，1927—1997）属于年鉴学派的第三代。年鉴学派第一代（吕西安·费弗尔和马克·布洛赫）和第二代（布罗代尔）以及第三代多数历史学家（如雅克·勒高夫）关注跨学科研究，偏爱总体史、社会史以及心态史，不愿触及大革命这样的"事件史"和政治史课题。孚雷是一个例外。他曾加入法共，匈牙利事件后退党。他从进入学界就热衷研究大革命，先后发表《法国革命史》（两卷，与里歇合著，1965年）、《思考法国大革命》（1978年）和《马克思与法国大革命》（合著，1988年）。他从马克思主义的社会史研究起步，但转而反对学院派的"雅各宾史学"和马克思主义社会史研究取向，主张回归19世纪托克维尔和基内的思路，强调大革命发生和整个进程的复杂性和偶然性。他先后主持法国社会科学高等研究院和雷蒙·阿隆研究所，建立了修正派的道统。奥祖夫（Mona Ozouf, 1931—）是孚雷学术小圈子中的密友。她以《革命节日》（1976年）这部创新之作开启了对大革命的政治文化研究，也得到一些年鉴学派学者的认可。他们二人代表了年鉴学派第三代中的政治史回归倾向和政治文化分析取向。

《法国大革命批判辞典》并非人们常见的辞典。我们可对比一下1989年出版的《法国大革命历史辞典》。二者都是规模宏大的集体作品。《历史辞典》由学院派已故掌门人索布尔启动，由伏维尔主持完成，编写者64人，均为大学及其附属研究所的法国革命史专业学者。全书1132页，按照法文字母顺序排列，收录1000多个词条，并附有大事年表，可谓关于法国大革命的一部百科全书。与之相比，《批判辞典》的体量大体相似，全书1122页，却只有99个词条，每个词条是一篇长文。编写者只有24人。孚雷、奥祖夫和里歇三人撰写了其中的53篇。[①] 所有作者都就职于法国大学体系之外的机构：法国社会科学高等研究院、法国国家科研中心或国外大学。（这里需要说明一下，法国社会科学高等研究院是布罗代尔在大学之外组建的研究机构。）其中一些作者并非法国革命史专业研究者，而是政治学或政治哲学学者或社会学者。全书按照专题分为5卷，不是按照社会理论概念

---

① 第二版增补了6条，总计105条。新增条目是雾月十八日、圣多明各革命、布里索、圣茹斯特、公共教育和绝对君主制。其中圣多明各革命由新邀的意大利学者撰写。

分类（如政治、经济、宗教等），而是对一般历史现象加以分类（事件、人物、制度、观念和阐释者）。有评论者认为，这两部辞典属于两种历史书写体系，前者提供实证基础上的史实，后者则偏重阐释、比较和话语分析。后者许多词条明显利用了学院派的研究成果。当然，奥祖夫等人也显示了坚实的档案研究功底。

在孚雷看来，对大革命不论诅咒还是歌颂，都属于"纪念史学"，大革命依然是一种身份话语，在这个意义上，大革命依然没有结束。但是，时代已经变了，从第三共和国到第五共和国，大革命的基本原则得到了充分落实。我们可以告别革命，亦即，不再代入大革命的角色，可以用一种批判的态度反思法国大革命。借助恢复被学院派史学霸权所遮蔽的19世纪的思想资源，我们可以重新获得评判大革命的勇气和能力。[①] 该辞典的"批判"主旨也正在于此。

在方法论上，辞典的作者们剑走偏锋，拒斥学院派的社会经济解释，认为后者使用的概念（如封建制）需要还原到历史语境中。《批判辞典》完全自限于政治史，但是也开出一条政治文化研究的新路。有评论者指出："辞典作者的主要方法论标准，是对'革命者对自己行动的表述'的研究。……不仅仅是在19世纪历史学家的指令下重写法国大革命，批判史学还在特别关注'法国大革命关于自身的话语'的基础上，对'观念在法国大革命中的作用'进行了初步评估（转引奥祖夫的话）。一些词条对法国大革命中文本的分析以及对话语融贯性的恢复解释了这些作用。这里看到

---

① 参见傅勒（即孚雷）的《思考法国大革命》，生活·读书·新知三联书店，2005年。

的远不是一个虚无缥缈的思想故事。因此，《批判辞典》最具原创性的贡献在于一部'革命政治的表象史'。这是一个已经部分完成但仍有待完成的历史，这可能解释了表面上并不完整系统的词条选择，但我们已经可以特别欣赏到关于革命概念的精彩系列，要么是高度象征性的（如奥祖夫关于自由、平等、博爱、再生、革命的词条），要么是相当重要的关于新政治艺术的（如贝克关于主权的词条）。"①

大革命二百周年的纪念活动确实呈现出一派纪念的气氛，但无论法国国内还是国外，重心在《人权宣言》。法国政府给先贤祠增补了3人，包括启蒙哲人、吉伦特派成员孔多塞，立宪派主教、鼓吹废奴主义的格雷古瓦教士和数学家蒙日。修正派史学也赢得了媒体。"我赢了"，孚雷的这句玩笑话也并非虚夸。伏维尔在中国出席史学界的纪念活动时，甚至听到"我们都是热月党人"这种令他难以置信的表达。放眼当时全球的"山崩地裂"（霍布斯鲍姆的比喻），修正派的胜利其实不过是时代潮流转向和国际学术进展的一个表征而已。

近年来，无论修正派还是学院派都已回归平静的学术研究。有关大革命的争论似乎止于青萍之末，不再掀起惊涛骇浪。大革命是否真的成为了过去？近日有新闻说，法国现任总统马克龙悄悄地把三色国旗上的蓝色改回象征法国大革命的海军蓝。在发生《查理周刊》袭击、出版《21世纪资本论》的国度，这会是什么预兆吗？

\* \* \* \* \* \*

---

① 法国政治观念史学者雅克·吉约蒙的书评。

法国大革命在现代中国的历史话语中占据重要地位。各个时代各个流派代表学者以《法国革命史》为名的经典史著大多译成了中文。孚雷也曾撰写过《法国革命史》，提出著名的侧滑论，但很快就放弃了。因此，《法国大革命批判辞典》可以作为修正派的代表作，进入法国大革命史学的谱系。也许它是大革命史系列的一个压轴之作，至少目前看是如此。这一学术价值判断是我们选择翻译这部著作的一个学术动机。

刘北成

2021 年 11 月 21 日

# 目 录

路易·勃朗（Blanc (Louis) 1811-1882）……………… 1
比谢（Buchez 1796-1865）………………………………14
柏克（Burke 1729-1797）…………………………………28
贡斯当（Constant 1767-1830）…………………………42
费希特（Fichte 1762-1814）………………………………57
基佐（Guizot 1787-1874）…………………………………66
黑格尔（Hegel 1770-1831）………………………………76
学院派大革命史学（Histoire universitaire de la révolution）………84
饶勒斯（Jaurès 1859-1914）……………………………… 115
康德（Kant 1724-1804）…………………………………… 131
迈斯特（Maistre 1753-1821）…………………………… 140
马克思（Marx 1818-1883）………………………………… 152
米什莱（Michelet 1798-1874）…………………………… 166
基内（Quinet 1803-1875）………………………………… 183
斯塔尔夫人（Staël (Mme de) 1766-1817）……………… 202
泰纳（Hippolyte Adolphe Taine 1828-1893）………… 214
托克维尔（Tocqueville 1805-1859）…………………… 232

人名索引 ………………………………………………… 251
主题索引 ………………………………………………… 284
《法国大革命批判辞典》（全五卷）总目录 …………… 297
作者名录 ………………………………………………… 303

# 路易·勃朗
## Blanc (Louis) 1811–1882

1834年，路易·勃朗在巴黎开始记者生涯，比谢（Buchez）和鲁（Roux）的鸿篇巨制《法国大革命议会史》首卷也在同年面世。此时，1830年"光荣三日"的资产阶级接管余波未绝，在这座依然因频繁骚动而不安的大城市中，不难想象，这位"登临"巴黎的年轻知识分子与这本巨著相遇了。在这本将天主教传统与罗伯斯庇尔主义嫁接在一起的巨著中，他找到了自己的过去与未来。

因为年轻的路易·勃朗是深受大革命迫害的旧制度阶层之子。他的家族来自笃信天主教的鲁埃格省（Rouergue）高地地区。其祖父是一名商人，在大恐怖中被送上断头台处决。其父是一名坚定的保王党人，与科西嘉贵族之女成婚，在帝国政府中当差。路易·勃朗1811年出生在马德里。在法国罗德兹市（Rodez）清一色笃信天主教和正统主义的家庭与学校环境中，他很好地学习了古典学。1830年七月革命沉重打击了他的家庭的信仰和生计：路易-菲利普取消了路易十八赐予他父亲的年金。刚刚前来巴黎的两个男孩——路易及其兄弟夏尔不得不节衣缩食地生活。

路易接受了一个在阿拉斯（Arras）的家庭教师职位，他在这里阅读了18世纪作家的作品，但他的教育背景使他对它们多有提防；阿拉斯与他童年时代生活的省份迥然相异，在这里，他目睹了工人的苦难和贫困问题。正是在这些年里，他抛却了其家族对过去的念念不忘，转向对崭新未来的期待：在对资产阶级七月王朝存有仇恨的同时，致力于思考能够惠及所有劳动人民的博爱共同体思想。这个被教士培养起来的年轻人在左翼新闻界找到了一份工作；他转向民主主义和社会主义，但一如既往地保持着对资产阶级和金钱的敌视。

1840年，他出版的两部著作向人们呈现了他的政治倾向：既是社会主义者同时也是共和主义者。第一部著作是一篇印制成小册子的长文，题为"劳动组织"（*L'Organisation du travail*），就社会问题提出了一系列解决办法。书名表达了其基本主张：以掌握在人民代表手中的国家权威统治下的理性经济秩序，取代资产阶级掌控的国家羽翼下盛行的资本主义无政府状态。这个方案在某种程度上与同时代的社会主义乌托邦相类，重视摆脱了自私自利的利益和情感的新人之再造；借助这个手段，新的生产组织将迅速获得所有人的赞同。它将获得同样革新了的国家的保护。新国家将由普选产生的代表组成，这些代表随时可以撤换。这个国家将通过所谓的"社会工场"来控制关键产业，并发挥对生产进行总体监管的职能。设立社会工场，旨在展示合作劳动相对于片面竞争的优越性。

勃朗的另一部著作《十年史》，是一部缕述路易-菲利普统治十年的著述，尽管冗长（5卷）且充满偏见，仍值得一读。这部文笔生动、满是逸闻趣事和人物描写的政治编年史，也是一部文献资料集，反映了七月王朝政制下共和左翼的道德与思想世界。对资产阶级的憎恨，对金钱世界的拒斥，以及对普选权近乎救世主般的期盼，通过这些，我们感觉到1848年精神在爆发前夕的悸动。

随着这两次出版大获成功，路易·勃朗自此成为反对派的头面人物之一。他在宴会运动中扮演着活跃的角色，1848年巴黎"光荣日子"（journées）的2月24日，临时政府组成，他顺理成章地被选为成员。政府立即陷入了杜邦或阿拉戈等以《国民报》为中心的共和派与弗洛孔或路易·勃朗等以《改革报》为中心的社会主义者之间的争斗。勃朗争取进步部部长未果，最终仅得到了劳工组织委员会主席的职位，3月初，委员会于数日前被法国贵族院遗弃的卢森堡宫中成立。

这是一份有毒的奖赏，承载着在现实中不可能实现的责任，甫一开始便陷于煽动性的激情和乌托邦的诉求当中。更糟糕的是，在公众眼里，这个委员会的工作与公共劳动部为减少失业于2月26日决定创立的国家工场混为一谈。共和派将路易·勃朗当作巴黎工人的代言人，很快将其孤立；他在5月份入选制宪会议，但政权落入右派手里，他成为巴黎5月15日和6月暴动的大输家：他遭到指控，被剥夺议员豁免权，并很快被在布尔日（Bourges）召开的特别法庭判决流放。但这是缺席审判，他已经取道布鲁塞尔流亡伦敦。

在伦敦，他滞留了20年之久，像基内一样拒绝了1859年的帝国大赦。他撰写了《法国革命史》，其中探究革命起源的第一卷出版于1847年——大革命史学的大年，同年面世的有米什莱的《法国大革命史》第一卷，埃斯基罗斯①的《山岳党人》(Les Montagnards)，拉马丁的《吉伦特派》(Les Girondins)。他的大部头《法国革命史》共计13卷，经过十余年的努力，到1862年最终完成。像基内写于日内瓦湖畔的韦托（Veytaux）的大革命史一样，它在很大程度上也应归功于环境，归因于作者政治生涯的失败和流亡，只是他们的失败和流放不尽相同而已。

基内是12月2日②的被流放者。他考虑的问题是，如何理解法国民主的失败，为何再次从革命演变到帝国。路易·勃朗不是与帝国而是早在三年前与共和国决裂的。与那位身处韦托而毫无希望的共和主义者（指基内）一样，他也是一个本色不改的流亡者；然而，被共和国驱逐出祖国后，他的经历里面没有任何东西可以使他同情甚至理解基内就一般意义上的法国历史和特定意义上的大革命所提出的问题。对权力形式和国家主权形式以及公民权问题，他在1852年不再像1847年那么有兴趣。他一如往昔，深信抽象的权利思想是虚幻的，惟有赋予人民真正的权力，民主制才能建立起来。这位雅各宾社会主义者，因为社会主义的雅各宾主义在1848年6月的巴黎街头惨遭失败，自己也遭到流放，从而变得更加雅各宾。

在宁静的大英博物馆中，他拿起复仇之笔撰写"他心中的"法国革命史。

---

① 埃斯基罗斯（Esquiros, 1812-1876年），法国作家，1850年作为一名社会主义者当选议员，随后因反对第二帝国遭到流放，直至1869年才返回法国。——译者（本卷页下注均为译者注。余不另注。）

② 指1851年12月2日拿破仑三世发动政变，推翻共和国建立法兰西第二帝国。

这部巨著的谋篇布局遵循开宗明义提出的三个原则。这三个原则的演替让世界历史或至少让欧洲历史变得易于理解。最古老的原则是权威原则，其次各个社会与民族的生活立足于外部超然的信仰和原则上，以及人类对秩序和各种无形约束的依赖上。相反，个人主义原则将被统治者的同意和个人自由放在中心位置；它将社会生活建立在个人权利的基础上并极其重视这些权利的享有，哪怕牺牲集体亦在所不惜。这两种原则在基督教中都有体现，第一个体现于天主教中，第二个则体现于自路德以来的新教教派中；但抛开宗教元素，新教的精神倾向还赋予1789年以活力，促成了人权和制宪会议的全部创举，此后成为现代世界和路易·勃朗所不喜欢的19世纪资产阶级的精魂。

因而，需要有第三个原则来做一个综合，在个人主义的原子化世界中，重新建立标识着威权文明的集体感。这种重建并非简单回归过去的时代，因为其想要再次找寻的社会和谐，不再建立在强制或宗教神性之上，而是立基于所有人的自由参与；因此，它将会吸纳现代个人主义强调的个人意志观念，但摒弃其可能的无政府状态趋向：它的特质便是博爱。

如今，博爱铭刻于法国革命的旗帜上，但大革命并未第一时间重视其意义，所有人都沉迷于革命对旧制度的破坏。制宪议会更重视确立个人主义而非自由。但是，博爱在共和二年与山岳派一道回来了：这个疾风骤雨的时代预示了明天的前景，因此，大革命包含了人类过去数个世纪的工作，并宣布了人类未来有待完成的工作。"我们应该了解"，勃朗在宣布其著作的"设想和计划"时说:"在我们习惯称之为法国大革命的革命中,实际上有两个截然不同的革命,尽管两者都是反对古老的权威原则。一个有利于个人主义,它发生在1789年;另一个以博爱之名进行乱哄哄的试验,它落幕于热月9日。"

路易·勃朗秉持法国革命内部有两种革命的观点:这是所有社会主义的大革命史学必不可少的主题,因为它们要从事件里同时解读出过去与未来,邦纳罗蒂(Buonarroti)和比谢在著作中业已以各自的方式提及这样的观点。与两位先行者一样,在勃朗看来,大革命是一场资产阶级与人民之间的阶级斗争,1789年是前者的胜利,1793年则是后者短暂的胜利。社会主义史学家们对基佐的解释——中产阶级取得了针对贵族的胜利——加以再利用,用以反对基佐及其朋友们所钟爱的中产阶级,他们在左翼发现了新的敌手。① 共和二年的专政不再像米涅(Minet)书中所说的那样,是民众在环境逼迫下为挽救1789年成果而采取的临时举措。它是大革命的新阶段,其特质是新的参与者所体现出来的新原则:这是人民利益反对资产阶级利益的表达。

尽管路易·勃朗的《法国革命史》保留着一种源自他童年和受教育时期的天主教色彩,但不像比谢的书那样囿于天主教思想和法兰西民族思想的结合中。在路易·勃朗看来,天主教是一种个人遗产,而非生生不息的集体信仰。它有助于理解被新教个人主义所摧毁的社群观念,但无助于理解以后可能会怎么样;大革

---

① 这里表达的意思是资产阶级史学家基佐提出"资产阶级反贵族论",而社会主义史学家更进一步发展出"人民群众反资产阶级论"。

命属于后天主教时代，而博爱时代的史学家应该思考雅各宾党人的范例而不是宗教。路易·勃朗以世俗的目的论取代了比谢的天主教救世论：法兰西历史的过去、现在和将来，都不再围着天主教思想转，而是完全受它与中央集权国家、进步代理人的关系的支配，就像过去受平等支配，未来受博爱支配。

像几乎所有的19世纪历史学家一样，路易·勃朗极力往前溯源，追寻1789年之根。在他看来，根源在16世纪半新教的法国，其时在基督教内部出现了个人主义的现代病毒。从那时向人权和商业社会的演变进程有三个重要标识：宗教改革、资本主义资产阶级的兴起、启蒙哲学；在大革命当中，个人主义不仅体现在1789年，而且延展至吉伦特派当政，更不要说热月9日政变之后的岁月，后者预示七月王朝金钱为王时代的到来。然而，在这三个世纪间，法兰西民族的历史也展现了与这种演变进程相逆的力量，共和二年的政府找到了属于它自己的传统。在《法国革命史》的前2卷中，路易·勃朗为雅各宾主义辩护，称之为美好未来的预报，实际上与他对绝对主义君主制始终钦仰密切相关，在他看来，绝对主义君主制是资产阶级势力上升的工具，但最重要的是它所彰显出来的原则，即国家高于个人主义，独立于各种利益之外，是小民的保护者。在此点上，这位社会主义史学家沿用了其资产阶级的先行者奥古斯丁·梯叶里和弗朗索瓦·基佐，以及所有认为城市公社借助于绝对主义获取对贵族的胜利的史学著述。但相较那些认为君主国家锻造国家团结以反对贵族的史学家，他赋予君主国家更具体明确的使命：那就是在经济社会方面通过有利于穷人的立法，确保社会和谐，或最低限度的集体和谐。

如同资产阶级个人主义不乏反制力量一样，启蒙哲学亦非完全属于资产阶级。中产阶级的巨擘哲人，启蒙时代精神的定调者，毫无疑问是伏尔泰；但他的对面站立着另一位创始者卢梭。"当时存在着两种学说，它们并非简单的不同，而是彼此对立：第一种学说的目标是以博爱原则为基础实现平等者的联合；第二种学说则完全立基于个人权利。通过团结与爱实现自由，直接导源于福音书，这是第一种学说所诉求的；作为新教产物的第二种学说，仅在每个孤立个人的解放中寻求自由。摩莱里、让－雅克·卢梭、马布利属于第一种，内克在某些方面也是；第二种的代表人物是伏尔泰、达朗贝尔、孔多塞、狄德罗、爱尔维修、杜尔哥、莫雷莱，等等。第一种学说将带来罗伯斯庇尔；第二种学说将造就米拉波。"（第一卷第二章）

因此，到18世纪中期，将被后世称作大革命的两幕剧之诸要素——同时也是先兆，已经形成了。它们被指有共同的起源，这个起源就是基督教——19世纪的众多作家亦将之视为现代民主的母体。在勃朗看来，基督教有三支后裔；天主教一系是中世纪威权主义社会的源头，新教一系乃资产阶级个人主义产生之酵母。第三支还未有结果，但福音书精神在这一系中的真正回归，将会产生出博爱的公民宗教，正如18世纪（至少在18世纪）业已指出的道路那样。因为在资产阶级思想家伏尔泰的革命之后，接踵而来的是人民哲学家卢梭的革命（路易·勃朗还加上了摩莱里、马布利，且颇为奇怪地加上了新教徒内克，因为他曾论战反对重农学派倡导的自由放任政策）：公意意味着强力政府，萨瓦牧师①曾祈盼一个公民互爱的公民宗教。因此，罗伯斯庇尔被置于让-雅克的谱系当中："只要有弱者需要保护，有不幸者需要拯救，他们彼此都拥护有一个强力政府，《社会契约论》的作者及其信徒②认为，社会形态是它形而上学和神学的翻面具象。因此，他们明白，无神论在人间会导致动荡，在天堂则带来无政府状态。"（第三卷第一章）因此，雅各宾主义预示了一个服务于弱者的强力政府和一种与批判理性主义相对立的情感宗教：罗伯斯庇尔是这两者的化身。

然而，为了做到这一点，他必须将罗伯斯庇尔与大恐怖的遗产区分开来。路易·勃朗没有像比谢那样讴歌革命暴力的功用。他以复辟时期自由主义史学家的方式，为大恐怖的起因进行防御性的辩护；大恐怖诚然是一种可怕的统治方式，但大革命从两方面来说都应是无罪的：一方面，它承袭了旧制度一部分恶劣的政治惯习，因为社会暴力首先是过去时代的诅咒；另一方面，它是由反革命阴谋激发起来的，并非有其自身的必然性。路易·勃朗这种对大恐怖的解释毫无原创性，自1794年热月9日以来几乎随处可见。他的原创性在于将罗伯斯庇尔与断头台区分开来：为了将这位"不可腐蚀者"（l'Incorruptible）塑造为一个新社会的创立者——即便非常短暂，他必须消解自由主义者将之视为一个机会主义独裁者的形象。

在路易·勃朗的《法国革命史》里，上断头台的主要是埃贝

---

① 萨瓦牧师（vicaire savoyard）是卢梭《爱弥儿》里的一个人物。
② 这里指卢梭和勃朗。

尔派①，他们在1793—1794年冬几乎占据着主导地位，或接近主导地位：罗伯斯庇尔在他们面前保护了丹东和卡米耶·德穆兰。随后，在1794年春，正是他将埃贝尔派成员逮捕、审判和加以处决。当然，他是与丹东及其朋友们联手行动的。在这一点上，路易·勃朗痛心疾首地看到他追捧的英雄以革命正统的名义抛弃了丹东。但是，在消灭了各个派别之后，罗伯斯庇尔再次被勃朗归为大恐怖期间的温和派，罗伯斯庇尔派与共和二年牧月的恐怖法令毫不相关，甚至持敌视态度：在勃朗看来，未来热月9日政变的阴谋者才是1794年春的极端恐怖分子。如此一来，他将罪责全部归于热月政变的阴谋者。1794年6月煽动恐怖和热月之后谴责恐怖，他们是同一批始作俑者，罗伯斯庇尔被他们变成了替罪羊。因此，这位不可腐蚀者仅仅体现了雅各宾主义好的一面，即人民的国家。坏的一面，即大恐怖，不单单是大革命的敌人引起的，是他们创造了众所周知的"环境"，而且还应归咎于大革命的狂热分子，而后者很快变成热月党人，或再次沉沦于资产阶级的腐败当中。

此外，热月并未结束大恐怖，因为罗伯斯庇尔的倒台开启了白色恐怖之路：至此，恐怖主义"不再被用作捍卫革命的手段，而是用作终结革命的手段"（第十一卷第一章）。罗伯斯庇尔之后的时代再次经历了一派反对另一派的不可控制的社会暴力，在路易·勃朗看来，这种暴力与革命本身是分不开的，但这次它是逆

---

① 埃贝尔派是法国大革命期间一个激进的政治集团，是非基督教化和极端恐怖措施的强硬支持者，新闻记者、科特利埃俱乐部成员雅克·埃贝尔是其中的领导角色。

历史潮流而动，而且即便制度性的机构革命法庭也毫无顾忌。热月在"事后"（a posteriori）表明了罗伯斯庇尔的伟大与温和。他真正的遗产是1793年宪法，其间充溢着自由与正义的精神。

因此，在大革命史学中，路易·勃朗遵循其政治信念，提供了一种最纯粹的将雅各宾主义与社会主义密不可分地契合在一起的解释范例。这位逃离那个背信弃义的共和国的流亡者，在伦敦依旧是撰写《劳动组织》时的空论家和资产阶级的敌人，为建立一个充当社会监护人的国家而斗争的活动家。这个国家，必将是人民利益的总代理，让人们能够摆脱一切专制暴政的压迫。在他对法国革命的探索中，有一股让米什莱感到恼火且陈腐不堪的罗伯斯庇尔式布道精神，这在一定程度上正是其政治活动的代价。然而，因其简明凝练的魅力，今天的读者会兴致勃勃地沉浸于这些大部头的卷帙当中。路易·勃朗是一个好作家，其写作风格虽然偶或饶舌但总是生动雄辩；他写过一篇接近拉丁时期的古典散文，他喜欢讲故事且善于讲故事。他的文献资料非常丰富，许多取自比谢的著作和《导报》（Le Moniteur），另加上收藏在大英博物馆里的小册子（因为他几乎所有的著作都是在伦敦撰写的）；他对自己的文献资料非常自信，从不放过与米什莱进行学术论战的机会，这位前辈的著作似乎一直是他不知不觉参考的对象。像这个时期所有的文人一样，虽然他在撰述过程中从米什莱的书中汲取了许多有益的要素，但除进行批评之外他从不直接引述：勃朗的这种欠债不认，加之在细节方面的攻击，很大程度上说出了未言明的东西，使人体悟到社会主义者与共和主义者之间的分野。米什莱在1868年著作的序言里回应他时，谈及他们分属"两种宗教"。

从《十年史》到米什莱的《法国革命史》，两者间事实上存在着一堵快速增高的墙，在19世纪把作为共和主义者整体遗产的法国大革命和作为社会主义者私家遗产的法国大革命分隔开来。1848年2月看上去将它们联合起来，但5月和6月的事件让枪杆子取代了博爱；由于血脉不同，6月事件的失败者与12月2日的失败者不会书写出相同的历史。然而，未来将会让这对变老的人再度贴近，因为路易·勃朗没有参加巴黎公社，他在第三共和国来临之际重返共和联盟行列，作为激进左派的议员结束自己的一生。无论如何，他的思想巨著依然存在，作为最重要的证明，见证法国大革命在19世纪不仅分裂着左与右，也分裂着左派内部。

弗朗索瓦·孚雷

## 延伸阅读

*Œuvres* de Louis Blanc:
*Histoire de la Révolution française*, 12 vol., Paris, 1847-1862.
（亦参孚雷下列论著和词条"比谢"所列书目）
FURET, François. *La Gauche et la Révolution française au milieu du XIXe siècle. Edgar Quinet et la question du jacobinisme (1865-1870)*, textes prés. par Marina Valensise, Paris, Hachette, 1986. 包含的文本选自：阿尔方斯·佩拉，茹尔·费里，埃米尔·奥利维耶，路易·勃朗，埃德加·基内，茹勒·米什莱。
MICHEL, Henry. *L'Idée de l'État. Esssai critique sur l'histoire des théories sociales et politiques en France depuis la Révolution*, Paris, 1896. 参第三章

"权威社会主义"。

VIDALENC, Jean. *Louis Blanc (1811-1882)*, Paris, Presses universitaires de France, 1948.

## 参见条目

孔多塞（Condorcet）

宪法（Constitution）

人权（Droits de l'homme）

博爱（Fraternité）

**基佐（Guizot）**

埃贝尔派（或科特利埃派）（Hébertistes（ou Cordeliers））

雅各宾主义（Jacobinisme）

启蒙（Lumières）

**米什莱（Michelet）**

米拉波（Mirabeau）

内克（Necker）

**基内（Quinet）**

罗伯斯庇尔（Robespierre）

卢梭（Rousseau）

恐怖（Terreur）

伏尔泰（Voltaire）

# 比 谢
## Buchez 1796–1865

从法国大革命史学史来说，比谢曾是该领域的权威人士，但如今已几乎被完全遗忘。曾经成就他显赫声名的，亦是导致他被遗忘的：对于想理解时间是如何作用于作为历史客体的"法国大革命"的人来说，比谢是最令人感兴趣的革命史作者之一。

他与朋友鲁合作的皇皇巨著、40卷本的《法国革命议会史》（*Histoire parlementaire de la Revolution francaise*），于1834—1839年陆续出版，面向广大公众。这是他最重要的成果。这套书基本由革命时期的文本和文献、议会辩论、报刊文章以及俱乐部会议和讨论记录构成。它是第一部有关革命时期原始材料的出版物。而且，每卷前面都有数十页的序言，旨在对全书的内容进行评述（说实话，从热月9日的第34卷开始就不再有序言了，好像是随着罗伯斯庇尔之死，作者感到气馁而搁笔）。正是在邦纳罗蒂（Buonarroti）的《为平等而密谋》（1828年）问世几年之后撰写的这些序言中，比谢发展出一种新的关于大革命的社会主义解释，其中还给基督教信仰甚至天主教信仰留有位置。

这部汇编是匆忙完成的，文献部分在19世纪末遭到实证主义批评者们的恶评。他们以更可靠的手段取而代之，进行研究。《法国革命议会史》犹如一家旧货商店，在这里人们可以"捡漏淘宝"，但前提条件是需要查核货物的来源。至于文集以天主教传统为支撑的社会主义解释，在第三共和国时期也显得怪诞。因为时代也已发生极大的变化：社会主义领袖饶勒斯（Jaurès）所参照的是反教权的共和主义者米什莱（Michelet），而非天主教的社会主义者比谢。

然而，从路易·菲利普到甘必大①，在近半个世纪的时间里，"比谢和鲁"是全部法国革命史的核心参考书，是所有革命史作者青睐的对话对象之一。事实上，拉马丁（Lamartine）和马克思、路易·勃朗和勒鲁（Leroux）、埃斯基罗斯和基内，所有人都参考并任意引用这部巨作。甚至大量查阅档案的米什莱，亦不断地熟记《法国革命议会史》刊出的材料，并阅读那些他并不喜欢的序言。由于比谢的解释部分及社会主义倾向，也产生了后续影响，给赞同者提供了灵感，譬如埃斯基罗斯和路易·勃朗，同时也引起一些人的抨击，如米什莱和基内。米什莱在1847年出版的《法国大革命史》（*Histoire de la Revolution francaise*）首卷里写有一篇序言，抨击那些追随比谢的史学家（他在文中没有指名道姓），希图将1789年视为个人"利己主义权利"的确立。18年后，基内的《法国大革命》（*Revolution francaise*）可能通篇都是对《法国革命议会史》的驳斥：尽管两种解释都在革命事件中发

---

① 路易·菲利普（1773—1850），法国七月王朝的国王（1830—1848）。甘必大（1838—1882），法国共和派政治家，曾出任第三共和国的众议院院长、总理、外交部长。

现了基督教精神，但不是同一种基督教精神；另外，这两位作者（基内和比谢）喜欢的也不是同一个大革命，因为一位礼赞1789年，另一位礼赞1793年。

因此，重读比谢，是审视一部19世纪中期大革命史学激烈交锋时刻的作品。审视的历程可能会重现时代无法给出答案的问题，其代价是让人陷入茫然无措。

比谢（菲利普-约瑟夫-邦雅曼）是恰在法国革命后出生的那代人，他们终身对大革命作出的美好允诺魂牵梦萦；他的思想政治历程在19世纪上半叶的法国极左派中是如此典型，以至于追溯起来，让人仿佛进入巴尔扎克的《幻灭》或福楼拜的《情感教育》，身处阿尔泰兹或米歇尔·克雷斯蒂安、戴洛里埃或塞内卡等人物的世界。① 比谢是一位各种学说混杂的观念学者，关注穿越时空的一切东西并汲取之。1796年，他出生在一个中产阶级公务员家庭（其父在财政部门供职），政治行动主义很早就占据了他的头脑，耽搁了他的医学学习，到1825年方完成学业。从1818年起，他开始活跃于各种反对复辟王朝的秘密会社里；作为共济会会员，但觉得"大东方会"（the Grand Orient Lodge）太过温和，于是他与朋友巴扎尔（Bazard）成立了"真理之友会"（la loge des Amis de la vérité），鼓动革命与共和主义精神，并很快着手实施政治行动。1821年，他进一步采取新的行动，参与创立了

---

① 阿尔泰兹和克雷斯蒂安是巴尔扎克小说《幻灭》里的人物，戴洛里埃和塞内卡是福楼拜小说《情感教育》里的人物。

法国"烧炭党"(charbonnerie)——受到巴贝夫主义遗老邦纳罗蒂①青睐的那不勒斯"烧炭党"的强化版。这是一个为准备"伟大的夜晚"而以军事化模式组织起来的秘密社团,是一个在逆境中重建起来的新雅各宾政党,路易·勃朗在其《十年史》的导言中姗姗来迟地对它总结道:"巴扎尔、弗洛塔尔和比谢等诸位先生所拟定的宗旨可归结如下:鉴于力量不成正比,乃至波旁王族被外国人重新扶植上台,为了让法兰西民族重获自由行使选择适合于自己的政体的权利,烧炭党人联合起来。"

但烧炭党很快就失败了。1822年经历数月牢狱之灾后,比谢从倡导暴动的战斗精神转向探究革命哲学。作为医学生,他以卡巴尼斯(Cabanis)和德斯蒂·德·特拉西(Destutt de Tracy)等观念学者提出的思想为模板,再次拾起对人的唯物主义解释。然而在1825年,他变成了圣西门主义者,同时寻找到一种社会科学和一种实证政治学,摆脱了烧炭党人暴力起义的天真幻想。正是在这一年,圣西门出版了《新基督教》(Nouveau christianisme)之后不久即告离世,比谢与昂方丹(Enfantin)、罗德里格斯(Rodrigues)、巴扎尔以及这位思想导师的其他继承者们,一起组建起《生产者》(Producteur)编辑部。很快,他接手了奥古斯特·孔德(Auguste Comte)放弃的科学哲学专栏,在专栏里极力声称生理学在所有科学中具有至高无上的地位,将这个学科视为

---

① 菲利普·邦纳罗蒂(1761—1833年),意大利乌托邦社会主义者,法国革命的坚定支持者和参与者。热月政变后遭到监禁,在狱中结识了巴贝夫,并成为后者的狂热支持者和共谋者,著有《为平等而密谋,又称巴贝夫密谋》。

社会科学的基础。

然而,这并非故事的结尾。与孔德一样,比谢后来也与圣西门主义传统决裂,从科学主义转向宗教。但是,孔德从来没有真正融入《生产者》核心圈,而且很快离开了。1820年代末,比谢在宗教问题上与"教主"巴扎尔-昂方丹就其正统观点发生争论,打破了这个派别的团结。1830年4月,昂方丹在给一位友人的信中写道:"比谢处于无所适从之间,处于过去与未来之间,处于圣西门教与天主教之间:他一如既往地在两条凳子间腾挪。他觉得我们是唯物主义者……!"这位"教主"正确地预见到了这位叛逆者的路向。一两年后,比谢成了天主教徒并投入到一项艰深的理论合成工作中:如果说孔德给实证主义大厦戴上新宗教的王冠,那么比谢则是将科学与最古老的宗教及教会本身调和起来。

像这个时代所常见的那样,比谢亦是通过构建一种历史理论作为解决之道。其中包括批判时代与有机时代的对比,贯穿人类各个时代的进步观,以及劳动生产者和人民群众在人类冒险事业中的作用。他区分出神权时代、革命时代和"公民组织"时代。"公民组织"时代即是他所处时代的任务,但这个时代并非如孔德所谓的仅是"实证"的时代。在比谢看来,它是民众和宗教密不可分的时代,最后通过人民所获得的权力将人类与神之秩序调和起来。历史既是遵从科学的,又是弥赛亚式的。历史遵从着规律,而这些规律本身又从属于宗教目的,即基督教对和解与团结的允诺。这便是他独具一格的科学——天主教之"道",他在《历史科学导论》(*Introduction a la science de l'histoire*)(1833)中对该学说进行了阐发，后来用该学说阐明法国革命史的种种后果。

在其门徒普罗斯珀-夏尔·鲁（原神学院学生而后成为教师）的协助下，比谢开始出版《法国革命议会史》。此时，深受迈斯特（Maistre）和博纳尔（Bonald）批评影响的圣西门传统，已不再热情追捧1789年，该传统虽然将法国革命视为一桩重要事件，但仅是一桩应该批判看待的事件：确实毁灭了封建主义，但也留下了混乱与动荡。"有机时代"必将接续而来，但它的到来，不可能建立在从个人主体性出发的革命原则之上。像孔德一样，圣西门主义者们谴责信仰自由信条的同时，也反对与之相对应的世俗纲领：人民主权。

在这一点上他们与当时正盛行的新山岳派史学存在着根本性的分歧。后者也出现在复辟时期，在共和主义左派当中颇有影响。新山岳派的第一位阐释者是前国民公会议员巴约尔（Bailleul），1818年，他为国民公会辩护，反击斯塔尔夫人在著名的《法国革命思考录》（*Considérations*）中的批判。而且，他曾是一个老吉伦特派，意欲通过驳斥斯塔尔夫人，捍卫包括督政府在内的一切共和遗产，其理由是，大革命经历了前所未闻的艰难环境。复辟王朝末期，国民公会前议员勒瓦瑟尔（Levasseur）在《回忆录》里，更加详尽地颂扬了山岳派专政，洛朗（Laurent）的《驳蒙加亚尔的法国史》（*Réfutation de l'histoire de France de Montgaillard*）和邦纳罗蒂的《为平等而密谋》亦复如是。这些1793年的怀念者将人民主权视为平等体制不可或缺的手段。他们没有对民主制进行任何哲学上的批判；相反，他们想要修复或完善圣西门主义者所拒斥的民主制原则。

比谢正处于两种矛盾传统的交锋点：一方面是圣西门主义，拒斥民主的个人主义，另一方面是新山岳派，忠于罗伯斯庇尔和雅各宾遗产。他力图调和人民主权思想与"有机"政体的建立，将雅各宾主义与宗教结合起来。

他采用了历史目的论的视角并且将世界历史化约为法国历史，从而完成了这一壮举。这两个方法体现在《法国革命议会史》中题为"法国人简史"的长篇序言里：一如耶稣的启示，人类平等的实现赋予世界历史以普遍意义；通过天选，法兰西成为基督教的世俗斗士，自彪炳史册的克洛维斯受洗以降，法兰西君主与教会为完成上帝的意旨并肩携行。因此，大革命的核心作用，是重现法国乃上帝之选，惊天巨雷般地再次确证了福音书的教义：但像它之前的君主制一样，大革命从自己内部分裂了，为了实现1793年的集体主义圣境，它本应克服1789年个人主义的四分五裂。

因此，我们在比谢那里发现大量类似于浪漫主义史学的主题，如法兰西"民族"昭示了世界历史，或现代民主制有着基督教渊源，或国王与大革命为平等所做的工作一脉相承。但我们发现，呈现这些主题的与其说是严格历史的重构，不如说是意识形态的重构，其中都是按照革命在1789年与1793年——利己的个人主义与博爱的平等主义——之间的大分裂来重构法兰西民族的整个历史。比谢接受基佐的看法，认为君主通过拉平各等级和统一整个社会而建立起国家，但基佐热情颂扬新教是一种解放力量，而比谢激烈地反对新教。例如，他将16世纪宗教改革的拥护者归入他所谓的"贵族封建主义"阵营，他们反对国王想要的民族统一。新教徒的个人主义所造成的后果,与两个多世纪后的1789年的个人主义一样有害!再如,这位前圣西门主义者变成天主教徒兼社会主义者后,千方百计地为圣巴托罗缪大屠杀①寻找借口:"撇开宫廷的动机不谈,可以说,驱动民众采取这些可怖行动的乃是有正当理由的愤怒情绪,这是宗教狂热之外的因素。遭到打击的是贵族,这些贵族长期以来一直搅扰着国家命运。"因此,毫无疑问,这段法国现代史的大英雄是红衣主教黎塞留——为国王服务的教会人士,他"完成了路易十一开启的事业……使王权变成了绝对权力"。

然而,比谢不喜欢路易十四:因为正是从这位君主统治开始丢失了与人民的联系,中断了他所谓的"法兰西民族的纽带"。他留下的遗产事实上是一个四分五裂的社会,这个社会里很快就将出现两位法国大革命的伟大先导者:伏尔泰和卢梭。他们是两大流派的领袖。前者主张的是体现新教精神的话题,令人憎恶,但颇受富人阶层和所有一己私利至上者的追捧。相反,后者则以共同利益的名义抨击利己的个人主义,以人民的名义主张财富生产和分配中的平等。大革命是启蒙运动的成果。要想评估伏尔泰和卢梭在多大程度上成为19世纪在大革命的光亮下重构18世纪历史时的关键参照,我们应该阅读比谢在书中对法国启蒙哲学的华丽铺陈。

大革命确实为两种思想的碰撞提供了宏阔壮观的舞台。异口

---

① 法国宗教战争期间,1572年8月24日开始的、巴黎天主教徒对新教徒进行的为期三天的大屠杀。

同声的陈情书充溢着让-雅克的精神；但服膺伏尔泰哲学的资产阶级，窃取了波澜壮阔的1789年运动的利益，阻遏革命进程，并将之引入一条没有未来的道路，因为革命并不符合他们的利益。比谢在这里重新发掘出圣西门的观点：把1789年视为"危象"阶段，他的思想局限在对社会，即天赋人权的"个人"的全盘否定当中。制宪议会之所以失败，是因为它未能发现"正确的学说"，也即未能把民族的历史使命放在个人权利之上，未能使人民主权原则压倒个人理性。

为这种失败付出的代价，是近乎致命的暴力统治。始于9月屠杀的"大恐怖"，是矫枉过正的悲剧性必然："法兰西的统一，因缺乏共同观念和不知目标何在而濒临分崩离析的境地，能够维系靠的是大肆处决的恐怖，以及接踵而来的可怕暴力行动。"在比谢看来，大恐怖是好还是坏，取决于它要实现的目标：当它被罗马帝国用来镇压基督徒时就是坏的，但针对历史的反潮流，当它被用来镇压1789年所释放的"反社会本能"时则是好的，譬如像1792—1794年间那样。这些本能很难被清除，在吉伦特派那里再次崭露头角，因此大恐怖更加具有必要性：吉伦特派在5月31日倒台被比谢称作"人民主权的一次行动，在这一次产生了政府管控；各区组织的一次人民政变，通过社会力量展示了民众意愿"。如果他谈论的是用武力反对法律，上述界定无疑是奇谈怪论，但如果他谈论的是暴力的合法性取决于其想要实现的历史理由，则是严密自洽的。

在这些曲折动荡之后，暂时得胜的雅各宾代表着革命的顶点，他们揭示了大革命被资产阶级阴谋遮盖了太久的真正意义，即试图构建一个遵循基督教秩序、以平等友爱为基础的真正社会共同体。在共和二年专政的参与者中，不是所有人都具有这种正义雄心和为之效力的手段。丹东派和埃贝尔派依旧是错误观念的囚徒，而且是一群混蛋。比谢所推崇的，是宣布美德统治、灵魂不朽和上帝永在的罗伯斯庇尔。这位不可腐蚀者将道德置于政治的中心，但是由于他不信奉天主教，没有力量使道德成为必须遵行且不可辩驳的信仰。但至少，法国革命通过他，在几个月时间里达至一种"有机的"维度；至少，它给未来留下了博爱新社会的许诺，注定成为法兰西"民族"救世主般的成就。

比谢的天主教社会主义里存在着一种对业已失去的共同体的眷念，这是他憎恨资产阶级个人主义的基础和原因：这是法国历史中的古老政治传统，最鲜活的例证是在宗教战争期间，天主教子民们，在教士的带领下向宗教改革者开战。他们想要西班牙波旁王族来做国王，不要一位新教徒国王。比谢是这些战斗和这种救世信仰的继承者，他把这些东西加以转化，纳入现代文化：革命理念，历史主义，由那些了解生产者和被剥削者利益的人进行的社会改造。他的文字既不严谨亦不精美，但具有质朴的真理，比任何其他作者更好地阐明了社会主义对1789年的批判是如何将古代与现代相结合的。

看看他是如何对待卢梭的。卢梭是他心目中的18世纪伟人，然而他并未真正亦步亦趋。《社会契约论》通过对个人概念迂回曲折的论证，构思出立基于公意之上的共同体：个人服从法律，这样做仅是服从自己。比谢想要保留其结论而抛弃其前提，因为个人意志被指责是导致现代社会混乱的根源。他没有理解卢梭推论的逻辑一贯性，只认可这位哲人的半壁，仅采用了其公意思想，并且认为公意源自上帝的主权，是上帝主权的世俗摹本。正如我们所见，他将人权与人民主权从根本上对立起来。通过恢复超验的维度，而使他能够确立神意的目的。在他看来，神意是人民权力的来源，在这种意义上人民的权力与古代概念截然不同。实际上，古典基督教教义中的人民主权，仅是国王权力的来源，而这两种权力的合法性皆来自上帝。在比谢看来，人民主权就是神授权力的形式，不容拒斥，它与法兰西民族肩负的"奋斗目标"不可分割，其成就镌刻在法兰西民族的历史上。由此，这位前圣西门主义者从卢梭转向了迈斯特，但并未就此止步。因为如同迈斯特一样，他认为罗伯斯庇尔不过是践行上帝赋予法兰西民族的天启使命的临时工具，这种使命的终极目标是人类历史上前所未见的：一种由深谙法兰西民族所肩负的神圣蓝图的那些人带领、以群众利益为归依的社会主义。

今天，我们很难想象，七月王朝时期的读者会对这种煞费苦心装点且老旧不堪的神秘学说感兴趣。比谢成功的一大原因无疑是他抓住了时机，在浩瀚的史料面向公众开放伊始，便精心编撰。尽管时间仓促，但作品销量甚佳，这部作品亦反映了比谢对于复辟王朝的好奇心。然而，这些还不足以解释比谢式的社会主义以天主教救世主义的名义重新占用大革命遗产的方式所获得的巨大反响。

想要理解这种成功，我们必须知道，路易·菲利普政权上台后，大革命已经在很大程度上不再引起旧制度支持者和1789年支持者的分裂，也不再引起左派和右派的分裂，却引起左派内部的分裂，即1789年和1793年的拥趸之间的分裂。在此前的十年中，1789年被推崇备至，共和二年被视为不可避免却暂时的结果：米涅（Mignet）在1824年，梯也尔（Thiers）在1823—1827年都曾对此进行过论述。然而，现在奥尔良王朝的反对者们却突然开始宣扬1793年的精神：他们支持共和国及山岳派的理念，反对制宪议会带来的恶政。自巴贝夫之后，特别是通过邦纳罗蒂的作品（1829年），关于共和二年的美好回忆将先进的共和主义者与社会主义者结合在一起。

比谢将这份遗产用16世纪的古老的天主教传统包装起来，并涂抹上圣西门主义的现代色彩。在学术或半学术的一面，他鼓吹科学和历史必然性的观念；在普及的一面，他将领导信徒集体的教士形象世俗化。大革命将教会归入旧制度，将权力赋予无信仰的资产阶级。比谢试图恢复被风云变幻所掩盖的天主教与大革命的前后继承关系，使民众在社会主义理念的新旗帜下，重新接受传统宗教。为了反对人权论的个人主义，他打通了过去与未来。这可以解释为什么比谢憎恶1789年革命，其是资产阶级能够统治国家的唯一标记。因而，比谢颂扬1793年，因为那时古代传统与明日希望聚合在一起，雅各宾派的专政重建了在最高主宰的庇护下强大政府与人民群众的结盟。这就如同神授权力的君王与民众一起打击大贵族。

比谢并不是一个天才，也不是一个深刻的思想家。他的天主教社会主义思想，在1848年2—5月吸引一些拥趸，但在6月以后便悄无声息了。尽管比谢的思想作为一种理论消失了，但在法国历史中依然有迹可循，例如在20世纪晚期的天主教极左翼那里

48

仍有体现。然而，作为一位历史学家，比谢标志着大革命解释史的一个重要甚至关键的阶段。他属于最早一批感知到大革命遗产对法国政治文明的矛盾影响的学者：不仅有旧制度与1789年的冲突、团体社群世界与个人主义社会的冲突、基督教和资本主义民主的冲突，还有1789年和1793年的冲突、人权与雅各宾主义、自由与平等的冲突。在这个意义上，《法国大革命议会史》乃是一座史学丰碑。

弗朗索瓦·孚雷

## 延伸阅读

*Œuvres* de Buchez:
BUCHEZ et ROUX, Prosper-Charles. *Histoire parlementaire de la Révolution française*, 40vol., Paris, 1834–1838.
BLANC, Louis, *Révolution française. Hisoire de dix ans, 1830–1840*, 5vol., Paris, 1841–1844.
DUROSELLE, Jean-Baptiste. *Les Débuts du catholicisme social en France (1814–1870)*, Paris, Presses universitaires de France, 1951.
ISAMBERT, François-André. *De la charbonnerie au saint-simonisme. Étude sur la jeunesse de B uchez*, Paris, Édition de Minuit, 1966.
REIBLE, Roger. "Les idées politiques et sociales de P. J. B. Buchez", *Travaux et recherches de la Faculté de droit et des sciences économiques de Paris*, Préface de Jean-Jaques Chevalier, sèrie "Sciences politiques", n.5, Paris, Presses universitaires de France, 1966.

## 参见条目

革命议会（Assemblées révolutionnaires）

**路易·勃朗（Blanc（Louis））**

民主（Démocratie）

联邦主义（Fédéralisme）

吉伦特派（Girondins）

雅各宾主义（Jacobinisme）

**米什莱（Michelet）**

**基内（Quinet）**

罗伯斯庇尔（Robespierre）

卢梭（Rousseau）

主权（Souveraineté）

恐怖（Terreur）

伏尔泰（Voltaire）

# 柏克
Burke 1729-1797

1790年11月29日，埃德蒙·柏克突然出现在法国革命当中。在巴黎，他的《法国革命反思录》(*Reflections on the Revolution in France*) 刚被翻译过来，2000册在两天内便抢购一空；在伦敦，它从一开始就引起了轰动。在不到一年的时间里再版10次，成为当时大获成功的出版物之一。

反革命，此前只限于议会行动、宫廷阴谋、活跃的媒体所煽动的舆论以及刚刚开始的贵族流亡，如今迎来第一个逻辑严谨的理论家，能够以历史观念来思考这个事件。整个欧洲都被他的描述所吸引，并汲取了他的思想。但是，法国的大革命史学家对柏克并不关注：从梯也尔到乔治·勒费弗尔（Georges Lefebvre），他只是被简单提及或简短引述。只有饶勒斯（Jaurès）对他进行了详尽而清晰的驳斥。最近，他似乎重新受到学术界和出版界的关注：这是他应得的。

虽然柏克当时在法国几乎不为人所知，但他在英国的政治舞台上占有相当重要的地位。这位生于1729年的爱尔兰人，在三一学院接受教育，由于1758年创办杂志《年度纪事》(*Annual*

*Register*）而跻身启蒙名家之列，从文学生涯（1757年出版的《论崇高与美的概念起源之哲学探究》成就了他的声望）转向政治。自1766年以降，他一直是辉格党的议会成员、出色的演说家，并通过发表重要的作品和演说，就热点问题表达自己的看法：爱尔兰，他希望给予宗教自由；美国，他宣扬与之和解；贸易自由；两印度公司的横征暴敛……1785—1788年间，他作为福克斯（Fox）[①]或托马斯·潘恩（Thomas Paine）的竞争者出现。

因此，他的立场是矛盾的：正是以自由主义的名义——虽然是保守的自由主义——他谴责法国革命。在许多英国人眼里，法国革命是英国历史的再现，是适应18世纪时代环境的同质性主题。[②]柏克与他们针锋相对，其著作全称表明了这种急切的关注：《在拟寄给巴黎一位先生的信中论法国大革命和伦敦某些与该事件有关的协会诉讼议事情况的说明》（*Reflections... and on the Proceedings in Certain Societies in London Relative to that Event, in a Letter Intended to have been sent to a Gentleman in Paris*）。他的英国对手主要是《革命协会》（*Revolution Society*）及其博学的传教士理查德·普莱斯（Richard Price），后者是法国大革命热情的支持者。但这只是一个应时的借口。作为一个前所未有的"惊人"事件，法国大革命的激进革新是给历史带来了断裂，有可能严重扰乱其进程：一个怪物诞生了。它具有传染性，威胁着世界秩

---

[①] 指查尔斯·詹姆斯·福克斯（1749—1806），英国著名的辉格党政治家。柏克与他一样，在对待北美殖民地、东印度公司等诸多问题上发表自己的看法，法国革命爆发后，两者分别走向支持和反对的两端。

[②] 这里指一部分英国人将法国革命看作1688年英国光荣革命在18世纪的重现。

序,首先威胁了英国的稳定和文明(因此该著作具有驱魔的政治功能)。它的原则不同寻常,故而使之令人心驰神往,因此,需要对它进行细致入微的研究,以起到预防之效。柏克的诊断非常中肯。他洞若观火,一针见血做出预言,宣告了这场革命的必然进程,称这场革命因其乌托邦和狂乱性质而史无前例,其进程必然从根本上邪恶有害。

53 第一步,柏克否认法国的新制度与英国制度的相似性,而是将二者对立起来,认为后者被描绘为前者的模板之一是错误的。他避而不谈17世纪40年代,而竭力证明1688年光荣革命恢复了君主制的合法性,将英国历史重新带到正确的宪政之路上。其革命性的一面在于打破世袭规则,代之以至高无上的人民利益。1688年没有赋予英吉利民族选择国王的权利。即使英吉利民族曾经拥有它,也在那一刻庄严地放弃了。作为宪政基石的《权利宣言》(即1689年的《权利法案》),将臣民的权利和自由与王位继承原则不可分割地联系在一起。柏克对光荣革命的解释与洛克的解释大相径庭。对洛克来说,这个既成事实被定义为一种理性行为:如果权力侵犯了自然权利,特别是自由和财产,被统治者就有权反叛。1688年因此源于自然法。柏克则坚持关于合法不服从的古典立场。局势的严重性和紧迫性是在不变的政治之名下诉诸特殊手段的正当理由。断裂仅是一个插曲而已,"一次微小短暂的偏离"。实际上,这位辉格党人像一名托利党人那样解释1688年。

明智的英国革命,是民族对自身的恢复,与法国白板论的癫狂截然相反。柏克并不迷醉于进步,不是把法国大革命视为这种进步的逻辑结果，而是谴责理性的独裁。在理性的名义下，人们抛弃了各民族理应好好保存的数代人的珍贵遗产。柏克经由休谟从洛克那里接受了这样的观点，即我们必须转向过去，从历史深处寻找价值和确定性。哲学会导致怀疑论（柏克在1756年的《为自然社会辩护》(*A Vindication of Natural Society*)中就对此予以谴责），因此它根据自己所演绎出来的消极结论，无法筹谋积极的改革。过去存储着人类所有的创始性经验，并根据这些历史惯习的延续程度和传播广度决定着它们的合法性。我们的文化是过去漫长历史的积淀，它向我们告知我们的自然属性。惯习是第二性的吗？更确切地说它是第一性的……因此，被哲学家们大力诋毁的那些偏见也是自然的！我们真正的和集体的理性资本、民族智慧，都是通过在漫长历史过程中的效率证明它们的有效性。因此，正是以自然哲学之名，柏克拒绝了卢梭主义的社会契约论，将宪制的合法性建立在时效性（prescription）而非契约之上。历史是社会缓慢而自然的演变，在其进程中，社会模式变得愈益复杂，但并未因此让带有原罪标记的人变得更好。自然状态就是社会中的生活，逐渐趋向文明。像大卫·休谟一样，柏克也认为，人的本性是社会性的存在（博纳尔将对这一观点作丰富的发挥）。

因此，随着时间的推移，英国人民会缓慢但确定无疑地构建出一套宪制。它成为英国的遗产，经过一代一代的添砖加瓦而不断丰富，向世人昭示守成与进步之间的关联：将英国在漫长历史中获得的成果完美地保存下去。历史永远生机勃勃、充满活力，它不断地引领着现在与未来的路。为了看清前路，必须回望来路。时效性，是以授权统治者的时间来判断，并以公共利益之名使权力的存在合法化。它的优点在于被统治者的同意。

人们常说，作为传统的捍卫者，柏克是反理性主义的：他将理性与经验等同起来，并从司法判例里归纳出原则。经验主义理应是指导各民族和政治人物的唯一法则。因此，对于柏克来说，"怎么办"的问题意味着：什么样的决定能最好地反映历史的教益，能最大程度地提升公共利益？由此，政治变成针对由受私人利益驱动的个人组成的现实社会进行调整的政治，社会由权力源自宪法的政治国家来治理和疏通冲突，同时保证经济自由的游戏规则（"坚定的"自由主义者哈耶克把柏克视为自己的意识形态先驱）。财产权这种历史传承下来的特惠权利以及自由享受自己劳动成果的权利，与世世代代存在的社会等级团体相互倚存彼此确保，这些"等级团体组织"（corporate bodies）经时间的考验而获得合法性，它们是真正有用的机制，是社会的有机组成部件和具有实质作用的实体，与启蒙哲人构想的人民理念截然对立。哲学构建的大革命，立基于抽象个人的意识形态地基之上，失去了一切合理的政治代表机制，换言之就是失去了具体的人以及作为中间机构和社会屏障的等级团体组织。现代政府的首要功能是机会的公平分配：有用性是它唯一的意识形态。大革命恰恰忘记了这一点，牺牲了人们最为关心的利益，而且想让他们摆脱偏见，正如巴雷斯（Barrès）所评价的，这些偏见给人民保暖，革命却剥掉它们，将它们撕烂。

如果历史遗存让所谓的自然法具体化，那么，人在社会中的实践则逐渐揭开了神法的面纱，并使它的面目愈加明显。我们不能据此将柏克当成一个神权政治论者，因为他赋予议会以重要角色，更一般地说，因为在他的思想中政治进程具有自主性的一面。但他将英国的宪政秩序与世界秩序等同："我们的政治制度与世界秩序处于合理的对应和对称状态。"然而，这种适合英国的宪制不能被视为可以输出的样板。历史和传统一起构织成惯习（习惯法），它既非源自抽象的人权理论，亦非出自浸透着普遍人性神话的立法理性。在柏克看来，普遍性与特殊性在英国结合到了一起：如果说英国享有自由，这既要归功于它自身不可剥夺的和不可模仿的历史特质，也要归功于它的法律与自然法的逐渐趋同。法国原本可以走一条类似的道路，但这契合它的固有特性，借赫尔德的话来说，契合它的民族精神（volksgeist）吗？如果说两人有什么可以比较之处，值得注意的是，柏克与赫尔德一样，认为人民是一个鲜活的存在。这是一种有机论思想，将社会本能与家庭本能的整体界定为自然，并包含着进化概念：这种思想会在后来的政治自然主义中再次浮现。

　　法国革命者沉迷唯意志论，脱离一切真实具体的历史，撕裂社会组织，以基于抽象原则的专政取代基于自然进步的明智管理。业已迷失方向的法国统治者，不去考虑植根于现实而值得认真对待的具体人权（rights of men），而是宣扬作为危险的形而上学概念的抽象人权（Rights of Man）。他们倡导一种建立于荒谬的平等教条之上的民主乌托邦，将个人简化为可换算的简单数学单位，切断了他们与祖先的一切联系，废弃了将人融入社会的各种各样的模式。如果说人在道德上是平等的话，那么他们在现实中是不平等的，文明社会的运转制造了这种不平等。平等派①攻击社会的这种事实状态、这种必要的恶，只会造成大破坏，而又无法实现不可能的平等。这种抽象与具体之间的致命矛盾就像一根红线贯穿了柏克的文本。不仅所有的反革命思想家而且所有的民主反对者都采纳了这一基本观点：在个人和公民身上体现了特殊性和普遍性的彻底对立。

因此，这是一种真正的理性主义癫狂，它使改革精神侧滑，变成为了改变而改变。柏克认为，改革是必要的，但要适度。此外，对国家来说，变化的可能性至关重要："一个国家没有某种改变的手段，也就没有保全它自身的手段。"与把旧制度理想化的法国反革命派不同，柏克强调，绝对主义的流弊打断了法国社会向自由与权力和谐平衡的演变（"宪法在完善之前就被中止了"）。他太过倾向通过他的自由主义视角来解读法国历史（类似于保王党人费朗。②在变成绝对王权主义者之前，费朗承袭布兰维利耶③的观点，在《一个1789年公民的随笔》中提到："不成文宪制……它是古老习俗的聚合……且将明确的义务加于国王，限制了他的绝对权力"）。柏克断言，法国宪制的要素是存在的：三级会议能够且应该利用这些要素建立现代法国的基础。例如，陈情书提出了许多改良意见，既没有颠倒重来也没有无中生有的要

---

① 平等派（levellers），17世纪英国革命中的一个派别。
② 费朗（Antoine François Claude Ferrand，1751-1825），历经旧制度、大革命和复辟王朝的法国政治家及政论作家。
③ 布兰维利耶（Henri de Boulainvilliers，1658-1722），法国贵族、历史学家、哲学家、政论家和占星家，是1680—1715年欧洲思想史转变过程中的标志性人物之一。

求。事实上，陈情书重新发掘出真正的原则，绝对主义没有成功地将它们从记忆中抹去，证明了它在根本上的不合法性。1789年原本可能是法国的1688年。所有的一切都失控，发生了侧滑，其结果众所周知。

谈及侧滑论时（"十月的日子"是启动的标志性事件，但从9月份两院制被否决时它在政治层面上就势所不免了），柏克举出了两桩重大坏事：颠覆财产权和传播无神论。他在法国社会的演变中看到了"土地利益"与"金钱利益"之间不断增加的冲突（饶勒斯对此很感兴趣）。在英国，两者结合到一起，提供了动力组合，促进了经济进步，从而产生自由。在法国，两者的对立导致金钱利益的胜利，导致法国能够"更适于接受新事物"。法国历史特定的特质，其中包括古代习俗、贵族与土地的关系、王室和教会拥有财产的程度，解释了英法之间的这种分野。启蒙哲人的诡计与金钱利益的主导结合到了一起。这些"政治文人"煽动毁灭基督教，而金钱利益则导致对教产的没收。法国被改变了：一个新的寡头政治集团产生了，并控制着纸币的流通，作为文明基础的宗教摇摇欲坠，革命者攻击保障社会纽带的东西，放纵所有的过火行为。

由此可以描摹出革命洪流中法国的灾难性图景：柏克很难接受"作为国家常态的民事和军事的无政府状态"；由夸夸其谈且"籍籍无名的外省律师"、毫无经验且"头脑简单的乡村教士"和"骚动不安且满腹牢骚的"精英人士组成一个篡权者议会；对国土进行算术式的抽象划分，既可能引起纷争爆裂，又赋予巴黎以压倒性的特权；街头压力主导政治，即喧闹、谵妄和粗暴的群众制定法律；表面上是对平等的激情——这种悖逆自然的狂想，以及对数字法则的痴迷，现实却是非法牟利者和股票经纪商的真正统治：这就是制宪议会制造出来的法国。普遍的僭越行为制造了大混乱。大革命在一系列残暴的罪行和怪诞的事件当中逐渐衰竭，陷入令人迷醉的恐怖与没有信仰的麻木之中。

　　柏克的分析能够预见到这种不可避免的偏移进程，就像是在这个进程中发现了无序的规律。抽象的个人不能形成集体。因此，民族只能在抽象的、潜在专制的国家中寻求其联合的纽带。新的民主体制使公民直接依赖于中间没有任何缓冲之物的权力。大革命继续向前只能走向暴政。因此，大恐怖和诉诸军队已经铭写在1789年的革命前提之中。更重要的是，如果恢复君主制，它会是完全专横的，因为它不再受到祖先的智慧设法加于专制主义的所有防线的限制。多么罕见的清醒！在1797年去世之前，他还能看到他的预言得到部分实现，呼吁对这个变质的国家全面开战。

　　在柏克看来，这种大疯狂完全不可预测。事实上，这也许是该书的局限性之一。启蒙哲学、法国旧制度下经济与社会的张力以及人的弱点，都要承担部分责任，但它们不能解释如此规模的灾难。事实上，我们无法确定是哪些因素导致了大革命。从三级会议到民主理念的爆发，完成了观念上的跳跃，令人惊愕且迷惑难解的跳跃。是什么神秘力量使哲学理念付诸行动？此刻不免会有一种对它进行超自然解释的冲动："人们会趋于相信，由于犯下滔天大罪，法国招致了天国的报复。"大革命是上天对法国的惩戒？这种解释将支持迈斯特的思想。但柏克并不想把它变成一种宗教意识形态。如果时间是一切社会的基本维度，那么大革命，这个普罗米修斯式的谵妄，想要窃据它，指定自己为零点时刻，那么就犯下了无与伦比的错误，被判处在历史的时间里游荡。发明自由，这是致命的悖谬！大革命，这种对大写的人（Homme）的神化，只会做出非人化的事业。

这部反革命的必读书，没有严谨的结构（既没有章节，也没有副标题），介于宣传小册子和政治哲学论著之间，它为人所接受，得益于描述之生动、分析之严谨和论战之有力。英国人的看法严重分裂。托利党人和部分辉格党人认可柏克的立场，但诸如玛丽·沃尔斯通克拉夫特①或麦金托什（MacIntosh）等激进的辉格党人则予以猛烈的抨击。葛德文（Godwin）②、边沁（Bentham）③和詹姆斯·密尔（James Mill）也加入了这场战斗，尤其是托马斯·潘恩在1791年出版了《人的权利》（The Rights of Man）。皮埃尔·马南（Pierre Manent）④从他们的辩论中看到了"此后'右''左'之间冲突的迹象，这种冲突将区分自由社会和正在寻求自由体制的社会"。柏克和潘恩，两者都接受自由主义的表象体系，但一方把它拉向保守主义，另一个则将之拉向进步主义。1791年，《法国革命反思录》被翻译到德国，柏克影响了布兰代斯⑤，后者的《法国大革命政治思考》（1790年）业已为

---

① 沃尔斯通克拉夫特（Mary Wollstonecraft, 1759-1797），英国作家，女权的倡导者，以《女权辩护》（1792）闻名遐迩。
② 威廉·葛德文（1756—1836），英国记者和政治哲学家，是现代第一个无政府主义倡导者，与沃尔斯通克拉夫特是夫妇。
③ 杰里米·边沁（1748—1832），英国哲学家、法学家和社会改革家，被视为现代功利主义的奠基者，主要著作有《政府片论》等。
④ 任教于法国社会科学高等研究院的政治哲学家。
⑤ 布兰代斯（Ernst Brandes, 1758-1810），汉诺威官员、学者。

人所知，紧接着又发表了《关于法国大革命对德国的若干影响》（1792）。柏克还影响了雷贝格①（著有《法国大革命研究》，1793年）和柏克《反思录》的德文译者根茨，后者因此获得德国的柏克之称。

柏克在法国的命运更加不确定，至少在短期内是这样。迈斯特和博纳尔读了柏克的这本书后，虽然赞扬这部作品的尖锐有力，但没有发现它与他们的基本观点有任何深度的交集。他们秉持的是天命历史观或本质上反动的神权政治有机论，都对旧制度与理想的绝对主义带有深深的怀念。他们当然从该书中汲取论据来支持自己的反革命观点，但基本观点几乎未受到其影响。在19世纪的进程中，柏克原创力的重要性将逐渐显露。尤其是泰纳，在柏克那里找到了政治社会自然主义的确证，他以之反对大革命的抽象唯心主义和形而上学，他的《当代法国的起源》对此作了全面的呈现。

对法国完全负面的描绘同样令王政派右翼感到不满，而新生的法国自由主义不能接受柏克骨子里的保守主义，有些人甚至反戈一击，完全否认他是自由主义，就像传统主义与自由主义在此点上针锋相对一样。

但是，法国自由主义者同意柏克将大革命视为另一种历史的起点：他们主张它是开创和奠基性事件。法国的自由主义传统

---

① 雷贝格（August Wihelm Rehberg，1757-1836），德国重要的古典主义哲学家之一，像柏克一样是大革命的保守主义批评者。

始于1789年，尽管邦雅曼·贡斯当（Benjamin Constant）和斯塔尔夫人借鉴和赞扬了英国模式，但也考虑到了英国缓慢成熟的结果与新法国的突然出现之间的深刻差异。以至于斯塔尔夫人断言，根据英国经验无法理解法国大革命。她于1798年在《论能够终止大革命的当前形势和成立法兰西共和国的原则》（*Des circonstances actuelles qui peuvent terminer la Révolution et des principes qui doivent fonder la République en France*）中提出了一个具体的政府方案，以由军队支持的共和派的集中权力为基础的政府，目的是建立一个并非妥协的共识。这是通过教育手段，以利益道德为基础，逐步对整个民族进行意识形态征服的事业之起点。换句话说，这是一条通向新法国的英式道路。

各种自由主义派别都是1789年的遗产，无论右翼的空论派，还是以雷米萨（Rémusat）为首的左派。后者于1853年在《两个世界评论》（*La Revue des Deux Mondes*）上的一篇重要文章中，自信地将矛头指向柏克对法国历史的虚构，按照那种虚构，大革命将不可能发生。从基佐到托克维尔的自由派历史学家，以及夏多布里昂所说的著名的宿命论学派，都把大革命解释为一种必然，包括对三级会议的首要目标的超越。一边是为连续性辩护，另一边则为断裂做论证：法国的自由派与这位英国理论家之间不可能不产生误解。我们现代人仍然必须面对这种外国观点，因为它以锐利的远见，揭示了这场大革命的深层问题风险，而我们整个生生不息的政治传统最终都来源于这场大革命。

热拉尔·让让布尔（Gérard Gengembre）

## 延伸阅读

*Œuvres* de Burke:
*Reflections on the Revolution in France*, Harmondsworth, penguin Books, 1968.
*Réflections sur la Révolution de France*, trad. de 1791, réimpr. Paris et Genève, Slatkine, 1980.
*Réflections sur la Révolution de France*, trad. par Piere Andler, Paris, Hachette, coll. "Pluriel", 2004.
*The Political Philosophy of Edmund Burke*, bonne anthologie avec une présentation de Iain Hampsher-Monk, Londres et New York, Longman, 1987.
BUTLER, Marilyn, *Burke, Paine, Godwin and the Revolution Controversy*, Cambridge (GB), Cambridge University Press, 1984.
CHEVALLIER, Jean-Jacques, *Les Grandes Œuvres politiques de Machiavel à nos jours*, Paris, Armand Colin, 1968.
COBBAN, Alfred, *Edmund Burke and the Revolt against the Eighteenth Century: A Study of the Political and Social Thinking of Burke*, Wordsworth, Coleridge and Southey, 2e éd., Londres, George Allen and Unwin, 1960.
FURET, François, "Burke ou la fin d'une seule histoire en Europe", *Le Débat*, mars-avril 1986.
GANZIN, Michel, *La Pensée politique d'Emund Burke*, Paris, Librairie générale de droit et de jurisprudence, 1972.
GUICCIARDI, Jean-Pierre, "Burke et les Lumières", *Annales historiques de la Révolution française*, n.253, 1983.
Les *Libéraux*, textes choisis et présentés par Pierre Manent, 2vols., Paris, Hachette, coll. "Pluriel", 1986(en particulier le t.2).
THIERRY Patrick, "De la révolution américaine à la Révolution française: Paine, Burke et les droits de l'homme", *Critique*, n.481-482, juin-juillet 1987, p.476-505.

## 参见条目

贡斯当（Constant）

宪法（Constitution）
反革命（Contre-Révolution）
平等（Égalité）
流亡者（Émigrés）
**饶勒斯（Jaurès）**
**迈斯特（Maistre）**
大革命与欧洲（Révolution et l'Europe（la））
**斯塔尔夫人（Staël（Mme de））**
**泰纳（Taine）**

# 贡 斯 当
## Constant 1767–1830

1795年5月25日，邦雅曼·贡斯当抵达巴黎，这是牧月的日子①和各郊区战败的第二天。当时他28岁。他在上一年9月认识了斯塔尔夫人。正是由于来到她身边，与她密切相处，贡斯当登上了"共和主义雄心的崇高舞台"。在热月党掌权的这段时间，两人的精神是如此交融，乃至很难将他们彼此分开。贡斯当从布伦瑞克（Brunswick）宫廷，远远地但满怀激情地追踪革命激进化的各个阶段。他非常忠实地关注着这场运动，乃至一度对雅各宾派产生同情。即便算是从那个极端及时折返，应该说他一直信守且坚定信守着共和信念。在政治上，更多地是在思想上受到反动精神强烈冲击的背景下，他推出了自己第一批小册子，立场鲜明地捍卫督政府。1802年前后，在独裁政权建立后，他仍然研究"共和宪制在一个大国里的可能性"。"我们不必深信人需要有一个主人，我们想不出任何放弃向往自由的理由"，在描写他最真切的希望破灭和事件明显朝反方向发展时的挫败时，他如是写

---

① 指牧月1—4日（1795年5月20—23日）以圣安托万郊区为首的民众起义。

到。再往后，1806年前后，他成为一个"自由主义者"，也就是说，他把政府形式与政治自由原则分开对待，"既能接受君主制亦能接受共和制"。这种在根底上不可动摇的立场，与革命期间很典型的扮演公共角色的激情相结合，使得他看上去有过多适应时势变化的可塑性，而角色的不断变化掩盖了这位思想者的不变性。这位"金色青年"①的妥协和《邦雅曼条例》起草者的曲线策略②，不应该遮蔽其身为对大革命遗产及其为世界宣示的新前景作出最透彻和最有影响的解释者之一的另一面。

  1795年夏初，此刻当务之急的问题是起草共和三年宪法。如何走出1793年体制的陷阱，鲜明地与大恐怖体制切割开来，又不被消灭，不遭严厉的报复？这对当权者来说真是个化方为圆的难题。从一开始，贡斯当就面临两个当时最急迫的核心问题，从此他的全部思考也将围绕着这两个问题展开：如何组织一个既可行又安全的政府的现实问题，以及该问题背后更为根本性的问题，即为什么革命导致独裁和恐怖、热月中断了这种偏离但也未能完全控制。如何解释雅各宾派的篡夺和血腥的专断统治？其原因何在？问题是否出在革命设计的核心？是否应该视为其幻想性质的目标的致命结果？如果有可能将合法、合理的共和主义意愿与山岳派的偏航分离开来，又如何确保选举产生的政府有效和正常运

---

  ① 金色青年指1794年7月27日热月政变后穿着华丽、手握大棒在街头镇压残余的雅各宾党人和无套裤汉的青年团体，他们多由中产阶级下层子弟组成。这里指贡斯当。

  ② 1815年拿破仑百日复辟，以前的反对派贡斯当为之起草了立宪君主制宪法。拿破仑加以修改后发布《帝国宪法补充条例》。该条例也被称作《邦雅曼条例》（La Benjamine）。

作？面对这种很长一段时间内不会结束的紧急状况，贡斯当的思想立刻找到施展的机会，这是毫无疑问的。他的密友斯塔尔夫人撰写了《论国内和平》(Réflexions sur la paix intérieure)，对布瓦西·当格拉斯（Boissy d'Anglas）在6月23日向制宪议会提交的报告作出反应。这部著作见证了父亲（内克）的思想在女儿身上的强烈浸透。以斯塔尔夫人为中介，贡斯当也选择内克作为其主要对话者。贡斯当鲜少提及内克的名字，且经常与他存在观点的歧异，但那些年里一直以他为参照进行思考和定位。7月20日和8月5日，西耶斯在辩论中发表了两篇著名的演讲，代表了他对宪制思考的成熟。他的同仁们一点也听不进去，但他的演讲肯定在这位初出茅庐的思想者身上找到了一个无比专心的听众：贡斯当后来发展出来的两个主要思想，即对主权的批评和中性政权的必要性，都导源于西耶斯的演讲。在督政府时期，贡斯当经常与西耶斯来往。他将有机会与这位卓越的政治艺术圣人一道，深入探究共和三年宪法未能解决的共和制宪法的主要难点所在。而且，由于与西耶斯的关系，他在雾月之后进入法案评议委员会（正如我们所知，他在1802年被除名）。

内克和西耶斯：这位后起之秀的优势是跻身革命舞台，并且置身于参与策动了1789年大戏的两大主角之间。前者从第一幕就败下阵来，但自始至终是一个有着罕见洞察力的批判性观察者；后者则自始至终是一个重要参与者，并成为结局的策划者，随后成为牺牲品（贡斯当曾明智地提醒西耶斯在背后充当拿破仑工具所冒的风险）。厚重的政治经验被嫁接到接受过当时欧洲文化中社会和历史思想最新思维训练的头脑上：这位前爱丁堡大学的学生从源头上受到苏格兰启蒙运动的浸染。换句话说，贡斯当是以坚实的优势起步的。在当时的巴黎，他几乎拥有独一无二的机会，能够将对公共事务的卓越领悟与最适恰的智力教育集于一身。

在贡斯当观点的原创性里可以明显看到对苏格兰启蒙文人的借鉴。我们可以将其归结为一句话，即"（通过）历史（进行）推理"（raisonnement par l'histoire）。他的思想正好处于两个世界的连接点上：恰是历史运动论取代自然基础论之时。因此，在驳斥了赞同等级不平等的古典观点后，贡斯当以其特有的方式指出："最后，当世袭不能再导致这些可怕的缺陷时，还将仍然会有一个决定性的理由来反对这种体制，那就是它不可能东山再起了。"（《论当前法国政府的力量和支持它的必要性》，第91页①）政治的头等任务在于弄清当下的性质。因为参与者常常会不了解此时此刻的真正特性及其对他们事业的限制。他们犹疑徘徊，因为他们真的不知道自己身处何处。正如革命历程向贡斯当所揭示的以及他不得不面对的紧急情况所证实的那样，历史行动的戏剧性源自个体意识与时代要求的脱节，他们要么未能意识到生成的结果具有不可逆性，要么选择了不恰当的模式来指引他们的行动。但是，阐明当下必要性，并不意味着在事物的进展面前毫不作为。恰恰相反，在变动不居的环境中，人们应该将行动建立在确定性的原则之上。一旦弄清了时代的脾性，人们仍然要厘清从"第一原则"到"中间原则"之通路，以便确保平等的有效实行

---

① 贡斯当的首部政治著作，1796年面世，大力吁求结束革命，建立能够保障自由的共和制。见词条后的"延伸阅读"。

或共和政府的实际活力。因为人不仅对方向感到茫然；他们也缺乏应用抽象学说的能力，这些学说在他们的头脑中占主导地位，但却未能在他们的生活中和平地体现出来。贡斯当指出，世袭所依赖的"是深入每个人内心最隐秘的个性当中的，制度、习惯和利益的链条"。(《论政治反动》，第71页) 平等可能在灵魂中取得事实上的胜利，但其新颖性使它无法依赖这种年深日久之结果。"它渗透到个人，只是为了扰乱他们的生存方式。"确立原则是为了纠正这种混乱。其目的是使一个因未成熟思想的闯入而遭到破坏的社会场所变得适宜居住，这种思想在政治体中尚未发展出稳定的、熟悉的形态。从1796年到1806年，从热月后针对时局的小册子到波拿巴独裁统治期间被迫隐于暗处的系统论著，贡斯当的思想沿着一条完全连续的路线深化发展。执政府和帝国时期的两本著作详述了对"在大国中实行共和制的可能性"和"自由之基本原则"的思考。而这些思考是从督政府时期的两个重要小册子开始阐发的，即《论当前法国政府的力量和支持它的必要性》(*De la force du gouvernement actuel et de la nécessité de s'y rallier*, 1796) 和《论政治反动》(*Des réactions politiques*)，后来又有《论恐怖的影响》(*Des effets de la Terreur*, 1797) 作为补充。在这个长期过程中，对革命事件的解释与建立宪法规则和集体行为规范密不可分，后者将最终为"当前时代"未实现的承诺提供坚实的内容。

　　贡斯当的论述无论优点还是缺点都源于这个视角。关于革命进程本身，关于它的爆发与进程，贡斯当言之甚简。作为一名卓越的历史思想家，在他眼里，重要的不是事实，而是通过事实表现出来的并且使事实变得更加清晰的问题。"当制度与思想之间的和谐被破坏时,革命就不可避免。革命倾向于重建这种和谐。这并不总是革命者的目的,但它总是革命的趋势。"(《论政治反动》)至于是什么原因使1789年的那种断裂势所难免,他肯定地说道:"……对于我们既作为见证人又经常作为受害者而卷入其中的这场斗争,不论用什么样的名称称呼它,其本质上都是选举制度与世袭制度的斗争。这是法国大革命的主要问题所在,也可以说是这个世纪的问题所在。"(《作品片段手稿》,NAF 14363)1789年是平等的革命。从1796年他的第一本小册子开始,他就谈论到这种"母体思想"(idée mère)不可抗拒的动力,这个表述的飞跃非常接近托克维尔最为著名的论述。贡斯当哲学的核心在这里表露无余。他写道:"社会状态的起源是一个巨大的谜,但其进程是简单而统一的。"这句话概括了贡斯当思想一个至关重要的变化:良好社会形式的秘密,不要从初始时代的制度中去寻找,而是要从社会持续不断转变的进程中去寻找。贡斯当继续道:"从覆盖其诞生的不可穿透的云层中走出来,我们看到人类在各种制度的碎片上向平等迈进。它在这个方向上迈出的每一步都不会再回头。"(《论当前法国政府的力量和支持它的必要性》)然后,他勾勒出不平等的形式和减少不平等的阶段的周期性,我们在这里可以察觉到弗格森(Ferguson)和米勒(Millar)对他的影响。他区分了四个阶段:种姓制、奴隶制、封建制和贵族制,像前面各阶段一样,其演进轨迹是从"欧洲的初民那里"解体,且注定不会再死灰复燃。(《共和宪法》对旧制度法国中"没有封建性的贵族"进行了犀利的分析,认为它"几乎是一个想象出来的团体",被授予"过分的恩惠特权",却不承担任何法律职能,也不扮演"中间团体"的角色。)劝诫式的结论不言而喻:智慧告诉我们,不要反对不可避免的社会变革趋势。"我们最终必须向驱动我们的必要性让步,不应该再无视社会的前进,不要再用徒劳的努力带来血腥的斗争……不能再让人们通过犯罪来赎买他们的权利。"(《论当前法国政府的力量和支持它的必要性》)

这种分析方法的不足之处是,在试图抓住事件的整体意义时,它遗漏了由一个个急速转向与情感爆裂的事件组成的实际进程。大革命固然是为了建立平等,但它为什么要经历专横统制和大恐怖?在前面引述的那段文字中出现了一个贡斯当后来将作详尽探究的解释因素:这场斗争的剧烈性所导致的抵抗力量。而且,贡斯当在一个注释中援引历史上的几个例子来佐证自己的观点:"意在人类福祉的大革命,几乎总是产生极大的恶,要摧毁的东西越有害,大革命的恶就越残酷……。苦难会过去,美好的东西会留下。"(《论当前法国政府的力量和支持它的必要性》,第97页)但其立场的逻辑自然导致他调动起另一个因素,并将赋予该因素越来越大的重要性,即时代错植(anachronisme)。革命行动者们搞错了时代,乃至在追求的目的和实施的手段方面都面临着有限的选择,因此导致他们发动血腥的战争来获取不可能的目的。这个观点首先出现在"期望"的标题下,贡斯当用以阐释令他迷惑难解的政治反动现象。如果革命的事业是要在主流意见与制度之间重建和谐一致,那么为什么会到处引起反动,甚至在过去曾是启蒙运动同路人的学者们那里(贡斯当特别提到他们)?贡斯当的回答是,因为革命超越了时代所允许的合理追求的目标。正如在英国革命期间，真正的目标是宗教自由，却走得太远去攻击王权，法国大革命也是如此，目标是特权，却"超越了界线去攻击财产"（《论政治反动》）。向后倒退的威胁，是不切实际向前冒进的反噬。

那么，是什么思想链条促使共和原则走向雅各宾专政？在这一点上，贡斯当提出的总体图式的解释力仍然很弱，这种不足在他与政治密友勒扎伊·马内西亚①争论时明显体现了出来。《论政治反动》出版后一个月，即1797年4月，与贡斯当同为热月党人的勒扎伊·马内西亚，发表了一篇强权政治格调的分析，题为《大革命的原因及其结果》，为大恐怖辩护，声言其是确保革命取得胜利的必要阶段。这使得贡斯当怒不可遏，在5月份《论政治反动》重印时，他增加了一节"大恐怖的影响"，通过具体论述，激烈地予以回应（参见孚雷：《热月时期一次有关大恐怖的争论》）。贡斯当强烈否认大恐怖只是工具性的；人们归咎于它的结果无论如何还是发生了。这种将革命的真正赌注的不可避免性与不属于正常进程的恐怖曲折的悲剧割裂开来的努力，反而使得这种悲剧的发生变得更加神秘难解。如果考虑到这只是在没有其他手段的情况下采取极端手段的问题，那么问题就没有那么神秘。相反，人们越是否认用"国家理由"作为便利答案，问题就越神秘。因此，贡斯当为自己制造了一个问题，而他在督政府时期的著作并没有给出真正的答案。

---

① 勒扎伊·马内西亚（Lezay-Marnesia，1735-1800），侯爵，军人、农学家和诗人，1789—1790年任制宪会议议员，1790—1792年赴美考察，回国后遭革命政府逮捕，热月政变后被释放，督政府时期再遭流放，执政府时期返国后不久去世。

但是，他用时代错植这个模式填补了这个缺陷。时代错植在这里不是作为未来主义泛滥的标识，而是作为过去心理重负的标识。开明的热月党人"结束革命"的吁求和提议毫无作用：共和国还是不会稳定下来；只能由军事专制来结束这个显然不可能从内部得到控制的进程。正是在这段时间，1802—1806年，即拿破仑的影响不断加强并取得胜利的那几年里，在脆弱荣誉之后的挫败打击下，贡斯当的思考获得了充分发展，即便尚未完全定型。当时，他撰写了两部未能出版的著作，其原稿最近才得以面世，但这两部著作是他1814年后写作的基础：《关于在大国中实行共和宪制可能性的遗作片段》(*Fragments d'un ouvrage abandonné sur la possibilité de la constitution républicaine dans un grand pays*，至今未出版) 和《适用于所有政府的政治原则》(*Principes de politique applicables à tous les gouvernements*，最近由 E. Hoffmann 出版社出版)。这两部书与热月后的小册子出自同样灵感的来源。1802年，贡斯当面对压倒性支持威权统治的民众意见，继续探求能够保障选举产生的自由政体良性运作的机制，深挖大革命期间代议制失控的原因。1806年，在帝国权力鼎盛之时，他放弃了对共和宪制的辩护。但是，绕过权力问题，是为了阐释在"人类当下时代"主宰着权力当局与社会个人之间关系的一般性原则，而不论政府采用什么样的形式。其信念以及作为其信念基础的历史诊断并没有改变：我们已达至自由的时代，推进是不可逆转的，它遭遇的痛苦和挫折是其艰难诞生的阵痛。问题在于要让历史行动者明白历史赋予他们的真正目标以及用来实现这些目标的手段。大革命在目的和手段上都犯了错误。但对于那些断定革命已经失败，革命事业业已终结，因此急吼吼地俯首于征服者的枷锁的人来说，则错得更加厉害。他们深陷在无知中而不自知。时代错植的顶点，是在一个商贸时代追求军事上的荣耀。这就是《论征服精神和篡权窃位》(*De l'esprit de conquête et de l'usurpation*) 专门谈论的主题。这本小册子是1814年贡斯当摘编自己未发表作品的章节草撰而成。

贡斯当认为，由于不能正确分辨古代人的自由和现代人的自由二者的区别，革命者搞错了他们事业的目标。由于对人民主权的延展与功效的期待超出了法律和现实的允许范围，他们也搞错了手段。在这两种情况下，他们都是用过去的模式遮蔽了当下的需要而成为受害者。"法国大革命的所有灾难"都源自一种幻觉，即"想当然地认为社会可以对其成员行使无限权力"。贡斯当将这种幻觉归因于奋起反抗者所反对的政治模式对哲学思想的影响。他说："当卢梭和最偏爱自由的作家们授予社会无限的权力时，他们的错误来自于他们政治思想形成的方式。他们在历史上看到少数人甚或是一个人拥有巨大的权力，并造成很大的伤害，但他们把愤怒对准权力拥有者，而不是针对权力本身。他们没有摧毁它，而只是想到要取代它。那种权力是一种灾难，但他们认为这是一种战利品，他们把它加予整个社会。"(《适用于所有政府的政治原则》)但这种观念有一个声名卓著的案例的支持，也即自由与社会权力相结合的杰出化身：古代共和国。继君主权力散发出权力幻影之后，对古代人公民美德的模仿掩盖了现代政治的新情境。贡斯当写道："当事件的潮流把那些将哲学视为偏见的人带到潮头，这些人认为，他们可以像他们所看到的古代自由国家中那样行使公权力，他们认为一切都应屈从于集体权威，私人道德应在公共利益面前保持沉默，对公民自由的所有侵犯都将通过最大程度地享受政治自由来得到补偿。"(《适用于所有政府的政治原则》)1819年，在其名著《古代人的自由与现代人的自由》的最终版本中，贡斯当通过强调卢梭的"卓越天才"且受到"对自由最纯粹的爱"的激励，弱化了最初对卢梭的苛评。然而，该评判的全部内容仍然保留了下来："通过把属于其他世纪的某种范围的社会权力、集体主权移植到现代，［卢梭］为不止一种暴政提供了致命的借口。"马布利（Mably）对立法者权力持更夸张的观点。经过他的中介，卢梭的影响成为导致革命者误入歧途的错误信仰的来源，即误认为有可能用"限制个人权利"来换取"参与社会权力"。原因在于，忽视了一个最重要的新事物，即"个人独立是现代首要需求"及其推论"因此，决不应该为了建立政治自由而要求牺牲个人独立"。(《古代人的自由与现代人的自由》)革命者想给人们一些超乎他们期望的东西，因此"他们对提供给他们的自由进行顽强的抵抗"。由此产生一个"恶性循环"，人的行动在这种封闭中而无能为力，注定了在专横方面的不断升级。目标必然不能实现。"社会权力以各种可能的方式伤害了个人的独立性，但无法摧毁对独立性的需求。"贡斯当开玩笑地指出："在最不起眼的小村庄里，最小的圣人以优势抵制了所有对抗他的国家权力。"(《古代人的自由与现代人的自由》)因此，"武力使武力愈加必要"，为终结"那些以为可以通过专制主义来推行自由的自由盲友，所有自由的灵魂都将奋起反对他们"。

(《古代人的自由与现代人的自由》)

贡斯当并没有对法国大革命本身进行分析。他是一个政治人物，所以他所讲的内容始终表达的是积极而实际的政治目标。无论是考察宪政机制问题还是公共行动的一般原则问题，他毕生的首要且恒常的关注，是力图阐释必将来临且盛行的人类社会形式良性运作所必要的条件。虚假意识的剧本阻碍历史行动者看清他们事业的真相：贡斯当的批判方法正是针对这个基点而展开。在1796年第一本小册子里，他就以典型的方式指出："那些想推翻共和国的人很奇怪地被语言所蒙骗。他们已经看到，革命是一件可怕的灾难性事情；他们的结论是，他们所谓的反革命会是幸运之事。他们没有意识到这种反革命本身只是一场新的革命。"（《论当前法国政府的力量和支持它的必要性》）在令人赞赏的《法国片论》(*Fragments sur la France*) 中，他对1789年7月14日至1814年3月31日舆论的不断转向做了总体描述，代表了一种分析模式，用以分析在正确的感知和后来被称作意识形态的片面推理二者之基础上的自动神秘化机制。"活人脑子里的过去幽灵"的强大控制力，仅是更普遍的无知现象里的个别案例，但是该案例特别重要。在贡斯当的思想中，只有它能解释这些悖论：一场恰逢其时的革命为什么会失败，旨在反对权威滥用的革命为什么滑向专制。针对同时代人持有的结论，他不厌其烦地宣称，原因不应归咎于自由原则，而应归咎于历史行动者理解这些原则的过时陈腐方式。贡斯当实际上提出了残存效应图式的两种版本。一是狭义版本：古代的直接民主模式，专门用来解释雅各宾时代。一是广义版本，该说法在1806年的《原则》一书中业已提到，在他最不知名的作品之一、1822—1824年的《对菲兰杰里著作的评论》(*Commentaire sur l'ouvrage de Filangieri*)加以进一步阐发：18世纪的改革者的立法唯意志论，亦即，认为法律能够决定思想和建构社会的虚幻信念。这种对立法者权力的高估不是哪一个政党或流派的特征，而是那个时代共同的幻觉。无论是对斯巴达的迷恋还是启蒙运动的遗产，总之，在大革命中遭到失败的不是大革命本身，而是所继承的一种想象，后者使大革命无法实现自己。

但是，我们不应该把贡斯当的解释仅仅简化为一个时代错植问题。在坚持目标必要、手段不当这一判断的基础上，他对代议制政府的试验陷入困境的问题提出了完全不同的分析。大革命的失败是宪政和政治功能失调导致的内部失败。历史先例的过重包袱并非具有决定性意义，恰恰相反，关键在于无人能够掌控前所未见的新局势。不仅主权由于缺乏明确的界限会被滥用，而且由于缺乏对主权代理人进行控制的机制，也存在着行政管理的原则失灵。因此，我们就看到不断替换的场景：议会取代了人民，政府因权力的内部冲突而陷入瘫痪，直至最后这个难以代表的主权落到了一个人的手里。那么，我们如何才能防止篡权，阻止将权力合法地完全集于一身，确保代表的行动和被代表者的愿望保持一致？贡斯当对新生法兰西共和国的幼稚病的诊断，被证明是他最深刻的见解之一。他提出的解决方案，源自西耶斯的宪法陪审团设想，但没有被广泛接受。他在考察共和制宪法的可能性时，提倡一种旨在"保护政府不被治理者分裂、被统治者免受政府压迫"的"既独立于人民，也独立于行政权的预防性或中立性权力",但这种权力从来没有出现过。他自己放弃了这一要求,转而支持君主立宪制。在他对这种体制的自由主义解释中,王权恰好可以扮演中立权力的角色,因为没有被赋予直接的政治特权,但负责监督代议制政府的正常运作,也就是说,在最后关头,允许被代表者控制代表。总之,他无比清晰地提出了共和国如何稳定的问题:如何防止主权的下放变成异化或剥夺,防止被授予权力的统治者去攫取国家?如果我们把大革命作为一项政治实验认真对待,可以说,贡斯当是最深入探讨其失败原因的人之一。他理解选举制度将不可阻挡地取代世袭制度,但这并不妨碍他清楚地意识到对选举制度的控制仍然是重大问题。

马塞尔·戈谢(Marcel Gauchet)

## 延伸阅读

*Œuvres* de Constant:
*De la force du government actuel et de la nécessité de s'y rallier*, s.l.,1796.
*Des reactions politiques*, s.l.,an V(1797), et *Des effets de la Terreur, id.* 这两个
　　文本重印于 *les Écrits et discours politiques* Olivier Pozzo di Borgo出版,2
　　vols., Paris, Jean-Jacques Pauvert, 1964. 这里引自它们的原始版本。
上述三个文本由Flammarion, coll. <Champs>再版,1988, Philippe Raynaud作序。
*Fragments d'un ouvrage abondonné sur la Constitution républicaine dans un grand pays*, Bibliothèque nationale (Paris), manuscrits, NAF 14363-14364.
*Principes de politique applicables à tous les gouvernements* (*1806*), publiés par
　　Etienne Hoffmann, 2vol., Genève, Droz, 1980.
*De la liberté des anciens à celle des modernes* (*1980*). 该文选自政治著作选集,以

*De la liberté chez les modernes* 书名出版, Paris, Le Livre de poche <Pluriel>, 1980.

*Commentaire sur l'ouvrage de Filangieri*, 2 vol., Paros, 1822-1824.

"Fragments sur la France,du 14 juillet 1789 au 31 mars 1814", *Mélanges de littérature et de politique*, Paris, 1829, repris dans les Œuvres, Paris, La Pléiade, 1964.

有关1797年的论战：

FURET, FRANÇOIS. "Une polémique thermidorienne sur la Terreur", *Passé present*, n°2, 1983, p.44-45.

霍夫曼版的《适用于所有政府的政治原则》一书开头研究的是贡斯当的成长时期与革命时代的著作和资料情况。

## 参见条目

波拿巴（Bonaparte）

宪法（Constitution）

民主（Démocratie）

平等（Égalité）

选举（Élections）

雅各宾主义（Jacobinisme）

自由（Liberté）

内克（Necker）

卢梭（Rousseau）

西耶斯（Sieyès）

**斯塔尔夫人（Staël( Mme de )）**

恐怖（Terreur）

**托克维尔（Tocqueville）**

# 费希特
Fichte 1762-1814

1792年夏之前，费希特对法国革命似乎没什么兴趣，仅有一次提及：他在1789年8月的日记中确实讨论到"法国事件"；在随后几年的书信中，虽然有时会涉及国内和国际政治问题，但直至1794年5月26日他写给妻子的信中，才再次出现来自法国的新闻时事。这封信表明，费希特一直通过报刊追踪着法国事件。在1794年中，此实乃自然而然之事，因为随着一年多之前他著名的《法国革命思考录》(*Considérations sur la Révolution française*) 出版以来，费希特在公众看来已是大革命在德国的主要拥护者。

关于费希特对法国突如其来的兴趣，一直众说纷纭。M.盖鲁（M. Gueroult）力图证明，费希特实际上一直完全赞同法国革命思想，以此降低该话题的重要性。在M.盖鲁看来，自苏黎世时期以来，费希特的通信"每一页上都表露出他的共和主义精神状态"。这种说法很难得到各种文献的支持。P.-Ph.德吕埃（P.-Ph. Druet）在他优秀的博士论文《从无政府到教育专制：费希特的形而上学与政治学》(*De l'anarchie à la dictature éducative. Métaphysique et politique chez Fichte*，1973) 里，更倾向于从1792

年夏发生的诸多事件,当然包括导致法国君主制倒台的8月10日暴动中,寻找费希特突然转向大革命的原因。费希特此前一直认为,柏拉图《理想国》中表达的理想,亦即"最大可能的自由"在开明君主制下可以实现,然而巴黎事件令他睁开眼睛,面对君主制的真正本质,因为法国人为获取自由不得不先行摆脱君主制。

尽管德吕埃的论点引人入胜且资料翔实,但它并未考虑费希特为大革命思想辩护的纯粹哲学动机,而这正是费希特思想的内在组成部分。换言之,除了德吕埃所提出的"环境"之外,在其理论思考层面也发生了变化。本质性的事情是,以人类将自身命运掌握在自己手里为中心走向自由的进步表征,看起来是有可能出现了,而这也正是革命思想所含有的内容。那么在1788年到1792年间,费希特的思想中发生了什么,让他此前鲜少关注的法国革命在1793年成为他第一部重要出版物唯一关注的对象?答案一言以蔽之:他对康德的发现。在发现康德之前,费希特的理论特点至少可以说相当模糊。诚如M.盖鲁指出的那样,当时费希特思想的主要特征,是受到斯宾诺莎影响的相当模糊的决定论,同时混杂着盛行于那个时代的其他思想观点,那个出自莱布尼茨并由赫尔德所传播的观点,即"进步会像烤肉用的旋转铁叉那般自动前行"。从1789年8月12日的信中,我们知道,费希特此时正沉湎于康德哲学。在他首篇"革命性的"作品《向欧洲各国君主索回他们迄今压制的思想自由》(*Appel aux princes*)中,我们读到这样的句子:"我们在人世间唯一的幸福〔在于〕自由的自发性,〔在于〕发自我们自身力量并通过劳动、坚韧和努力追求自己目标的活动。"这样的语句，其间已包含着革命行动主义的正当性辩护。如果这些想法在1792年夏成为可能，或许是因为8月10日暴动"让费希特睁开了眼睛"，但也许更重要的是，因为他从莱布尼茨主义和斯宾诺莎主义那里继承来的历史表述在康德的第二部《批判》①的影响下被炸得粉碎。因此，在写给巴格森②的一封信中，费希特把康德的哥白尼革命与法国革命二者做了一个著名的类比。这个段落值得引述如下："我的体系是自由的第一个体系。正如这个民族〔法国〕把人类从物质的枷锁中解放出来一样，我的体系也把人类从事物本身的枷锁中解放出来，从外部影响中解放出来，它的第一原则使人成为一个自主的存在。《知识学》(*Doctrine de la science*)诞生于法兰西民族由于活力而使政治自由胜出的年代；它诞生于与我自己和根植于我身上的一切偏见进行密切斗争之后，这种自由的征战促成了《知识学》的诞生；多亏了法兰西民族的价值，我得到更高程度的提升。多亏它激发了我理解这些思想所必需的能量。当我在写一本关于大革命的书时，我的体系的首批迹象、首批预感在我身上出现，作为一种回报。因此，这种体系在某种程度上已经属于法兰西民族。"这封重要的信（X.莱奥《费希特和他的时代》、M.盖鲁和A.菲洛年科对此都有评论）阐明了哲学背景。这种哲学背景将会支配费希特为法国大革命辩护、反对反动的诋毁者（主要是柏克和雷贝格）的方式：事实上，在《评论》中就把康德的哥白尼

---

① 指1788年出版的《实践理性批判》。
② 巴格森（Jens Immanuel Baggesen，1764-1826），丹麦作家。

革命的理念应用于历史,即对客体的认识依赖于**主体**。更清楚地说:历史应该被想象成建立在(顺从于)人的主观性(或意志)的基础上,正如我们在《评论》中所看到的那段话,那是对第一部《批判》①的序言的戏仿:"我们在世界的历史中永远只能找到我们自己首先置入的东西[……]。因此,在我看来,法国大革命是关于这个伟大主题的一幅丰富的画卷:人权和人的尊严。"

如果总结一下《法国革命思考录》的主要内容,我们可以说,费希特对大革命的支持是建立在"语义学的"唯心主义、历史道德观和对国家的无政府主义批判三者之上。

**首先看语义学的唯心主义**。正如A.菲洛年科(A. Philonenko)指出的那样,"唯心主义不在于肯定世界在意识'中',而在于肯定[……]任何经验都是一种'译码'[……]。唯心主义基于一个简单的命题:经验只有通过思想活动、在思想活动中才有意义"。这里非常精确地表述了费希特于1793年所持的观点:他旨在证明法国的事件是人类思想对偏见和传统影响的反抗。费希特在《思考录》中写道:"经验本身是一个装满杂乱符号的盒子。只有人的思想才能赋予这种混沌以意义,在这里提取一部《伊利亚特》,在那里提取一部舒伦克特②风格的历史剧。"

其次,历史的道德观使《思考录》充满活力。费希特拒绝任何决定论的观念,他非常强烈地肯定这样的观点:历史必须是以植根于人类理性的道德理想为名义,对现有事物进行实际改造的

---

① 指康德的《纯粹理性批判》。
② 舒伦克特(Friedrich Christian Schlenkert,1757-1826),德国作家。

场所。在他看来，大革命无视过去，要从一块白板开始，似乎是这种理性思想的卓越例证；根据这种理性思想，人类社会必须**自我生产**，或者用我们今天的说法，自我创立。

第三，《思考录》的论述结束于对国家的彻底解构。费希特条理清晰地谴责霍布斯（也是康德赞同的）称自然状态是一种战争状态的论点："这种自然状态的陈旧观念，这种所有人对抗所有人的战争的权利，这种最强者应该在地面上统治的权利，这一切都是错误的。"因为这一论点完全会助长那种反动思想，它必然导致为将国家权力作为结束暴力、建立法律的唯一工具而辩护。费希特则认为，恰恰相反，自然状态既不是好的（卢梭），也不是坏的（霍布斯）；它只是在纯粹的原始状态中主体之间相遇的地方。因此，国家绝不是必要的，它是众多契约中的一个，一旦它侵犯了人类自由，就可以而且必须被打破。由此，费希特在一篇著名的文章中提出了一个核心论点，这也是马克思主义将从无政府主义思想中吸收并保留下来的论点，即国家必将伴随着社会的进步而逐渐消亡。

因此，《思考录》很自然地倾向于将大革命合法化：通过贬低传统本身的价值，颠覆国家享有特定合法性的观念，它不断为将历史和人类社会建立在主体性（实践理性）的基础上而辩护。

1793年以后，费希特的著作不再涉及大革命，但他的书信显示了在很长一段时间内他对法国大革命的依恋。在前面摘引的写给巴格森的信中，他将自己的体系献给了法国。此外，我们也可以在共和六年果月29日写给荣格（Jung）的信中读到："当我被视为政治自由和承诺宣传政治自由的民族的崇拜者时,我感到荣幸之至[……]在这方面,我只希望把我的一生献给这个伟大的共和国,服务于培养它的未来公民。"许多评论家注意到费希特所标示的保留意见("在这方面"-"*in dieser Rücksicht*")。几个月后,他在共和七年花月21日写给荣格的信中对此做了解释:尽管共和制原则确实是最好的,但"到今天为止,也已经清楚地表明,由于两个方面的矛盾,两个对立方面的实践却变得非常相似。说实话,共和**实践**甚至显得更加糟糕",因为它已经走火入魔。但费希特对恐怖时期的保留态度在拉施塔特屠杀①后消失了,他的支持是非常明确的,正如写给荣格的信的后半部分所表明的那样:"很明显,从此,只有法兰西共和国才能成为诚实人的祖国;只有为它服务,他才能献出自己的力量,因为从此,不仅人类最珍视的希望,甚至人类的存在,都取决于它的胜利。"而且费希特得出结论:"总之,我郑重地把自己的全部力量和意志都交到共和国的手中,不是为了从共和国中获利,而是如果可以的话,要对它有用。"在这种情况下,我们不难理解,1799年5月22日,费希特写信给莱因霍尔德(Reinhold),表示希望法国取得胜利:"总之,对我来说,比世界上最确定的事情还要确定的是,如果法国人不赢得最彻底的胜利,不在德意志或者至少在德意志的相当一部分地区引起变化,那么在以后几年,任何一个在其一生中因为自由思想而闻名的人都不会寻求到德国避难。"同

---

① 拉施塔特屠杀,指1799年4月28日(共和七年花月9日)奥地利轻骑兵在拉施塔特暗杀两名法国使节。

年，尽管**幸福论**（*Eudaimonia*）运动反对费希特的"雅各宾主义"，引起关于无神论的争论，他仍写道："对于所有理性的人来说，毋庸置疑的是，唯有法兰西共和国和模仿它建立的共和国的基本原则能够保证人的尊严。"因此，捍卫人权原则，在当时的战争中站在法国一边，就是为共和国提供服务：1798—1799年，费希特仍站在大革命的一边，正如饶勒斯在其《社会主义的法国革命史》中所写的："费希特热衷于人权和尊严，他明显准备参加捍卫它们的激烈斗争"。

然而，从1799年夏天（7月3日）来到柏林开始，因为被指责支持大革命而被剥夺了读者的费希特，却逐渐疏远法国：德意志的再生和欧洲通过德意志而再生的主题将出现在他的思想中，首先在经济层面，因为他将在1800年为普鲁士政府撰写《封闭的商业国家》。而且，在同一年，他在《人的使命》中认为，法国大革命已经耗尽了所有可能性，因此，对法国没有什么可期待的了。"因违反规范而造成损害的力量不应该以同样的方式重新开始，它注定不可能自我更新，一次爆发就会永远磨损了它。"费希特逐渐抛弃了法国而站到普鲁士一边。1799年，他还在把德意志视为一个异邦，到1807年他在《第二次对话》转向了普鲁士爱国主义，还发布了"只有德国人能够通过追求自己民族的目的来拥抱全人类"的宣言。这样一来，"作为救星的民族，人类命运的承担者"，就不再是革命的法国，法国已经成为"无名之辈"（费希特如此称呼篡夺了王位而没有任何王朝世系的拿破仑）的领地，而德国是唯一能够"拯救人类文化"的民族（参见 A. Philonenko, *Essais sur la philosophie de la guerre*）。

与法国大革命的这种决裂在理论上将体现在《马基雅维利》中。此时费希特在国际关系的层面上主张武力政策,认为人们过于重视"源于所有人的人权、自由和平等"的学说。费希特于1799年说过,大革命的原则必然会赢得"所有理性的人"的支持。现在他已经开始质疑大革命原则本身,而且越来越激进,以至于到1813年,作为费希特政治旅程的终点,他在《国家学说》(Staatslehre)中指责《社会契约论》"全凭经验武断地"提出了国家问题,亦即,这种思考是"很偶然的、毫无思辨原理"。他接着指出:"这就是法国大革命的基础:从这样的原则出发,大革命产生了这样的结果,也就不足为奇了!"对于今天的解释者来说,整个问题仍然是如何理解费希特政治思想发生这种演变的确切含义和范围。

吕克·费里(Luc Ferry)

## 延伸阅读

*Œuvres* de Fichete(法语版):

*Considérations destinées à rectifier le jugement du public sur la Révolution française*, trad. par Jules Barni, Paris, 1859, Payot; rééd, 1974.

*La Destination de l'homme*, trad. par M. Molitor, préface de Martial Gueroult, Paris, Aubier (Éditions Montaigne), 1942.

*Discours à la nation allemande*, trad. par S. Jankélevitch, introd. de Max Rouché, Paris, Payot, 1952.

*Machiavel et autres étrits philosophiques et politiques de 1806-1807*, Luc Ferry et Alain Renaut 作序和翻译, Paris, Payot, 1981.

## 参见条目

**柏克（Burke）**

人权（Droits de l'homme）

**康德（Kant）**

自由（Liberté）

大革命与欧洲（Révolution et l'Europe（la））

卢梭（Rousseau）

# 基 佐
## Guizot 1787–1874

在基佐于1814年登上公共生活舞台之时,大革命业已远去遁入历史。经过帝国时期人们系统的遮蔽,那些人认为自己业已终结了大革命。不料,它的幽灵在复辟时期最初几年却来势汹汹地重新浮现。极端保皇派完全将它视为针对教士和正派之士的战争以及价值观的混乱失序,大肆渲染大革命卷土重来的危险。一些地方爆发的骚乱足以让人立刻想起大恐怖的种种罪行。别具意味的是,巴吕埃尔神甫(Barruel)《雅各宾主义史回忆录》的再版在这一时期流播甚广。旧制度与新法国之间的斗争看上去几近再次开始。因此,对法国大革命的解释在这些年里一直具有根本性的政治意义。法国人急切地感到,为了构想他们的未来,需要重新解读他们的历史。

1818年斯塔尔夫人去世后的出版物《法国大革命主要事件沉思录》,通过区分1789年和1793年,为自由主义史学奠定了基调。同年出版的穆尼埃的著作《论(启蒙)哲人、共济会会员和光照派在法国革命中的影响》也加入同一事业,对大革命的教条和实际作为加以区分。基佐在盘点新近的图书时评论道:"穆尼埃细心地将1789年之前的事与之后的事区分开来；较之有些人为了诋毁一切而将一切混同的做法，这种区分更重要：他们不知道有多少人可能想为了辩解一切而将一切混同到一起；多少人会总体接纳法国大革命而非全盘摒弃它，以及他们没有太多犹疑地决定捍卫受到争议的原则，证明所有结果都应归功于这些原则。"因此，基佐抛弃了关于大革命的极端保皇派解释和雅各宾解释，同时与自由派保持距离，后者不承认这样的事实，即大量"好公民"依然身陷对革命恐怖的恐惧当中。这种观点与中庸政治的目标完美相契，它力图找到一条与旧制度和雅各宾狂热皆保持等距的宪制政府之路。通过区分好的革命与坏的革命，基佐希图给这条中间道路提供基础。这种方法说到底既不新鲜亦非原创。像他那个时代所有的自由主义者一样，基佐事实上满足于复制（却从未想过进一步深化）贡斯当、多努（Daunou）或布瓦西·当格拉斯从1795年以来为解释革命何以发生侧滑而展开的分析。米涅和梯也尔的著作，新一代代表人物撰写的首批作品，在这点上则有所创新。无论他们诉诸外部环境、命运抑或是罗伯斯庇尔的操作，他们对雅各宾病理学的理解都源自热月党人。与邦雅曼·贡斯当等人相比，他们在观念上有所后退。

基佐的一大优点在于，他是超越热月党问题意识的第一人，他能够做到这点是出于紧密相关的政治和思想原因。尽管热月党人将1789年与1793年区别开来，但是他们没有必要论证1789年的合法性。当时还没有任何人对大革命的积极正面性质提出疑义；它就应该是那个样子。1815年之后，形势几近逆转，极端保皇派的攻击旨在全盘否定大革命，这就迫使自由派给革命事件重新赋予意义,以此证明1789年的合法性。但是,基佐丝毫没有感觉需要撰写一部革命事件史,尽管大革命的政治和哲学问题是他所有著作的核心。阐释大革命的进程,对他来说似乎没有比更好地理解深层历史意义那么重要。因此意味深长的是,他选择全力以赴地追溯法兰西文明的总体历程,以便表明1789年乃是历史发展的归宿。他在1820—1821年的讲课中评论道:"革命必须从它们爆发的日子算起:这是人们唯一能够分配给它们的确切时间;但这不是它们实际发生的时间。被称之为革命的地动山摇,与其说是事情开始的象征,毋宁说是对已逝之事的宣告。"基佐想要理解和解释的是"并非从其行动而是从其原则来考量的革命"。因此,他的史学著作真正的对象是**现代革命**。基佐正是在对作为文明发展的革命与作为事件的革命加以区分的基础之上,对1789年进行考量。每当文明的缓慢运转遭遇顿挫时,革命——事件就变得可以想象和可能发生;在这种情况下,革命就会使得事件的时间与秘密支配着事件的原则的时间同步共振。在这一点上,基佐可谓历史唯物主义的先驱。正如他于1818年撰写的文章(收录于《哲学、政治与文学档案》)里这段令人称奇的片段所显示的:"我观察过孩子们玩耍的椭圆形盒子,里面装有数个渐次缩小的盒子;外层最大的盒子,包含着,亦可以说占有着所有其他的盒子。我假定里面的盒子是有生命力的,具有生长变大的能力,外层盒子是有弹性的但仅限于一定程度的弹性,如同万物属性所需求的一样。只要外部盒子的弹性足以容纳内部盒子的渐次扩张,那么它就继续包含着且占有着它们;但外罩的弹性达至其极限的时刻终会到来;里面的盒子不停地增大,那么外部盒子必须爆裂开来，以便为它不再能够中止的发展力量腾出空间。这就是政治社会史「……」旧的贵族政治就经历了这种过程，在数个世纪间，它经受着，它容纳着；1789年，它的弹性和经受力终于穷尽：它支持不住了。"基佐没有叙述大革命的历史，他在此提出的实际上是一种理论。对他来说，两大主要历史趋势的实现体现了欧洲文明的特质：民族国家的形成（中央集权与统一原则的发展）和人类精神的解放（自由与平等原则的发展）。绝对主义使得前者在法国得以实现，而宗教改革在法国的失败阻碍了后者极其微弱的发展。在基佐看来，现代性在16世纪形成于这两大要素的结合当中：一方面是宗教改革，另一方面是中央集权民族国家的发展。但同时，这种结合一定程度上也是一种危机，自由审视与中央集权这两种原则是彼此间存在矛盾的东西，"一方面是绝对权力在精神层面的失败，另一方面是绝对权力在世俗层面的胜利"。在基佐看来，这种冲突的破解之道在于能够实现中央集权与自由二者的综合的代议制政府。基佐在此基础上发展出一种包括欧洲不同国家的比较史学，依据三个标准对它们进行区分：中央权力出现的时间与条件；宗教改革的影响；构成欧洲各文明发展动力的这两大因素之间矛盾的表现形式与解决方式。他在复辟时期所做的这个分析，所有或几近所有的东西都是新的：对教会历史作用的强调，对宗教改革的看法，对社会简单化状况（国家的发展与个体的凸显结伴而来）的理解，对作为进步之源的第三等级和阶级斗争的重视，以及将革命视为中央集权与自由这两种原则间冲突所造成的危机的观念。他的分析完全更新了过去对法国历史的那些常见解读，同时通过提出两个核心问题改变了对法国未来的想象：其一是法国大革命与英国革命的关系，其二是宗教改革在法国失败的影响。对基佐来说，这两个问题密切相连。结束法国大革命，也就是说仅保留1789年原则，在他看来事实上相当于复制一个1688年的相似事件，同时将宗教改革原则引入法国。对他来说，法国大革命的真正意义在复辟时期依然有待实现。通过将1789年置于长时段当中，基佐因此得以将积极的东西（自由与平等）整合到一起，将消极的东西（1793年和拿破仑时代）拒于门外。换言之，他将事件重新置入关于历史的观念真理中，因为正是后者赋予这些事件真正的和终极的意义。这种遭到一些同时代人批评的历史宿命论，深深地嵌合在他的政治论证当中。通过将法国革命置于业已铺展开来将近13个世纪的历史进程中，基佐事实上是在神圣化法国革命**不可逆的**政治和社会特质。他因此让资产阶级得以重新获得对未来的信心，以及毫不汗颜和毫无恐惧地认识1789年的自己。与极端保皇派对过去的怀念相反，他不容分说地肯定了在法兰西大地上新确立的种种权利。他在1820年写道："大革命是一场战争，真正的战争，这种战争让国外各民族都对它有所了解。13个多世纪以来，法国一直有两个民族，一个是征服者人群，一个是被征服者人群。13个多世纪以来，被征服者人群一直都在为摆脱征服者人群的奴役而苦苦竞斗。我国的历史就是一部这种斗争的历史。一场决定性的战斗从我们的时代开始了，它就叫作大革命［……］大革命的结果毫不含糊，以前的被征服者人群变成了征服者人群。"

  1789年这种紧密附着在历史和社会之上的合法性得到确立之后，基佐接着必须解释革命事件本身的动力。"伟大的1789年一代，如此坚毅如此真诚地向往社会改革和政治自由，如何主动投入或被动卷入黑暗和大革命的风暴当中？"基佐没有将这个问题与热月失败的问题区分开来。这正是他的独特之处；他力图以统一的方式理解革命经历的一切变迁，让自己不局限于仅仅分析雅各宾主义所表现出来的病理学。1789年人和热月党人为之奋斗的事业何以遭到失败？这个问题投射到基佐那里，他将之视为他这一代人的任务：完成法国革命进程，将之稳定下来。这也是热月党人早在二十年前给自己确立的任务，但没有完成。这种政治关注左右着基佐对法国革命的思考。复辟时期的空论派在这方面可能被人们看作是新热月党。正是他们与热月时期的关系，让他们得以明确自己的大革命观，同时清楚自己政治斗争的意义所在。

1815年，基佐回想起罗伯斯庇尔倒台所催生的期冀。他再次记起在自家阳台上就热月9日新闻他与母亲所说的感恩祈祷词。他在1818年就这段时期的情况写道："一个新法国正在从这个废墟上萌发出来。任何人，只要不能从这个时代形成和壮大过程中看到反革命精神针对雅各宾精神的反动，那么就难以体察到大革命原则的进步，革命原则穿越那些最直接地欲使之改变方向的种种动荡继续踏步前行。斯塔尔夫人不是完全没能意识到这种进步，但她以这个时代为起点，或许没处在一个可以完全抓住其所有病症的位置，并以它应得的注意力从这个位置追踪之。"因此，基佐非常清晰地看到自己与西耶斯和贡斯当一代的分道扬镳。他解释了那一代在两方面的失败。首先是那一代来得太早：整个革命进程固然带来不稳定后果，但这恰与它时不我待的历史追赶性质相关。因此，他指出："大革命首先是让人想起破坏。它的第一部法律仅是进行破坏的工具。它们被用于推翻的不仅仅是政府,而且是权力本身,权力被以抽象的方式看待且独立于其拥有者。这应该是现实的存在;它关涉的是变动,不是改变发动机而是改变机器,且不仅是改变政治机器而是改变整个社会,亦即社会情势和关系的总和。"从这个意义上来说,热月的失败在于它处在临界的时刻,到热月末期必须向前走,筹谋实证(积极)的建设。像奥古斯特·孔德一样,基佐以这样的语言解释他这一代优势:惟有他们这一代有可能既翻新革命,同时也结束革命,因为历史行将进入实证的时期。其次,基佐看来,热月的失败还有着思想的维度:它反映了这个时代的人还没有能力依靠思想,在自由的条件下建立秩序。热月党人从不想将大革命带回到它真正的原则上来。因此,基佐的目标是:澄清这些原则并将它们输入到稳定的机制中。他在1838年说道:"我们时代真正的任务是要认识清楚,根据1789年的理念及其带来的社会状态,是否能够产出一个稳定而常规的政府。若想获得成功,我们绝对要满足两个条件。第一个条件便是**清除1789年原则中一切无政府主义的杂质**:这种杂质是天然的、不可避免的存在;它是大革命最初局面的结果,换言之是1789年理念最初应用的后果。这些理念被用于摧毁当时存在的东西,打碎政府和社会;在这样的工作中它们就带有了一种革命特征。剥离这种特征恢复它真正纯粹的面貌之时业已到来。"与热月党人相反,基佐不认为1789年的理念已经形成了一套界定清晰的体系,免于任何含糊混沌之处。这就是他为什么不能止步于简单地将1789年与1793年对立起来。在他看来,结束大革命意味着某种更深层的工作,即重新界定它的思想基础。对他来说,制宪议会的失败,如同热月党人的失败一样，是基于三重的观念混乱，即他们的代表观念、主权观念和平等观念的含混不清。基佐认为，制宪议会议员和热月党人都没有将他们对主权的思考贯彻到底，他们没有很好地区分自由时刻（国家主权观念等同于设定了一个权力不可触及的空间）与民主时刻，对人民主权与国家主权之间的区分尚未得到真正的阐发。此外，他们不能成功地将代表观念构建为可操作的形态，在代表各个利益的传统路径与总体利益（高等法院在其中被当作代表全民族利益的国家机构）的建构主义观念间摇摆不定。最后，他们非常糟糕地将他们对贵族阶级和特权的批评与公民平等的实证主义哲学联系到一起。因此，最后这一点导致他们在思考平等与公民资格之间的关系时困难重重。

99

基佐提出，应该驱散这三重的观念含混，围绕着理性主权、政治能力和认知代表三个概念建构一种自洽的政治哲学。理性主权概念可以不放弃主观性的主权观念这个法国传统的基石，同时在一个有效地免于权力侵袭的场域进行构建（此外，理性主权概念能够同时容纳主张上帝主权的唯灵论或主张真理主权的唯理论）。基佐因此得以同时摒弃人民主权的倡导者卢梭和君权神授的辩护者博纳尔。这种理性主权论被复辟时期的《环球报》称为"世纪理论"，在社会学的"能力"主题下得到极大的拓展。任何人都不能宣称自己占有了理性或是理性的化身，但总会有些个人比其他人在认识和遵守理性方面有更大的能力。因此，基佐借助这种社会学，跨越了1789年思想的实际矛盾。在这种视角下，代表体制的目标发生了本质的变化。它不再是解决利益和意志的复杂算术题，而是"将散布在社会各个角落的所有理性搜集和聚拢起来"，"从社会中萃取出它所有具有理性、正义和真理成分的东西，以便将它们应用于政府"。因此，理性主权理论意味着一种新的代表学说，把代表作为认知的过程：代表制并非是由意志的让渡构成，而是从散布于社会各个角落的所有思想要素出发构建公共理性的过程。"一切社会中都存在一定数量的正确思想"，基佐解释道，"这些正确的思想散布在构成社会的个体当中，且在他们之间不均衡地分布着「……」问题是将这种力量四散而不完整的碎片全部搜集起来，将它们聚合起来，而后将它们组构成政府「……」所谓的代表制不是别的，而是达至这种结果的方式。这决非是用于集拢和统计个人意志数量的算术机器，而是一个自然的过程，从社会内部萃取唯一有权进行统治的公共理性。"鲁瓦耶-科拉尔[①]则把这种思路推向极端，声言代表制的终点只能是一种**隐喻性**的存在。总之，基佐对法国大革命史最主要的贡献是重新阐释了大革命的根本性政治原则。因应复辟时期政治斗争的需求，他着手对大革命进行了首次整体性的批判分析。

皮埃尔·罗桑瓦龙（Pierre Rosanvallon）

## 延伸阅读

*Œuvres* de Guizot:

Quatre courts articles dans les *Archives philosophiques, politiques et littéraires* sous la forme de recensions d'ouvrages de Mounier, Montlosier et de De Staël: mars 1818 (t. 3, n°9, p. 47-55) ; juin 1818 (t. 3, n°12, p. 285-409) ; juin et

---

① 鲁瓦耶-科拉尔（Pierre Paul Royer-Collard，1763-1845），法国政治家、学者，复辟时期的空论派领袖。

juillet 1818 (t. 3, n°12, p. 410-435 et t. 4, n°13, p. 63-85).
*Des moyens de gouvernement et d'opposition dans l'état actuel de la France*, Paris, 1821.
*Du gouvernement de la France depuis la Restauration et du ministère actuel*, Paris, 1820.
*Essais sur l'histoire de France*, Paris, 1823.
*Histoire de la civilization en Europe*, Paris, 1828, nlle éd. annotée par Pierre Rosanvallon, Paris, Le Livre de poche "Pluriel", 1985.
*Histoire des origins du gouvernement représentatif*, 2 vol., Paris, 1851.
*Trois générations, 1789-1814-1848*, Paris, 1863.
JOHNSON, Douglas. *Guizot: Aspects of French History (1787-1874)*, Londres, Routledge & Kegan Paul, 1963.
POUTHAS, Charles. *Guizot pendant la Restauration. Préparation de l'homme d'État*, Paris, Plon-Nourrit, 1923.
ROSANVALLON, Pierre. *Le Moment Guizot*, Paris, Gallimard, 1985.

## 参见条目

中央集权（Centralisation）

贡斯当（**Constant**）

平等（Égalité）

自由（Liberté）

斯塔尔夫人（**Staël( Mme de )**）

恐怖（Terreur）

热月党（Thermidoriens）

# 黑格尔
## Hegel 1770–1831

曾经有一种看法流行了很长时间，说青年黑格尔对法国大革命的热情逐渐让位于对1789年理念的真正憎恨，如鲁道夫·海姆[①]所说，最终发展成一种"完全反革命"的态度，旨在通过保守的历史哲学来证明现存现实的合理性。这种观点毋庸置疑是错误的，E.魏尔（E. Weil）和后来的J.里特尔（J. Ritter）的著作最终为其正名。不可否认，黑格尔的思想经历了显著的演变，直到最终的历史哲学成型，但成熟时期的文本毫无疑问地表明了持久不变的钦仰之情，法国大革命在他眼中始终是世界历史的决定性时刻。因此，譬如《历史哲学》仍然把这场伟大的革命描述为"壮丽的日出"，当时"所有有思想的人"都为之欢欣鼓舞："崇高的情感充溢着那个时代"，"热情洋溢的精神让世界战栗"。黑格尔对大革命所钦仰的并持之以恒地钦仰的东西，是主体性和理性在政治领域的登场："自从太阳存在于天空中和行星绕着它旋

---

① 鲁道夫·海姆（Rudolph Haym，1821–1901），德国哲学家，写过《黑格尔传》（1857年）。

转以来，还从未看到人类把头脑立于大地，也就是说以思想为根基，按照思想构建现实。"因此，与大革命一道喷发出来的是抽象的人文主义，借此之名，"因为他是人，并非因为他是犹太人、天主教徒、新教徒、德国人或意大利人等"（《法哲学原理》），个体最终成为政治秩序的真正主体。这个表述非常重要：它与柏克或迈斯特的理论截然相反；由此也让我们理解了为何黑格尔直到生命的最后时刻都是任何形式的复辟的激烈反对者。

这就是说，在这个赞赏的评判乃至相关的论述之外，仍然有待理解的是，黑格尔如何以及为何要在《精神现象学》（1807年）中对大革命及其恐怖影响做出名副其实的哲学讨伐。

在《精神现象学》特有的辩证法中，大革命与"功利世界"直接相关。在黑格尔看来，"功利世界"构成了启蒙运动（Aufklärung）的"真理性"，它的终极面目。在这个世界上，一切事物都是根据它与个人意志的独有关系来加以判断的。事实上，很明显，功利概念**本身**就是前后矛盾的，它指向自身以外的东西：有用的东西总是经由某人而有用或对某人有用，因此，功利世界只有通过"绝对自由"才有意义，对于"绝对自由"来说，"世界纯然是它的意志，而它的意志就是公意（又译：普遍意志）"。黑格尔在这里针对的是卢梭。《精神现象学》里有分析大恐怖的章节，首先就对《社会契约论》进行了批判，并在《法哲学原理》和《历史哲学》中重申了该批判。按照黑格尔的说法，《社会契约论》不过是想要把个别意志绝对统一于公意的概念中。这一目标本身并未受到黑格尔的批判——黑格尔学说中的国家也表现普遍意志与个别意志的调和。对卢梭的方案及其在大革命中的应用,黑格尔的批评在于,这种调和被设想为一种纯粹抽象的、流于形式的方式,"排斥所有的中介",伴随着"这种自由的形式主义,伴随着这种抽象,任何坚实的东西都难以确立起来形成组织"。"有人说,法国大革命源于哲学,而且哲学被称为普遍智慧不是没有道理的,因为作为纯粹的本质,它不仅本身是真理且对自身而言亦是真理,而且真理本身也在世界中变得生机勃勃。因此,当人们说大革命从哲学中获取最初的动力时,不应该起而反对之。但这种哲学首先只是抽象的思想……这是一个难以估量的区别。"(《历史哲学》)事实上,黑格尔的推理是这样的:卢梭学说的要求——后来在康德和费希特的伦理学那里得到重申,是个别意志马上以某种融合的方式将自己等同于公意,那么就只能导致双重的结果:

——一切"有限定的"社会组织,一切如黑格尔所谓的"精神性的东西"(等级、团体、行会等)都必须消失,因为在它们身上,意志不可避免地具有个别性。因此,"绝对自由不可分割的实体登临世界之王座,没有任何力量能够抗拒之。"(《精神现象学》)

——公意在这些条件下永远不能体现为某种特定的行动或事业:"在走向行动、创造客观性的同时,它不能产生任何特殊的东西,只能产生法律和国家行为。"(《精神现象学》)因此,正是出于这一主要原因,而非次要原因,《社会契约论》以及由此产生的雅各宾派永远不能容忍代议制,不能产生真正的宪法,也不能以略微稳定的方式解决政府问题:因为"政府〔……〕同时想要并执行确定的秩序和行动。因此,一方面,它把其他个体排除在其运作之外；另一方面，它自身构成了一种确定的，也因此与普遍意志相对立的意志。"于是，政府只能表现为派系，乃至于它的存在与罪行一体并存。

　　基于这样的原则，法国大革命只能陷入大恐怖当中：如果绝对自由"既不能产生积极的成果，也不能产生积极的行动，只剩下消极的行动。它不过是毁灭的狂暴"。或者说，正如黑格尔在《法哲学原理》中写道："［……］同时，因为只涉及没有思想的空想，这种尝试导致了最骇人听闻和最残酷的局面。"由于"没有任何中间介质将它们连接起来"，公意与个别意志之间的关系只能导致单纯的空无，单纯如许的空无："因此，普遍自由的唯一成果和行动是死亡，更确切地说，是一种缺少内在意义、不会产生任何结果的死亡［……］。这也是最冷酷最平淡的死亡，不比切下一颗白菜头或吞下一口水更有意义。"因此，恐怖必然导致无政府状态：为了消解并清算一切以个别形式（最显著的便是有组织的社团）反对它的东西，它必须自我建构，产生一个组织；但这个组织本身也必定是个别的，它马上就会受到质疑，**也就是说**是有罪的，因此所有机制的解散过程似乎会无休无止。

　　这正是《历史哲学》在结尾比《精神现象学》更加强调的一个关键点。黑格尔富有深度地揭露了大革命留给后人的问题，而该问题即使在今天也仍然是我们的现代性面临的主要问题之一：既然整个社会组织的基础位于"原子化个人、个别意志原则上"，那么还想有什么政治稳定？

　　相较《精神现象学》，笔者认为《历史哲学》最后一章涉及两个新主题，补充并丰富了对大革命思想起源的分析。

——出于内在逻辑的原因（我们在此暂且不谈），《精神现象学》并不认为法国大革命的思想起源是"道德世界观"，而仅仅是《社会契约论》。和《法哲学原理》一样，《历史哲学》将意志的形式主义事实上不可分割的两个时刻更紧密地联系在一起，罗伯斯庇尔可以说是结合两者的政治象征：因为特殊从属于普遍的要求，无非是使"怀疑"支配任何特殊生活的**德性**要求；"罗伯斯庇尔将德性原则作为最高目标，可以说此人看重德性。因此，现在，恐怖和美德占主要地位。"

　　——《历史哲学》的第二个主题涉及黑格尔明确提出的问题，即为何"在德国人中始终平静的理论"却在法国人中被"实际应用"并产生我们所知道的后果。在黑格尔看来，必须从天主教与在新教德国占支配地位的**宗教改革**精神的对立中寻找答案。我们此处无法详述这种对立——这可能标志着改革/革命之争在政治哲学中首次出现——，但我们可以说，对黑格尔来说，如果说新教完全是改良主义的，那是因为它独自能够"达到认识自我意识的最高点"，也就是说，达到对理性与现实之统一的真正认识，而非**形式上的**认识。而且如果现实是合乎理性的，那么"革命"的理念本身就丧失了意义。相反，"在天主教中，这种精神［承认上帝］在现实中与自我意识的精神是严格对立的"，"只有在新教精神的原则中，才存在国家权力、宗教和哲学原则相吻合的绝对可能性和必要性，才能实现现实本身与精神的调和……"（《哲学科学全书纲要》(*Encyclopédie des sciences philosophiques*)）。

　　在这里，我们触及了黑格尔解释的真正核心：如果说新教是改良主义的，如果说拉丁国家的天主教则倾向于革命，那是因为只有前者**代表**了一种公正的历史哲学，它在现实中所看到的，不是以美德理想的名义进行暴力改造的障碍，而是合理性的化身之地。黑格尔对法国大革命的双重判断——赞赏和批判——在此处找到了最终解释：必须赞赏大革命**在内容上**（人或主体性在政治领域的出现）对普遍历史的贡献，但批判标志着这种内容的建立**过程**之特征的恐怖**形式主义**。黑格尔在《历史哲学》中表示："我们必须从**普遍历史**的角度来考察法国大革命，因为**说到底**，该事件具有普遍历史的意义，必须将之与**形式主义**的斗争仔细区分开来。"

无论黑格尔的解释多么深刻，它都因此暴露出两个非常可怕的困难。笔者在此仅作为结语作出提示。第一，从严格意义上说，对道德形式主义的批判，无论它多么具有诱惑力，在黑格尔的著作中都离不开历史哲学，**只有**历史哲学才赋予它真正的意义。因此，如果采用黑格尔对道德世界观的批判，同时又以其理性主义和形而上学作为理由而拒绝作为其基础的理性诡计论，那就完全是徒劳的，甚至是不合逻辑的。第二个困难，正如哈贝马斯在《理论与实践》（*Théorie et pratique*）一书中非常睿智地指出的，在某种意义上是更为严重的，因为它是黑格尔主义本身的内部问题：如果对大革命的批判所依据的论点归根结底确实是"现实是合理的"，那么他的批判所能得出的观点本身就不再是可以理解的，因为黑格尔哲学的**内容**一般都禁止对普遍历史的事件采取任何一种道德—批判的观点。

吕克·费里（Luc Ferry）

## 延伸阅读

*Œuvres* de Hegel:
*Jenenser Realphilosophie* (*Natur-und Geistesphilosophie*), 2 vol., Leiozig, F. Meiner, 1939.
法文译本：
*Leçons sur la philosophie de l'histoire*, trad. par J. Gibelin, 3eéd., Paris, Vrin, 1967.
*Phénoménologie de l'esprit*, trad. par Jean Hyppolite, 2 vol., Paris, Aubier, 1939−1941; rééd. 1977.
*Les Principes de la philosophie du droit ou droit naturel et science de l'État en abrégé*, prés. et trad. par Robert Dérathé avec la coll. de Jean-Paul Frick, Paris, Vrin, 1975.
BOURGEOIS, Bernard. *La Pensée politique de Hegel*, Paris, Vrin, 1969.
HABERMAS, Jürgen. *Théorie et pratique*, trad. de l'allemand par Gérard Raulet, Paris, Payot, 1975.
HAYM, Rudolph. *Hegel und seine Zeit*, Berlin, 1857.
HYPPOLITE, Jean. *Genèse et structure de la "Phénoménologie de l'esprit"de Hegel*, 2vol., Paris, Aubier-Montaigne,1956.
RITTER, Joachim. *Hegel et la Révolution française*, trad. de l'allemand, Paris, Beauchesne, 1970.
ROSENZWEIG, Franz. *Hegel und der Staat*, Munich et Berlin, R. Oldenburg, 1920.
WELL, Eric. *Hegel et l'État*, Paris, Vrin, 1950.

## 参见条目

柏克（Burke）
费希特（Fichte）
康德（Kant）
自由（Liberté）

**迈斯特（Maistre）**
罗伯斯庇尔（Robespierre）
卢梭（Rousseau）
恐怖（Terreur）

# 学院派大革命史学①
## Histoire universitaire de la révolution

整个19世纪，法国大革命史家极少是这一研究主题的教授或专家。他们通常是记者、作家、活动家、政客，此外，这些活动并非互不兼容，甚至很容易识别：路易·勃朗是记者，拉马丁是作家，比谢是社会活动家，他们都对公共事务怀有激情，正是这股激情滋育了他们对革命的好奇心。从世纪初到世纪末，革命史领域接纳所有欲寻求当代法国秘密的人，仅提一下其中最重要的名字，就有梯也尔、米涅、米什莱、路易·勃朗、基内、托克维尔和泰纳。任何人都无须持巴黎（索邦）大学的研究许可或专业证书：大革命史学本身还是现在时，它仍处于形成当中。也正是由于这个原因，巴黎大学尚未教授革命史。这是一个极具爆发性的题材，巴黎大学难以掌控。

到七月王朝末，这种情况显而易见。当时在与天主教会斗争的高潮中，基内和米什莱开始将法国革命放入他们在法兰西学院

---

① 该词条原文是 Histoire Universitaire de la Revolution，直译是大学大革命史学。我们根据英译 Academic History of the Revolution 译为学院派大革命史学。

的讲席课程中。他们是教授和历史学家，尤其是米什莱，他在这个时期大量挖掘档案，为他的《法国革命史》提供史料。然而，由于他们的课程关涉信仰，在拉丁区的群情激荡中像公众集会一样结束。1846年，基内的课被暂停，米什莱在这一年开设课程"法国民族性"，认为1789年乃是为法国国民性定下基调之年。这些年里，以法国革命为对象的各种各样的出版物和无休无止的争论，构成了1848年的序幕。到了1848年，18世纪末的宏大戏剧带着自己的各种角色帷幕重启。

然而，在大革命百年后，学院派史学家把大革命史发展为一门学科，所竭力终结的正是这种围绕着法国革命遗产的争夺。这种雄才大略沿着两条不同而又相交的路径向前推进。

第一条路径是政治性的。以费里和甘必大为首的第三共和国创立者们，最终驯服了1789年的遗产。随着费里所称呼的"确定性政府"（gouvernement définitif）①——这种政府形式至少是一种公众对民主广泛认同的政体——在法国的成形，法国革命最终登堂入室，获得官方认可。但它同时亦是一项全民族的财产，由左翼政府审慎地掌控着，未将其任何一个时期排斥在外，亦未将其任何一位主角开除，因为第三共和国正是从法国革命的整体中取得凝聚全民族的资格。克雷蒙梭在不久后做了一个概括："大革命是一个整体。"共和国需要历史学家为所有的法国孩子重新撰写其历史。

---

① 茹尔·费里在1879—1881和1882—1885年担任内阁总理，在任期间通过修改宪法和法律，规定"政府的共和制形式"不可更改，共和制在法国得以最终稳固下来。

与此同时，历史学已然发生变化。在1870年后大行其道的实证主义戒律下，历史学将自己构建为关于过去的科学话语，从寻找证据开始，对历史文献进行有条理的考证。历史学家应该按年代顺序呈现有关主题的各种得到确证的事实，分析它们之间的关系，斟酌仍然存在的不确定之处，在必要的时候判断其可信之处。紧密联系于历史撰述的考证方法，让历史学家得以时刻掌控自己对历史事实的重构。建构一门研究个别事物又专注于验证程序的科学，这种悖论性的雄心促使历史学与哲学，尤其是与历史哲学，分道扬镳了，在它服膺于标准的规则之时，它就成了一门严格建构的学科，一种可传承和累进的知识。

法国革命史讲席的创设正处在这两个进程的交叉点上。1885年，左翼占据多数的巴黎市政委员会，提议在首都资助一门关于革命史主题的课程，声言是时候将"批判（考证）的方法"应用于法兰西民族历史上的这段时期了。原本首先考虑设在法兰西学院，这是传统的革新之所，属意的是时任学院主管的勒南；但国民教育部长更喜欢巴黎文学院，课程被设置在这里，1886年2月由奥拉尔负责讲授。这位得到国民教育部长提名的幸运当选者，其主要的学术成果是其著作《大革命期间的议会演说者》，最后一卷当时刚好出版。尽管保守派做出悲观的预测，课程首讲仍于翌年3月12日平静完成。教学取得了成功，课程也在1891年3月转为教授讲席，经同僚选举，奥拉尔被提名为巴黎大学法国革命史第一位正式讲席教授。

从此之后，大革命成为文学院历史教育的一个突出领域，巴黎的典范作用逐渐影响全国，这个新专业方向在外省也被纳入

"现当代史"讲座课程。在像法国这样的中央集权国家里，巴黎给一切定调，因此围绕着这个讲席（以及1908年马迪厄与奥拉尔决裂后开设的对抗性课程），形成了一整套新的学术机制网络，得到了激进派共和国与（从1900年开始）左翼联盟的大力支持。早在1881年，一些历史学家和政治人物组成编辑委员会，创办了杂志《法国大革命》。这些人既是共和主义者同时亦是实证主义者。巴黎大革命史讲席的创设给杂志带来了新的动力：奥拉尔在1887年自然而然地担任了杂志的主编。由于他的努力，里昂和图卢兹市政委员会创设了与他的巴黎讲席相似的讲席，他还争取到共和国政府的一小笔钱用于档案文献出版事宜；根据其友人、专门研究1789—1791年巴黎选举会议的档案学家沙拉韦的倡议，"法国大革命史学会"于1888年成立。从此以后，对1789年的研究围绕着巴黎的革命史讲席或与之相关的讲席组织了起来。1903年12月，饶勒斯促使政府颁布政令成立一个委员会，专门负责大革命期间经济生活的档案文献的研究和出版，他担任该委员会名义上的主席，由副主席奥拉尔承担实际的领导工作。1908年，与奥拉尔决裂后，马迪厄以夏尔·韦莱上一年创立的"罗伯斯庇尔研究会"为基础，开辟了自己的阵地，同时开办了自己的杂志《革命年鉴》，1908年开始出刊并成为他的旗帜。即便再次成为冲突的对象，法国革命史还是驻扎在巴黎大学及其外围，并且自此之后再没有离开过大学。

这种演进并非都是有益的。由于对法兰西民族历史加以严格的时段划分，大革命史学将自己囿限在仅仅对以自身为主题的狭隘解释当中。实际上，在法国大学的历史研究里，"近代"史从

114

此结束于1789年，伴随而去的是大革命将之命名为"旧制度"的那些东西，因此，旧制度没有出生证书，但有死亡证明。从此，大革命，包含着波拿巴和帝国时期，形成了一个独立的研究领域，有自己的教席、导师、学生和杂志。从1789年到滑铁卢的四分之一个世纪的时间，成为法国历史的分水岭，"近代"从此终结，"当代"从此开启。它隔开了它们，因此界定着它们，也"解释着"它们。共和国因此将法兰西民族历史相对简单地变成包含在其总体框架中的教学题材。20世纪不会再看到19世纪那么多的从新教开始的宏大的革命史；从此以后1789年始于1787年的"旧制度危机"。

在成为一门学术性专业之时，法国革命史在更趋专业化的同时更趋狭隘。革命史学术（érudition）卖力地扩展知识的领地，但限制解释的范围；它宣称自己据有科学的可靠性，能够缩小争论和歧见的范围：历史学家只须按照考证方法的规则在标定的年代范围内确定事实就行了。最后，革命史新课程赋予了讲席教授在该领域的开发特权：通过对曾经滋育了19世纪哲学躁动和政治激荡局面的同一批材料的挖掘，开创了由博士论文作为入行仪式和由"大导们"（patrons）对弟子的权力所规制的职业轨道。从所有方面来说，这种史学所寻求的都是把稳而非逾规：它在这一点上获得了极大的成功，因为在近一个世纪的时间里，历经几代人，它在事件的总体解释上一直保持着一定的忠诚度（一致性）。

因此，将20世纪与19世纪的大革命史学，亦即，将那些教授的与那些作者的大革命史学，放在一起加以比较是不公平的。后者，也就是19世纪的大革命史学，当然更加出色更加深刻，其作者中产生了两位最伟大的天才：米什莱和托克维尔。在奥拉尔主导的时代，伴随着饶勒斯的《社会主义史》——社会主义传统赠予1789年的众多宏伟纪念碑中最绚丽的一座——在20世纪初年的出版，19世纪大革命史学迸发出最后的火花。但在饶勒斯这最后一位作者、最后的"业余爱好者"之后，对于学院派大革命史学的成就，应该在其观念框架中，基于它想要达成的目标以及它的方法和人员加以衡量。这样可能较为公平合理。

它有两大雄心：扩展我们的史实知识，并把它们安置在关于大革命这一事件的科学视野之中。第一个目标所取得的成功比第二个要大。

革命史学术的进步与"导师们"的好奇心和时代的状况密切相关。这些进步主要不是受益于资料的进展。文献和文献集的出版在20世纪初相对活跃，但从第一次世界大战后极大地放缓，与革命史学科的重要性不相匹配。在最初的奥拉尔主导时期，政治史是这个新学术领域的最大受益者：这位"大导"出版了《救国委员会法令集》，随后编纂出版了雅各宾俱乐部议事集。经济社会史此时业已得到饶勒斯委员会的资助，后者已着手整理1789年陈情书，可供学界使用。实际上，正是社会史，逐渐成为大革命史学原创性研究和学术出版的中心，原因不难理解。饶勒斯用经过社会主义重塑的自由主义遗产，重新将社会阶级运动带至显要的位置，使之成为大革命无可争辩的第一推动力，从而极大地促进了对城市各群众阶级和对农民阶级的研究：马迪厄的《大恐怖时期的昂贵生活与社会运动》（1927年）一书，是对前者研究的典范；乔治·勒费弗尔的博士论文《法国大革命期间诺尔的农民》使对后者的研究面貌焕然一新。奇怪的是，取得胜利的阶级——资产阶级，引起的兴趣甚少，失败的贵族亦复如此。这是因为，大革命的社会解释不仅建立在马克思主义的基础上，而且立基于对那些被历史遗忘的社会底层的民主同情心之上。经由这一路径，它与两次世界大战之间诞生的一种更普遍的以《年鉴》杂志为阵地的法国史学潮流形成交汇，并在20世纪50年代占据了主导地位。

但之所以将社会解释运用于法国大革命这样的主题，并怀有使之成为该主题之根基的雄心，是因为它触及革命事件的起因。这种片面方法从1917年开始更经常地被列宁主义的马克思主义版本所主宰，所开启的通向"科学"解释的路径实则更加狭小。自马迪厄以降，俄国革命的幽灵缠绕着法国革命史，共产主义的通俗版本取代了奥拉尔的共和主义版本：这种情形隐含的是两位导师就丹东和罗伯斯庇尔争论的输赢，其背后是被指斥为机会主义的和贪赃枉法的共和主义英雄丹东，被"不可腐蚀者"（l'Incorruptible）罗伯斯庇尔所取代，后者是为着人民而无情且毫不妥协地进行斗争的化身。

这就是20世纪法国大学极左派所阐释的法国大革命，怪诞的思想成果！它同时是必然性与"人的发明"的表现，是资本主义的产物和环境的临时发挥，是资产阶级和人民专政的降世。但这种随机的综合至少可以让历史学家忽略一个世纪之前曾令自由主义者们以及马克思所困惑不已的难解之谜，即大革命的结果与其进程形成鲜明对比之谜。至少，它容许他们可以更多地赞美事件进程而忽略事件结果，对1793年的强调超过1789年，对雅各宾派的喜爱甚于制宪议会。新雅各宾主义教授与共和二年的人们站在相似的立场上，因为苏联的经历证明了专政与大恐怖的必然性……

因此，将革命及其主角与当前事件同一化的机制对20世纪史学家们的影响像对19世纪史学家们的影响一样大。奥拉尔曾希图将革命图景置于一个标准的框架当中，但马迪厄和俄国革命给雅各宾想象开创了新的空间。学院派革命史学的不断累进，主要体现在文本的出版、资料的发掘、诸如农业问题等新颖主题的出现，而不是在阐释图式方面。这种一体两面的情形有三位主要的见证者：奥拉尔、马迪厄、乔治·勒费弗尔。

奥拉尔生于1849年，是一位学监之子，作为夏朗德省一个资产阶级的后代，忠于大革命的遗产。19世纪70年代末，在其研究意大利浪漫主义诗人莱奥帕尔迪（Leopardi）的"哲学思想和诗性激情"的博士论文答辩通过后，他作为文学史家开始了大学职业生涯。两样东西使他获得了1886年所创讲座席位的任命：对法国革命期间议会演说的研究，研究成果第一卷在1882年面世；他的共和主义和世俗化的政治形象，立场接近反教权主义的共济会会员和激进主义的先驱。法国革命史学的这位迟来者以神圣的热情弥补了不足；怪诞的是，这位实证主义教授从事这项使命的理由，竟然首先来自于他的信仰；这位共和主义的学术大佬（grand mandarin）给自己确立的目标是将大革命从偏见和激情中挽救出来。这里实际上也有历史方法方面的雄心大志，即旨在建构的不是对1789年的哲学解释，而是通过现在和未来专家们之手代代累进的知识。

精力充沛，积极活跃，肩负重任，奥拉尔在创立以学术研究和"科学"叙事为基础的新型革命史上取得了无可辩驳的成功：为了清楚地认识到此种类型与先前有过的革命史之间的区别之处，我们或可将奥拉尔的《法国大革命与基督教》（1927年）与四分之三世纪前基内的同名著作加以比较。奥拉尔从他的共和主义前辈那里借用了书名，他钦服基内——在1886年的就职演讲中曾向他致敬；但按时间次序缕述革命议会的宗教政策，取代了对基督教与1789年精神之间关系的探讨。历史驱离了哲学，同时将19世纪纠缠不休的大问题，亦即基督教与民主之间的关系问题一同驱逐了出去；它完全停留在对天主教会与前后相续的革命权力之间"所发生之事"的叙述上。

奥拉尔有些天真地鼓吹着这种对博学的狂热追求，攻击出于另一层面的原因而不喜欢的前辈们的学术，如泰纳：这致使他在1907年的书中，以咄咄逼人的学究语气抨击泰纳的《当代法国的起源》。这位新入行的史学家对原始文献和事实真相的热情，使他在文献材料出版方面做出了开拓性的重要工作。作为国立和市立的两个专设委员会的领头人，奥拉尔指导了《救国委员会法令集》的编纂工作，第一卷于1889年面世；不久后，又推出了有关雅各宾俱乐部和热月9日到帝国时期巴黎公众舆论的档案文献集编系列。这些文献集都不免会受到后来专家们的批评；但所有文献集都依然有用而且还在被使用着。

奥拉尔具有好奇求索和开放的精神，从汇集着他对大革命史研究部分贡献的7卷本著作可窥见一斑。他的兴趣在于思想史、制度史和革命崇拜史；他创制出一种比较史学，基于洛克与卢梭的对比，探索美国革命与法国革命的思想来源；1917年，他出版了康德1797年反对弑君的著名文本，并附上一个共和主义的限定说明。但像这个时代惯常的那样，法国革命的政治史构成了他著作的主体；今天看，他最主要的著作仍然是那部《法国大革命政治史》，1901年出版，副标题是"共和政体的源起和发展，1789—1804年"。要想理解进入巴黎（索邦）大学后的法国大革命的精神，必须从这部书开始。

鉴于革命事件的性质，奥拉尔研究法国大革命政治史依据的视角内含悖论：他优先感兴趣的是新制度和新原则，而将其通过事件被次第表现出来的进程降到了次要的位置。在他看来，大革命昭示着民主共和国的降临，这种降临不是由7月14日或8月10日起义带来的，而是由两个文本宣示其合法存在：《人权宣言》和《山岳派宪法》。一个来自于1789年，另一个来自于1793年——这两个"时刻"被众多前辈们如此粗暴地拆分开，奥拉尔则把它们重新联结到一起。因此，在他眼里，组成革命史的事件洪流不仅构成了这次革命的环境，主导着革命原则的盛衰起伏，而且它们可以相悖冲突，暂时延搁革命的益处。

因此，大革命并不存在于人们认为的可见之处。它不在一个个日子（journée）里，而是在议会辩论里。它不在历次起义里，而是在各种制度里。像撰写第三共和国的历史一样，我们可以从公众舆论、民众选举、有组织的党派和议会多数等方面书写它的历史。然而，这个历史进程——两部奠定新法国的伟大本文于其间形成——不断地受到各种不利环境的影响，不断地事倍功半，不断地遭遇冲突和顿挫，乃至真实的大革命仅部分地实现了理想的大革命作出的承诺。1789年人创造了著名的《人权宣言》但设立了纳税资格选举。1793年人颁行了普选但建立起专制和大恐怖。

大革命的历史正是在这种差距中展开的，但这种差距并不构成大革命历史的特征，或决定大革命历史的走向。因为在严格意义上，革命历史仅是指那些促成革命原则实现所采取的全部行动；余下的亦即其残渣，是大革命不可避免地携带着的那些与革命固有性质毫不相干的行动，应归于革命本身之外的某些东西，归于事物的惰性尤其是敌人的抵抗。奥拉尔就这样将他为革命辩白的意愿发挥到了极致：实际发生之事与革命宣示的原则间的差距部分便不是革命。

这种解释的难处在于界定外在因素。因为革命历史的环境在不同的时期不尽相同。诚然，革命的各个时期和所有领导者，都没有实现那些理想，1789年的那些人如同1793年的那些人一样，只是方式不同。奥拉尔不是"89年人"，因为制宪议会建立了一种纳税资格选举权制度，违拗了平等原则。他也不是"93年人"，因为共和二年的独裁专政取缔了1789年的人权。但如果说这两个政权都背叛了伟大原则的话，那么第一个体制更应受到谴责：它的背叛被写入法律文本，建立了有利于资产阶级的选举特权。相反，第二个体制，通过受共和二年宪法保障的普选权恢复了平等，但拒绝实施宪法：它尊崇权利但屈从于现实。与1789—1791年的资产阶级君主制相比，1793年6月宪法文本勾勒的民主共和国因此代表着对革命的更多忠诚；它陷入恐怖专政只能归咎于公共安全的环境。

诚然，奥拉尔的著作在其他地方给人以相反的印象：作者怀有对大革命各色人物和各个时代做事后调和的意愿，这就使他对他们致以同等的敬意，因此以一视同仁的祝福将1789年与1793年联合到了一起。这位历史学家为了达成这一点，将一切都归于情有可原的环境与国民的宽宥。难道一定要说那些人是互相否定吗？不，"更恰当地说，没有叛徒只有端良的法国人，他们在我国政治演进的不同时刻，在不同的环境下倾力而为"。这种普世合一论（œcuménisme），将环境理由扩展至不同性质的现象，如纳税资格选举权和恐怖专政，由此也支撑了一种含糊的历史哲学，按照这种历史哲学，法国大革命的每个时期都在特殊限定条件中对待1789年原则，因此统统因"环境"而被洗白。

因此接下来的是，《人权宣言》，再加上共和二年宪法，自此之后便构成了整个法国当代史的根本宪章。它是"1789年以后法国政治与社会的纲领"。履践这个纲领的日程表有着无限的弹性，就像平等原则本身一样。尽管19世纪有许多作家将社会主义与人权宣言对立起来，但这种想法是不对的；因为社会主义也是源于将平等观念扩展到社会经济领域。实际上，共和二年的人们建立了一种名之为"革命政府"的因应环境的体制；但他们在这种临时性的建构中掺入了注定会持续长存的因素，因为诸如指令性经济和平等乌托邦这样的特征，预示了19世纪的社会主义意识形态。在这位共和主义综合论的史学家看来，由此更有理由把革命传奇当中的中心地位赋予1793年。共和二年的专政应归咎于反革命；它对社会主义的宣告来自于对1789年的忠诚。这种解释因此同时证明了偶然情况与必然现象二者的合理性。

体现这种综合的革命主角,既非米拉波亦非罗伯斯庇尔,而是丹东:通过这种综合论,如果我们愿意亦可称之为国族崇拜,奥拉尔避免了在制宪议会和救国委员会之间进行选择的窘境,这种窘境曾令19世纪的左派陷入两难。这个观点来自敌视人民主权和革命议会的奥古斯特·孔德,他曾欢呼丹东所体现的临时专政,这个"赤裸裸的权威"是学者型政府的前奏,构成了从形而上时代向实证时代的变迁(《实证哲学教程》);信守着共和主义调和精神的奥拉尔,吸纳这个观点,并加以民主化。在他之前,茹尔·费里曾想将孔德的遗产与1789年的理念、人权与科学调和起来。

这位索邦教授的共和主义普世合一论因此消弭了19世纪赞同调和论的史学争论。奥拉尔读过路易·勃朗、米什莱和基内(或许还有托克维尔?),但他极少引述他们:在他看来他们属于已逝的传统。实证主义方法已将这些"哲思性的"历史弃置于过时事物专柜里;仅是为了辨明"事实"的准确性,它才会适时地根据需要施舍式地加入他们的争论。对资料的考证取代了对假说的批判,似乎实现了同样的功能。

因此,这位历史学家在思想方面仅仅留下了世纪末共和派战士的政治信条:一种被认为不证自明的信条,此信条让这位史学家的历史著述限定在一个严格的条框(corset)当中,比此前任何解释所明示的范围都更为狭隘。大革命只是剧本的第一幕,该剧决定性的情节是100年后共和派的胜利。这种革命史想表达的不是革命实际发生之事而是革命所预示之事:这就解释了它为什么将革命现象化约为议会活动与有组织的党派。因缺乏概念，这位历史学家就局限于回溯性的类比，大革命由此被第三共和国扁平化、驯服和收编。

因此，在以他所谓的"历史方法"替代19世纪的争论时，奥拉尔并没有像他自己所认为的那样，从基内所说的"大革命的哲学"中挣脱出来。他仅满足于从时代的氛围里捡取自己的哲学版本，并视之为不证自明。在他的阐释里，中心人物形象是第三共和国的公民，他们培育了自由、平等和世俗化，也因此将现代个人主义与公民美德调和到一起；更重要的是，随着教育和启蒙的逐渐推进，公民身份带来了一个社会越来越自由越来越平等的希望。法国大革命没有能完成这一切，但它开启了这一进程；它为未来的发展开辟了道路。这就是为什么能够通过大革命的承继者、激进派共和国的历史回溯性地解读它的历史。据此可以把一个共和国套印在另一个共和国上，这在当时的人看来几近自然而然，但很快便成为老套之举。

作为法国大革命史的首位教授，奥拉尔认为他能够在科学的名义下终结关于他的研究对象的争论。然而，在他封笔之前，争论就在科学的名义下卷土重来，但争论是在被以前众多论争所标定的旧场地上进行：马迪厄重新举起社会主义的大旗反对共和主义的奥拉尔。作为丹东的对立面，罗伯斯庇尔在巴黎大学的围墙里卷土重来。

奥拉尔的影响是巨大的，不仅通过他的著作，也通过他的学生。他们在他的指导下撰写革命史博士论文。其中最精明强干的人物是一个不忠的门生：阿尔贝尔·马迪厄。对他反叛师尊的惩罚是：他从未获得巴黎大学的讲席。但他拥有了更重要的东西：影响力。

生于1874年，祖祖辈辈都是弗朗什-孔泰的农民，马迪厄是法国教育界的一个经典类型：外省平民出身的好学生，通过文科预备班（khâgne）和高等师范学院"登临"巴黎，在成为有教师职衔的政治活动明星之前，乌尔姆路（巴黎高师所在街名）的社会主义学生身份，已让经历贫困童年的他上升为一名新贵。学业的出类拔萃代表了他整个青年时代，这些归因于完美无缺的学习历程（1893年进入高等师范学院，1897年通过历史学教师资格会考），以及早早地在政治上投身于左翼，立场介于情感上的雅各宾主义与学说上的社会主义中间。马迪厄的大学职业生涯像获取学位过程一样成功，仅最终结果除外：他未能取得奥拉尔的神圣讲席。马迪厄1904年以研究有神博爱教（theophilanthropie）和旬日崇拜的论文（以及副论文"革命崇拜的起源"）被授予博士学位，1906年获得巴黎一所中学的教席，1911年获得贝桑松大学教师职位，1919年转至第戎大学。尽管在1923年未能继承奥拉尔的教席（菲利普·萨尼亚克当选），但他从1926年开始得以在巴黎任教，先是在巴黎大学作为讲师，而后同时得到了高等实践研究院的职位。1932年，他在讲课期间中风英年早逝。

马迪厄职业生涯中最重要的事件是与奥拉尔的不和，后者曾是他博士论文导师。决裂发生在1908年，其时马迪厄加入了前一年成立的罗伯斯庇尔研究会，并参加了其出版物《革命年鉴》第一期的工作，因此打破了奥拉尔的杂志《法国大革命》在学术上的垄断地位。与所有类似情况一样，他们彼此疏远的确切情形外界知之甚少；但两者的良好关系至少持续到1908年。奥拉尔在这个时候是最大权威，是博士论文和荣誉的分配者，门徒与托庇者簇拥，成功地将他的专业方向与他的讲席乃至与他个人契合到一起。已经是几部书作者的马迪厄，此时还在中学里急得直跺脚。他易怒暴烈且终身如此。他不仅有比导师更好的文凭，还接受了更好更规范的"实证主义"史学训练；而且他阅读过且喜爱涂尔干[①]。所有这些植根于两代人之间的差别，叠加政治对立：奥拉尔是激进派，马迪厄是社会主义者。前者是资产阶级共和派，后者认为必须超越激进共和派，将平民大众带上历史舞台。他们共同的研究领域提供了战斗的面具[②]：丹东和罗伯斯庇尔。在19世纪，这些大名鼎鼎的先辈们为政治斗争提供范例或反面陪衬。在20世纪，他们离开了公众政治戏剧，但继续在学术界的有限舞台上扮演着同样的角色。从米什莱到奥拉尔，从路易·勃朗到马迪厄，丹东和罗伯斯庇尔不再作为典范，但继续作为某种类型的角色。

马迪厄的社会主义不容易界定，因为他更趋直觉化而非教条化。像奥拉尔的激进主义一样，其根源在催生了德雷福斯争论的革命传统里，在于青年人权联盟和左翼同盟的立场坚持中。他对饶勒斯《社会主义史·法国革命》的赞赏与奥拉尔大同小异：整体上赞同，具体细节上批评。然而，这部著作更强调基于阶级冲

---

① 又译迪尔凯姆。
② 在这对师徒的争论中，共和派的奥拉尔支持丹东，更加激进的马迪厄拥戴罗伯斯庇尔。

突及阶级联合的社会解释的价值。马迪厄从饶勒斯那里拿来简单的马克思主义基本原理，作为他的大革命解释框架：1789年是资产阶级的胜利，但资产阶级为了赢得胜利，以向群众利益作出社会主义让步为代价，争取人民的支持。与奥拉尔的决裂使得马迪厄的立场更趋变形，因为这很快导致这位前门徒发动一系列恶毒的人身攻击，滋长了对"共和派"资产阶级的憎恨。他使不可腐蚀者再次对奥拉尔——丹东予以审判。

1914年夏一战爆发，将这位和平的社会主义者及其同仁变为反对日耳曼野蛮主义的战士。他倡导将共和二年的中央集权专政作为先例和样板。这个业已成为记者的贝桑松教授，不断地向统治着巴黎的软弱的共和派提出将国民公会作为样板。1917年3月，他为俄国革命这个法国大革命之子热情欢呼；一如他很快将克伦斯基（Kerenski）[1]上台看作是"吉伦特派"掌权，他将十月事件视为山岳派胜利；但这是一场很快令他失望的胜利，因为布尔什维克不是执行"救国"政策，而是在布列斯特－里托夫斯克（Brest-Litovsk）签署了单独的和约。

然而，这种不满没有持续到战争结束。马迪厄从"蓝色地平线"议院[2]中看到了反革命的回归。为了反击，1920年他加入了青年共产党，再次将布尔什维克等同于雅各宾："雅各宾主义与布尔什维主义两者同样都是专政，诞生于内外战争，两者都是阶级专政，以恐怖、征用和税收等同样的方式运作，两者都向相似

---

[1] 俄国二月革命的主要人物，后任临时政府总理。

[2] 1919年，一战结束后的法国议会中，当选议员有44%是退伍军人。因法国军人身着蓝色制服，遂有"蓝色地平线"议院之称。

的目标努力，变革社会，且想要变革的不仅仅是俄国社会或法国社会，而是普世的社会。"（《布尔什维主义与雅各宾主义》，巴黎1920年版）这是非常重要的语句，马迪厄以这段话为法国革命史学的转向举行了洗礼，他代表着这个转向，我们则正是从那里出发：从他开始，法国革命话语暗中叠加着苏联革命的话语。这位历史学家足以列举出两个事件之间的相似性，以及它们所表现的继承表象，从此俄国取代法国充当先锋国家的角色：年轻的苏维埃联盟用革命选举承继了1792年的共和国，将人类进步推向前进。

布尔什维克有雅各宾先辈，雅各宾派是共产主义的预演：列宁和罗伯斯庇尔进行着同样的战斗。

从这一点看，马迪厄没有坚持做一名共产党员，其实是无关紧要的。因为厌恶共产国际强加的军事纪律，1922年他回归独立的极端左翼。像许多人一样，他虽然脱离了党，但并没有与曾促使他加入共产党的思想模式分道扬镳。而且，党继续密切关注着他对大革命史的贡献：因为他的解释将列宁而后是斯大林认证为雅各宾遗产的恰当继承人。从这方面来说，马迪厄完胜奥拉尔。通过将雅各宾的投资从其自然之场域第三共和国转移到新的对象苏联，他消除了法国激进派对伟大先辈们的理解。但他代之以另外的同类事物、另外的时代错植和另外的目的论，通过它们再次彰显大革命迫使史学家代入之角色的多面权力，但还是以学术的形式表现出来的。奥拉尔倾向的是丹东，他所中意的是罗伯斯庇尔。

这正是19世纪左翼大争论在20世纪巴黎大学稀薄空气里最

后的回响。奥拉尔认为,他已雕刻出大革命的"确定"面具,可以将大革命最终安放在共和主义的柜橱当中。马迪厄恢复了大革命作为社会主义预演的特质,再次启动了争论。如此一来,共和二年专政及其领头人行动的必要性和崇高性,不仅来自他们必须应对的环境,而且来自他们为了人民群众利益而奋起反对资产阶级的阶级政治。在奥拉尔看来,1793年是因山岳派宪法而伟大,尽管从未正式实施,但无论怎样它是民主的一座尖峰。在马迪厄看来,挺身而出作为贫苦阶级反对富有阶级工具的正是专政本身。作为专政的序幕,吉伦特派和山岳派之间的斗争将敌对的社会群体代表推到了潮头;尽管山岳派并非社会主义者,但环境驱使他们行动起来"建立平民阶级的权力"(《吉伦特派和山岳派》)。

马迪厄著作在思想上的贫弱和在政治上的影响皆源自这种总体的解释框架。最为老旧陈腐的部分便是有关丹东—罗伯斯庇尔的争论。并不是说这场争论对增益革命政治史知识毫无价值:马迪厄激烈反对奥拉尔错误地崇拜偶像,促使他采取文献研究之道,使之得以确证或至少看起来真切地表明丹东的腐败。但这位新检察官(指马迪厄)从这些"证据"里得出的东西多于它们能够提供的:证据显示的东西不足以解释著名的1794年4月审判,更不要说足以证明这次审判的正当性:法庭阻止丹东进行公开辩论,以便能按照罗伯斯庇尔的命令轻而易举地宣判他死刑。像他所喜爱的主角那样并以其为榜样,这位雅各宾史学家时常将私人美德与革命政治混到一起,这种方法给他提供了对丹东的指控材料,这些材料不像革命时代那样草率拼凑,但也同样具有欺骗性:因为大恐怖依据的并非铁证如山的指控或道德调查讯问。马迪厄喜欢罗伯斯庇尔与憎恶丹东因出同源：因为他自己纯洁端正，自信正确，品性正直。他为这位"不可腐蚀者"写了部圣徒式的传记，将道德教化的真诚与党派的狂热融为一体，旨在围绕着《风月法令》和最高主宰节，将情势凶险的1794年春变成博爱的短暂胜利；但这样做结果是惨淡的，用传主自己的话来说就是："唉！即便罗伯斯庇尔能以爱国主义情感团结大多数法国人的话，那么这一刻也是短暂的，他的胜利亦无未来。诽谤、嫉妒、恐惧和犯罪会毁掉他的努力和共和国本身"（《罗伯斯庇尔研究》）。

在马迪厄对大革命政治史的贡献中（我也将他的宗教史著作全部包括在内，确切地说这些著作也属于政治体裁范围），他的头脑里一直有一种先入之见，这些偏见有些损害文献记录的本来面貌。大革命会恒定地偏向它应该预示的未来：制宪议会与其说是人权的发明者，不如说是资产阶级自由的维护者；吉伦特派与其说是1793年春宪法的创造者，不如说是富裕阶级的代言人；罗伯斯庇尔，通过风月系列法令预先宣告了财产重新分配的方式。在将共和二年置于大革命的中心位置时，这种时代错植的偏见与其本身的前提相违拗，这实际上就是将整个大革命定义为法国资产阶级夺取权力的事件。但马迪厄的路径至少有一个优点，即助于法国革命史朝着社会史研究的方向发展，饶勒斯在20世纪初就是将重点放在社会史研究上。从这个角度，马迪厄于1927年出版的著作《大恐怖时期的昂贵生活与社会运动》对后世具有巨大的影响。

该书实际上是对平民阶级（尤其是巴黎的平民阶级）首次系

131 统的研究，透视他们在1792年春到1794年热月9日间对各届革命政府施予的压力。马迪厄揭示了城市普通民众如何提出对经济方面进行管控的要求，如何为敦促那些浸润重农学派自由放任思想的议员实施国家干预而施加越来越大的压力，以及山岳派如何于1793年9月最终建立了普遍性的最高限价政策和最高工资制，同时对忿激派领导人进行政治清算，而埃贝尔则试图取代后者。在马迪厄看来，那些强烈要求管控与征用的巴黎活跃分子更应该被视为社会主义的先驱，而非法国君主制谷物政策的怀旧者。然而，在为他所珍视的思想追寻新的先驱之时，他开拓了一片新的研究领域，供后续各代史学家们辛勤耕耘。

乔治·勒费弗尔生于1874年，与马迪厄同年。他在克莱蒙-费朗和斯特拉斯堡（从1928年开始）文学院任教，直至1937年获得巴黎大学法国革命史的讲席职位。1924年，他以研究大革命期间《诺尔的农民》的博士论文获得文学博士学位，1932年在马迪厄去世后接任罗伯斯庇尔研究会主席，主编《法国大革命历史年鉴》杂志。因此，当他在63岁接替萨尼亚克坐上奥拉尔的讲席时，一定程度上体现了马迪厄死后的报复：罗伯斯庇尔研究会最终占据了革命史的王座。乔治·勒费弗尔于1945年退休，但直至1959年去世，他一直是该领域无可争议的大师。

132 英国史学家理查德·科布（Richard Cobb）所作的描述，是勒费弗尔最好的肖像。他将二战后的勒费弗尔描绘为一位孤独的、有些古怪的老人，但依然保留着长期钦佩共和二年主角人物的共和主义美德形象。他严肃刚硬，不是那么友善，对生活的乐趣和雅致持怀疑态度，乔治·勒费弗尔身上同时洋溢着两种激情，即平等与科学。直到1940年他还是一位社会主义者，战后成为共产党的同路人，在这方面他可与马迪厄相提并论；这两个人——他们虽然同龄但相互之间并不十分熟悉——在偏见和思想的狭隘性上有相似之处，譬如非常明显的是，他们都一样憎恶革命之前的贵族世界和革命之后的热月社会。同样，这两位历史学家都看不起或蔑视任何未严格按照他们的方式进行研究的大革命史：法国学术界右翼的革命史自不必说，英美大学取得显著发展的革命史他们也看不上。这些非正统史学家在法国的后院做了什么？马迪厄对克兰·布林顿（Crane Brinton）的比较革命社会史著作毫无了解，20年后乔治·勒费弗尔对阿尔弗雷德·科本关于大革命社会解释的批判仅作了简单粗略的否定。

然而，在勒费弗尔那里，科学精神能更好地控制政治激情和偏狭理路。如果说马迪厄为了证明他预先知道的东西，通常会像律师利用其卷宗里的某个文件那样，研究和利用档案文献，那么他的继承者则是一位更现代更严格的实证主义者。为了在乡村发现大革命的秘密，他很早就投身农村史研究。与奥拉尔—马迪厄的争论相比，他在1924年完成的博士论文是一部非常具有原创性的著作，而他对这场争论毫无兴趣。他终生都对社会史保持着热情，不知疲倦地翻查浩如烟海的档案，与《年鉴》杂志创始人分享对地理学的兴趣以及从涂尔干和哈布瓦赫（Halbwachs）那里习得的社会学好奇心。因此，他给法国大革命史带来的除了已知的东西，如雅各宾的情感、从饶勒斯和盖德（Guesde）那里习得的世纪初的马克思主义、政治上的狭隘性等等之外，也带来了新的要素，如社会学史、资料的统计分析以及对其他学科的借鉴。

他最主要的贡献是农村史研究，沿着俄国人卢奇茨基①在20世纪初年开创的路径继续掘进，乔治·勒费弗尔想要了解大革命对法国农民的影响：由此产生了他对诺尔省农民研究的长篇巨制以及后来的综合性文集，这位历史学家在其中试图衡量米什莱曾经所称的"法兰西自己进行的内部征服，即劳动者进行的土地征服，这是自古代农业法和蛮族入侵以来在所有权方面发生的最大变化"。像他之前的卢奇茨基一样，勒费弗尔指出，法国农民在1789年之前很大程度上就已经是土地和国有财产出售的所有者，因此他将这场社会革命带来的结果置于恰当的背景之中。但他最具有创新性的贡献是，在强调法国大革命期间农民运动自主性的同时，还强调了革命当中贫农与"自耕农"（laboureur）之间的紧张关系和冲突。第一个观点使得恢复农民运动的自发面貌成为可能，这让我们明白，大革命中有几种革命在进行着，这些革命既非始终亦非必然地交织在一起。第二个观点阐明了农村资本主义的发展让贫者越贫、富者越富，尤其是随着农村公用地的分割和圈禁：资本主义远在1789年之前就已存在，资本主义精神很大程度上已渗透到土地贵族当中。勒费弗尔在1932年写道："旧制度已经让法国的农业史走上了资本主义道路；大革命遽然完成了旧制度已经开启的任务。"（《法国大革命与农民》）因此，在1789年

---

① 卢奇茨基（Ivan Loutchiski，1845-1918），巴黎与法兰西岛历史学会（Société de l'histoire de Paris et de l'île-de-France）会员，著有《大革命前夕法国农民的财产》。

有利的政治时机起而反对领主及其封建权利的小农，稍后也可能调转头来反对资产阶级共和国。因此，乡村人民同时也是大革命的创造者，但出于自己的利益算计，他们很快就成为英国式资本主义社会发展的抵制力量。

自勒费弗尔以来，这个论题滋育了众多的历史著述，讨论反资本主义的农民阶级与"资产阶级革命"之间混沌不清的关系。新近有两位背景迥异的史学家提出质疑，一位是苏联史学家阿多教授（Pr Ado），一位是美国研究者希尔顿·罗特（Hilton Root）。这两位史学家都同意将小农视为反领主的阶级，但小农也赞成与强有力的农村社区相容共存的市场经济。这个问题并未得到解决且根据地区形态不同可能会有几种不同的回答，但至少证明了乔治·勒费弗尔农村史著作的重要性。因为这部著作从马克思主义观点出发，促成了对资产阶级革命内部阶级联盟问题的再思考；无论如何，该著通过恢复农民的自主性及其历史尊严，重构了革命事件（有时是反革命事件）至深至远的社会根源。如同马迪厄的《大恐怖时期的昂贵生活与社会运动》开启了对城市民众阶级的研究，较之早三年出版的《诺尔的农民》，催生了无数研究18世纪末法国农村的史学家。

乔治·勒费弗尔不单单想要重构平民大众的经济社会处境，他还对他们的行为以及可能转化为行为的"心态"感兴趣。这是出版于1932年的《1789年大恐慌》一书所研究的对象，该书力图重绘各种消息和谣言的不同传播路线，1789年7—8月，农民们正是在这些到处流传的消息和谣言的刺激下动员和武装起来，开始攻击城堡、焚毁地契。对领主权力的憎恨以及想象中的威胁四处传播，催生出强有力的集体精神。

乔治·勒费弗尔在一篇经典文章（《革命群众》，1934年）中探讨了另一个心态史主题：政治化的城市群众的惩戒狂热，譬如巴黎的无套裤汉。这位历史学家认为这种狂热是促成大恐怖的原动力，但他察觉到这种狂热从革命一开始就存在，挥之不去，远早于国家在危急中的局势。他指出，这种精神状态滋育出无所不在的"贵族阴谋"论，导致了在恐慌与屠杀之间来回摇摆的集体行为。对革命群众心理因素的重视显然得自古斯塔夫·勒庞[①]和涂尔干著作的启发；在采纳这些观点时，乔治·勒费弗尔将其置于时代的政治现实中，因为民众对这些臭名昭著的阴谋深感恐惧，远在真正发生之前就预先讨伐——惩戒性的反应因而也是一种防卫性的应对。因此，这位历史学家认为，他所称之为"革命心态"的东西是一种无论如何具有部分合理性的集体情感；他据此而使之免除"毫无理性的暴力"的指控。

他对大革命通史的贡献也应写上一笔。乔治·勒费弗尔是20世纪在革命史领域拥有最丰富最可靠知识的史学家。他在1939年革命爆发150周年之际出版的著作《89年》，有效地将法国大革命进程重新聚焦到这个最重要的年份上；他在巴黎大学的课程讲义可自由获取复印，如今再次构成了一个特殊的知识宝库，他刻意以平淡的教学风格娓娓道来，这种风格正好符合他博学而严肃的性格；他出版于1951年的通史著作以及随后出版的《拿破

---

[①] 古斯塔夫·勒庞（1841—1931年），法国心理学家、社会学家，其最知名的著作是《乌合之众：大众心理研究》，另还有一本关乎革命心理学的著作。

仑》——这两部著作开辟了整体的欧洲史视野——到今天仍未被取代。他还著有多部学术出版物，并为《法国大革命史年鉴》撰写了不胜枚举的书评。与马迪厄相比，乔治·勒费弗尔给法国大革命的叙事史学（histoire évènementielle）①注入了更客观的精神，亦即更少地受限于党派政治激情。这方面的典型表现是，他对丹东—罗伯斯庇尔的争论作出更审慎的裁断：丹东或许是贪赃腐败的，但这个事实并不能证明马迪厄从中作出的众多推断都是合理的。从更一般的方面来说，与其前辈马迪厄相比，勒费弗尔对共和二年恐怖专政所作的分析"社会主义色彩"较少，同时对罗伯斯庇尔也没有那么尊崇。譬如，他复原了无套裤汉限价运动的旧时代特征，重现了山岳派资产阶级与平等派活动家之间联盟的混杂性质，他认为这是大革命时代的"人民阵线"，在相互冲突的各种力量和要求下进退失据：罗伯斯庇尔因此得到了居中的政治位置，成为脆弱联盟的临时裁决者。

因此，这位最卓越的学院派大革命史学家也最精到地阐明了大革命史在成为一门学术专业中的得与失。其所得不仅仅在于对革命事实和事件有更精确的了解，而且在于新的好奇心开辟了新的学术研究领域，如对平民阶层的社会与意识形态研究。但这种奇特演进有其代价：法国大学里历史科学自19世纪末以来发展为哲学的对立面。19世纪围绕法国大革命激发起来的所有大问题因此消失了，譬如读一读乔治·勒费弗尔为托克维尔《旧制度与大革命》所作的序言，或他给埃德加·基内著作再版所撰的书评，137

---

① 与孚雷在20世纪70年代倡导的大革命史"问题史学"相对应。

就足以看出它们甚至不再被理解了。在他的著作中，这位历史学家或以科学主义自负或以他自己的看法取而代之；马克思主义，无论怎样精酿而成，最终却只是被当作一个恰到好处的工具，为纷繁复杂的革命现象提供统一的外表。马克思主义作为历史科学，它被认为握有解释的秘诀，据此被免除了对它之前的东西作进一步深挖的需要；它将博学多识看作是一名真正专家不可缺少的条件，但将之放在科学的补充地位，仅是旨在填补已知历史图景的空白。马克思主义作为革命学说，社会主义的先声，它从外部给这位左翼教授提供了与其内在情感协调共振的系统思想，正是这些思想，让他对伟大先辈们的眷恋与对其生活时代新雅各宾的忠诚叠加到一起。绝无仅有但颇为重要的一个例证，可能足以表明乔治·勒费弗尔著作中偏见的盲目性，因为它恰恰属于他最感兴趣的革命史里的一部分，那就是这位史学家，终生致力于研究与大革命相关联的作为自主性阶级的农民，从来没有对那个时代最大的农民运动——旺代事件——显示丝毫的兴趣。像1793年国民公会那样，他仅从反革命的视角看待旺代农民。

乔治·勒费弗尔不愧为伟大的专家，伟大的博学者，但依然是狭隘的历史学家。在档案搜集上他是无可匹敌的，但对标定他研究范围的伟大文本则是外行。因此，他疏漏了大革命提出的许多根本问题。但他的教育经历和思维方式让他得以投身诸如革命期间法国农村研究，他创造了一个新的史学研究领域；他在政治叙事史方面做出了大量的学术贡献，从而给自先辈那里继承而来的政治叙事史带来了更客观的样态。勒费弗尔的著作比其他历史学家更好地体现了学院派法国革命史学所开启的问题以及它所忽略的问题。

\* \* \*

综上所述，就法国大革命史学与19世纪末新巴黎大学之间的联姻来说，其结果看上去不像这座圣殿捍卫者们所宣称的那么耀目，但也不像保守主义传统所说的那般贫瘠。前者意欲让我们相信，共和主义的和社会主义的巴黎大学业已给革命史学开辟出一条康庄大道，偏离这条大道就会陷入万劫不复的境地。后者指责"这所大学作为革命之子来讲授大革命"（丹尼埃尔·阿莱维，1939）①，认为它书写的大革命史只不过是将革命继续下去的一种方式。

这两个判断没有任何一个真正站得住脚。诚然，实证主义的巴黎大学与革命史之间最初的联姻是基于共和主义的合约。但形容词"共和主义的"不包含任何被认为与科学相冲突的东西；相反，在民族、共和国与科学真理之间存在着某种类型的先定和谐：皮埃尔·诺拉在论及拉维斯时精辟地指出了学院派实证主义做出的所有制度化的努力，是如何得到了政治与科学密不可分的雄心的支撑："世俗的君主主义为了共和主义事业及其思想和道德改革的利益"是如何"掉转头来利用僧侣的博学"（P. 诺拉："拉维斯的《法国史》"）。这就是为什么革命史学的共和主义布道团与批判（考证）的方法和对文献的精细分析密不可分；从奥拉

---

① Daniel Halévy, *Histoire d'une histoire esquissée pour le troisième Cinquantenaire de la Révolution française*, Grasset, 1939.

尔到乔治·勒费弗尔，它激发了对法国大革命一个个"纪念碑"的建构。两次世界大战之间受资金缺乏拖累，工作进展十分缓慢，但在几代人不断累积的努力下，有关该主题不可或缺的资料集，尤其是巴黎或全国层面的资料集源源面世。

139　　学院派几代人一以贯之地坚持博学严谨的态度和文献材料的整理出版，但它并没有惠及解释领域。共和国与革命史联姻之幻象的存在时间显然比拼不过法国大革命的一项古老遗产：共和主义者与社会主义者之间的分裂。布尔什维克嫁接到法国的社会主义再次激起了这种分裂。马迪厄体现着大革命最有宗派色彩的版本的胜利，尽管它像前辈奥拉尔的版本一样披着科学的外衣。马克思-列宁主义取代了共和实证主义，但并未致力于软化其棱角。它保留了科学主义的信条，但这次将时代错植的身份话语与苏联的经历掺到了一起。它从19世纪大争论产生的哲学和历史财富上切割掉的东西比以往任何时候都要多，结果将法国大革命圈禁在刻板而贫瘠的解释体系里。

　　长期沿着这条逼仄的路孤独地奋力前行，乔治·勒费弗尔在20世纪的最初几十年里创作了他著作中最具原创性的部分：大革命的农村史。但是当马迪厄去世打开了他走向最高裁判位置之路后，他也躺倒在由其前任构思出来的方法论的普罗克鲁斯特之床[①]上；而战后解放的政治情势加持，将这位老派的实证主义者转变为马克思-列宁主义的新信徒。这个转变是法国大革命史学

---

① 来自古希腊神话典故：绰号普罗克鲁斯特的强盗在自己的黑店里设了一长一短两张床。他强迫被劫旅客躺其上，矮者躺长床上，强拉躯体与床齐平；高者躺短床，砍下腿脚使之与床齐平。形容"削足适履"或"强求一致"。

史学院派传统的最后一站。

弗朗索瓦·孚雷

## 延伸阅读

*Annales historiques de la Révolution française*, article divers consacrés à Albert Mathiez, 1932.

*Annales historiques de la Révolution française*, numéro consacré à Georges Lefebvre, janv.-mars 1960.

COBB, Richard. "Georges Lefebvre", *A Second Identity: Essays on France and French History*, Oxford, Oxford University Press, 1969, pp. 84-100.

FRIGUGLIETTI, James. *Albert Mathiez, historien révolutionnaire (1874-1932)*, trad. de l'anglais par Marie-Françoise Pernot, avant-propos de Jacques Godechot, Paris, Société des études robespierristes, Clavreuil, 1974.

NORA, Pierre. "Lavisse, instituteur national", in Pierre NORA (sous la dir. de), *Les Lieux de mémoire*, t. I, *La République*, Paris, Gallimard, 1984.

*La Révolution française*, numéro consacré à Alphonse Aulard, oct.-déc. 1928.

## 参见条目

旧制度（Ancien Régime）
革命议会（Assemblées révolutionnaires）
**路易·勃朗（Blanc（Louis））**
**比谢（Buchez）**
宪法（Constitution）
反革命（Contre-Révolution）
丹东（Danton）

忿激派（Enragés）
革命政府（Gouvernement révolutionnaire）
大恐慌（Grande Peur）
埃贝尔派（或科特利埃派）（Hébertistes（ou Cordeliers））
雅各宾主义（Jacobinisme）
**饶勒斯（Jaurès）**
**康德（Kant）**
**马克思（Marx）**
**米什莱（Michelet）**
米拉波（Mirabeau）
**基内（Quinet）**
卢梭（Rousseau）
无套裤汉（Sans-culottes）
选举制度（Suffrage）
**泰纳（Taine）**
恐怖（Terreur）
**托克维尔（Tocqueville）**

# 饶勒斯
Jaurès 1859–1914

社会主义的：这是饶勒斯的法国革命史的一个标识性定语。奥拉尔判定它过于狭隘，带有学究气，甚至是多余的：按照奥拉尔的看法，我们可以将之删去而丝毫未改变作品的内涵。

毫无疑问，饶勒斯的这部史书值得一读且按照严格的学院标准加以评判。像所有的法国革命史家一样，饶勒斯仔细阅读了他的前辈们的著作：梯也尔、米什莱、比谢、鲁、路易·勃朗、基内和泰纳。他比他们更熟知和善于利用大革命同时代人的著作：他经常阅读柏克、福斯特（Forster）和费希特。他利用为法国人所忽视的德国哲学。饶勒斯还参阅过议会档案和《导报》（*Le moniteur*）——奥拉尔认为这非常幼稚但后世的史学无疑再次证明了这种信心的合理性——，发掘了过去知之甚少的文献材料和人物。这是一项浩大的工程，学院派的批评往往强调其不足之处（很奇怪的缺失，诸如没有涉及改革君主制的种种努力，缺少参考书目和保持叙事流畅的副标题，过长的引文与作者的评述令人迷惑地混在一起），但这些批评本身显示了饶勒斯及其同时代历史学家们在利用相同方法探索一个研究领域到达了何种程度。

然而，饶勒斯明确地想要从"社会主义的"角度讲述大革命。这是什么意思呢？或者旨在对社会活动家有实用价值；或者意在表明法国大革命已经包含了社会主义的东西；或更进一步，这是一部社会主义的作品，是为了自称为马克思主义解释：这三个假设彼此互不排斥。

实用性是饶勒斯时刻萦怀的问题。他想把着手撰写的历史整合进一部由一批历史学家集体合作的巨著，下限触及20世纪初期。这部著作是社会活动家的著作：是社会主义者为社会主义者而写的。饶勒斯个人承担的3000页内容，在1898—1903年陆续出版，实际上从未偏离这种教化宗旨。它们旨在帮助无产阶级"进行有用的思考"。书中的训诫有时候是很残酷的证据：挑在长矛上的贝尔捷（Bertier）和富隆（Foullon）的人头，象征着旧制度的残忍野蛮在大革命中的卷土重来（饶勒斯对基内的出色解读），无产阶级将会懂得革命是怎样再次滑向旧式的民众野蛮。它们有时候也难以作出解释：三级会议选举机制的细节，虽然细微琐碎但孕育了重大后果，饶勒斯是首位注意到它们的史学家，研究它们旨在教导无产阶级永远不要忽视"行动的任何细节，哪怕是间接的和遥远的细节"。为叙事方便，饶勒斯在行文中引入了一个虚构的社会主义评论者，他总是激情洋溢，负责对每一个事件表明无产阶级的观点。也就是说，当下的政治在这部历史中占据着重要的分量。第三共和国时期的政教分离问题对应着大革命时代的剥夺僧侣财产，德雷福斯事件对应着莫里神父的反犹主义，当下的紧急事态则对应着革命战争，这种路数使得饶勒斯在这方面比"爱国"史学家（米什莱及新罗伯斯庇尔主义者）更容易把革命与战争联系在一起，将法国塑造为自由的殉道者。尽管非常注意不要让自己的情感替代1789年人的情感，但饶勒斯还是坚持有权"将当下的倾向输入过去"，其中包括他的社会主义信仰。

他是想通过这样做来揭示法国大革命是19世纪运动的预演吗？答案并不简单。这是因为，首先，社会主义思想是饶勒斯衡量法国大革命中何种事物堪称伟大的尺度，他根据预见未来的能力大小在革命者中间进行挑拣分类：一边是那些对新活动毫无预感的人，如拉博-圣艾蒂安①，另一边则是有所预感的人，如巴纳夫。大革命人物的预见能力是他反对泰纳的主要论点：泰纳怎么敢指责具有如此正确如此长远之预见的人陷入"抽象概念"？然而，预见是一个模糊的概念，应谨慎使用。因为有错误的预见，譬如利什唐贝热②认为他在18世纪旧有的修道院乌托邦文学中发现的"社会主义"；还有稀里糊涂的预见，譬如马拉和制宪议会的那些预见，因为在"可能行得通的事物甚或多数头脑能够想象的事物"面前鼓吹极端的措施，根本算不上是什么革命洞察力。那么何谓"对的"预见？衡量它的尺度便是它为当前行动指明前路和依据此刻之状态判定革命民主能走多远的能力。向刚召集起来的国民公会议员提出土地法方案的摩莫罗③与力图消除他们疑虑的丹东之间，有道理的正是后者：当时没有任何人有新的革命

---

① 拉博-圣艾蒂安（Jean-Paul Rabaut Saint-Étienne，1743-1793），吉伦特派成员。
② 安德列·利什唐贝热（Lichtenberger，1870-1940），法国文学家和社会学家，1895年写成论文《18世纪的社会主义》，获得历史学的文学博士学位。
③ 摩莫罗（Antoine-François Momoro，1756-1794），巴黎的小出版商，埃贝尔派主要成员。

"程式"。因此，为了理解动态的历史，人们的眼光必须超越当下，但又必须慎之又慎地加以把控。正是因为如此，大革命的社会主义史绝非就是社会主义革命的历史。

社会主义的：因为它是受马克思的滋养（当然也可以说受米什莱和普鲁塔克的滋养）而写成的，而且作为新的区域并入马克思主义解释的版图吗？佛朗科·文图里[①]、厄内斯特·拉布鲁斯[②]（拉布鲁斯认为，饶勒斯与马克思的思想"几近相同"）、玛德莱娜·雷贝里欧[③]都是这样看的。玛德莱娜认为，饶勒斯在批评马克思的方法"完全过时"的那一刻，就从根本上决定性地依附于马克思的方法论。为了证明这一论点，她力图将这种前后不一致描绘为当时逼仄的政治环境的产物，在那些年里，饶勒斯与法国工人党和德国社会党正处于分歧当中。为了评定饶勒斯究竟有多少借鉴自马克思，我们必须考量经济在历史因果中的分量，对人权的解释，最后还要想象一下必然与自由之间的关系。

这几点中的第一点争议最少。法国大革命是财富之子，这是社会主义史学的中心论点。这在当时还是新颖的论点，饶勒斯因

---

[①] 佛朗科·文图里（FrancoVenturi，1914-1994），意大利史学家，主要研究欧洲启蒙时代历史，主要著作有三卷本的《欧洲旧制度的终结》。

[②] 厄内斯特·拉布鲁斯（Camille-Ernest Labrousse，1895-1988），法国经济史专家。

[③] 玛德莱娜·雷贝里欧（Madeleine Reberioux，1920-2005），法国史学家，主要研究法兰西第三共和国史，对社会主义活动家饶勒斯颇有研究，著有《饶勒斯：反战与殖民政治》（1959）、《饶勒斯的言与行》（1994）。

此与泰纳及米什莱截然不同。诸如在对雷韦永冲突①的分析中，他虽然意识到"混沌而深邃的苦难画廊"对资产阶级革命形成了重重威胁，但他认为资产阶级的经济活力是革命事件的坚实基础。这个信念也是一种意愿：如果人们承认，法国大革命产生于18世纪总体良好的经济形势和不断增长的资产阶级繁荣，那么，其历史命运与资产阶级的历史命运紧紧连在一起的无产阶级，可以期待它的革命产生于其他原因而非产生于贫困。因为饶勒斯一直敌视这样的思想，即认为一个绝对贫困的阶级的全部特性都来自于其苦难的无限性，而这个思想是马克思的中心思想。在他看来，即便是德国无产阶级亦非一无所有——它至少拥有法国无产阶级的历史成就——无产阶级因此失去的不只是锁链还有更多的东西，因此他从根本上否认任何形式的无产阶级救世论。我们由此可以理解饶勒斯对短期危机特别是1788年危机鲜有兴趣：如果在此过多纠缠，可能会让人以为是深层次的苦难催生了革命。相反，与前人不同，他描绘了18世纪财富的巨大增长，城市的转变，各种新行业的涌现，外省都市与港口城市商业场所的飞速发展。饶勒斯在这方面受益于马克思并通过马克思受益于巴纳夫是显而易见的。他从他们那里所借鉴的思想是，社会优先于政治，资产阶级在大革命爆发之时业已掌控了社会，有鉴于此，法国大革命仅是百年进程的充分展开，一种已经在别处完成攫取的权力攫取政治权力的庆典："财富的新分配带来了权力的新分配。"

---

① 雷韦永冲突（conflit Réveillon），指1789年4月26—29日以巴黎圣安托万区为中心发生的工人骚乱事件，有数十人死伤，工厂和老板的住宅被毁坏。雷韦永是工厂老板的名字。

因此，法国大革命是资产阶级经济主宰地位的政治表达，但不止于此。饶勒斯坚持不懈地声称政治相对于经济拥有自主性。拉布鲁斯和雷贝里欧认为，这与马克思的观点一样。然而，饶勒斯则表现出另外一种态度。在结束有关制宪议会的这一卷时，他表示自己的遗憾，因为出于描写资产阶级利益成长的通盘需要，没有对18世纪思想的巨大成就给予足够的肯定。这不仅仅是按照马克思的方式对所谓的上层建筑的反作用力的一个（漫不经心的）提示。对饶勒斯来说，这是指出马克思主义方法局限性的机会，认为它无疑会把一切都简单化，适合于快速浏览历史，但却不能用以深入细致地探究现实。因此，他对革命原因作出的特有分析，论证了经济层面与思想层面是同时起作用的关系而非次第起作用的关系。启蒙思想与资产阶级财富的作用是同等的：“在启蒙思想获得普世意识之时，资产阶级也获得了阶级意识。”

饶勒斯原创性的第二个检验：对人权的解释。饶勒斯采纳了马克思的形式权利与实际权利的著名区分了吗？他像马克思一样选择将历史权利置于自然权利之上，或更具体地讲，他将后者吸纳进前者，亦即，他让自然权利变成历史的发展结果吗？尽管对人权宣言的明确阐述用墨不多，但他的整部著作都在研究这个根本性的问题，虽然不无困难。

首先，饶勒斯非常清楚地察觉到将这两种权利调和到一起的困难。如果像制宪议会所声明的那样，人民有"迁徙、思考、生活、在不妨碍他人自由的情况下任意行使自己自由"的权利（请注意强调这种行动自由的欣快语调），如果人们放弃自然状态下的孤立进入社会状态加强了这种自由的话，那么显然自由是首位的：鉴于自由的这种优先地位，历史权利能产生什么样的影响，即便它牵涉的是令人愉悦的俗世尊荣，譬如皇室的头衔，"数个世纪的经验所推荐的手段"？在制宪议会脚下裂开了一道"形而上的鸿沟"，思想缜密的马鲁埃[①]和米拉波注意到了这一点。他们对人权宣言颇为不屑，因为他们觉得，难以将天赋自由这一首要理想与"历史必然之链"联系到一起。

是不是正如马克思所断言的，这两种权利不可能调和到一起？饶勒斯的回答是，并非如此。但他提出来的例证有时候只是证明了而不是消除了这种困难。例如，第三等级欲在废除封建财产权和教会财产权的基础上建立资产阶级财产权，这就同时诉求两种权利。按照饶勒斯的看法，第三等级如此为之是有道理的。但注意：这两个合法性论据的每一个都含有一定的危险性。诉求自然权利，就是说资产阶级财产权源自人的自由活动，也就是说，个人权利优先于一切法律。这么说很好，但这就将特定历史时期的法律搬进了永恒的秩序当中。诉求历史权利，就是说到18世纪末资产阶级财产权给个人自由带来了具体的形态。这么说也很好，但这就给资产阶级财产权加上了一个失效期。我们清楚地看到，在饶勒斯眼里，这两种错误不是均等对称的。第一种错误（让历史永恒化）属于理论范畴，第二种错误（让永恒历史化）仅属于实用范畴：让权利从属于纯粹的时间法则并非是一个观念性的错误，而是一个策略性的失误。之所以说是策略性的失误，是因为没有人能感觉到自己有足够的力量去捍卫有历史限定性的

---

① 马鲁埃（Malouet），王政派议员。

权利。为什么革命者应该剥夺自己那种被永恒观念释放出来的激情，即便它出自于幻象？我们在这里看到，饶勒斯力图在历史权利与法律权利之间维持的平衡，由于历史主义的强劲回归，在他的论述中间发生了断裂。

饶勒斯反感幻象力量，勉为其难地承认革命运动会制造出愚人，由此表明了他的一个结论：第三等级诉求自然权利是有原因的，这不仅是为了增强行动主义，也因为它事实上需要一段漫长的历史方能构思出自然权利。法律的抽象概念在此时是历史演进的极点，是个人与国家共同成长的漫长过程缔结的果实，国家与个人协同运作将自己从封建主义和教会中解放出来：为了构思抽象的自由，"在某一时刻凭借精神的力量将自己从一切次生的且易变的机制中解放出来"并不是件简单的事。因此，正是历史本身，让人们从历史中解放出来成为可能：这不是否定意义的解放，而是神圣化的解放。

还有最后一个棘手的问题：带来这种抽象自由的历史运动是否终有一天会受到质疑？持"社会和世界本质上处于变化的观念"的人，似乎都会必然地承认：用来表示权利的永恒性和普遍性的种种特征，最终都会在流动的历史之河中渐趋消失。但饶勒斯坚持认为有一个先于且高于历史的权利故土（patrie）存在。当制宪议会牺牲有色人种的选举权时，饶勒斯对此的看法是：如果人们认为大革命是以资产阶级的根本利益为边线的话，那么这就是正常的决定；但这也是不正常的决定，因为大革命是在人道的名义下进行的。因此，人权宣言并非仅仅是资产阶级利己主义遮遮掩掩的表达，还存在着另外的东西：一个能够让工人阶级自己将之看作是希望乐土的历史彼岸；一个超越自身的代理人和化身的普遍世界，它与人类的人道精神并肩携行。制宪议会的伟大之处恰恰在于将民主的自然权利与君主制的历史权利结合到一起（在此，饶勒斯赞扬了善于妥协的英雄，如米拉波），且让资产阶级法权的普遍性变得清晰可见。

这是一个既不容易令人理解也不容易维护的观点。就区分消极公民与积极公民的问题来说，饶勒斯在其用拉丁文撰写的论文里曾指出，这种做法在法律上是荒谬的，但却完美地说明了在一个平等尚未得到实现的民主体制中形式权利的缺憾所在：非常接近马克思的启示性/虚伪性的二分法。相反，在《法国大革命的社会主义史》中，饶勒斯把消极公民与积极公民的区分——饶勒斯对之作出三种解释（制宪议会在贫苦大众面前的不安，担心他们的选票被贵族和教士操纵，最后是意识到民众的愚昧）——描绘为包含了它走向消亡的前景。饶勒斯引述迪波尔（Duport）的话，后者描画了获得选举权所需的纳税额条件会发生变化的未来，指出消极公民与积极公民的区分会立即提醒"劳动者和穷苦人民"从人的自然权利出发去重构一项权利，即颁定权利的权利。饶勒斯的阐释这次与马克思的阐释相去甚远。

与马克思相反，饶勒斯并未将自然权利归入历史权利中。他也没有将自然权利视为纯粹的终极之点，历史的终极实现。毫无疑问，为了构思自然权利，历史必须已然流逝：从这个意义上说是终极之点。但这个权利在历史进程中也是与人道精神本身一直并肩携行：从这个意义上说则是起点。这就是为什么在饶勒斯看来最令人钦佩的大革命讲话是米拉波的讲话："我们有理由相信，我们开启了人的历史。"像饶勒斯坚信的那样，如果这句话是即将到来的无产阶级革命必须铭记的"人道呐喊"，那么它的目标显然不是为了遮掩/揭示资产阶级利益，而是为了将人类从历史中解放出来。如果资产阶级权利能够被用于夺取不同的社会锚地和历史意义的斗争当中，那么这种权利应该是其他东西，而非仅是资产阶级利益的虚伪表达，也就是说它提供的是某种不定性。对饶勒斯来说，困难之处在于怎样去理解权利既置身历史之内同时又处于历史之外。他的思想在不同的忠诚间摇摆不定：一是马克思，他"将一切范畴都浸在赫拉克利特的河里"；二是费希特，对他来说历史不是生命的主人。

判断饶勒斯与马克思不同之处的第三个层面是，必然与自由的结合。历史必然性要经由许多的偶然性方能达成，饶勒斯毫无保留地同意恩格斯这句业已闻名遐迩的话。但他给这些"偶然性"打上这样的一束光，即它们亦会改变必然性本身。极少有法国大革命史史家像他这样如此经常地将历史或然（ce qui aurait pu être）与历史已然（ce qui a été）并置。因此，米拉波的政治赌注恰恰能够让人想象一种对于真正发生了的情况的替代方案。饶勒斯详细描述了替代方案可能的圆满结果：假如路易十六成为大革命的国王，那么现代法国就不会与传统决裂，法国人也省却了暴力之虐。因此，饶勒斯毫不犹疑地重新评论对国王的审判，设想审判中若有更恰当和更出色的辩护会有什么结果。再如，饶勒斯将吉伦特派的失败主要归因于时局的困境：吉伦特派之所以遭到失败，既非因为他们认同资产阶级，不再能够与人民采取共同的行动，亦非因为吉伦特派是热衷体系的空论家，而是因为吉伦特党人听任影响力远离自己而去。尤其是，他认为战争是法国大革命固有的可怖缺陷导致的，而非源于它的"自然发展"。战争是革命中各种手腕以及吉伦特派费尽心机的阴谋诡计带来的，它所揭示的不是历史的必然，而是人的愚蠢邪恶的意志。革命洪流无疑是不可抗拒的，但它流经的路径并非事先就已划定。作为政治家，饶勒斯在每一时刻都觉察到它流经的分岔口，它所避开的河道以及掷色子做出的决策所带来的无穷后果。

如此这般书写大革命，必须首先解决理论问题：在某一历史主义语境中，个体的思想和行动能起到什么影响？饶勒斯坚持不懈地探究这个令人生畏的问题：它涉及去了解人类是否一直"像一名沉睡的旅客，一动不动地由流动的河水载着前行，间或醒来时才注意到风景已变化"。回答是否定的：饶勒斯引述《资本论》的序言里马克思关于缩短社会主义孕育期和减轻生产阵痛的那句话，他从中得出的观点是，人能够"制定出共同的行动规则"——这是指对共和国的界定——并改变历史的过程。

但饶勒斯承认必然性，认为从某一点出发后，革命决策所带来的各种后果就不可避免了。战争便是如此：一旦宣战，别无他路只有打到底，想把革命专政强加到其他民族头上同样如此。关于1793年5月31日的事件：对该日（journée）①行动的准备工作做了滔滔不绝的描述，让这个日子显得每一刻都有变化的可能性，直至形势变得明朗惟有诉诸武力政变之时，叙事才戛然而

---

① 与纯粹指时间上的"日子"（jour）不同，journée所指的更多是这个"日子"里所发生的事情。

止。饶勒斯对这些案例的处理让我们可以理解他对必然性的态度。似乎只要它一露头，饶勒斯就"加快"他的叙事，并匆匆地奔向结论。

这种加速叙事亦见证了思想的窘境。比如罗伯斯庇尔对埃贝尔派和丹东派的摧毁。饶勒斯清楚地认识到救国委员会独裁的系统化是如何将"原本仅是过热头脑里朦胧的梦"变成了"一个完全形成了的随时准备爆发的阴谋"。然而，几页后，这个带来屠戮的沉重扭曲在他看来是不可避免的：为了保证革命的统一性，除进行大恐怖外别无他途。对饶勒斯来说，这是一个可憎的方式，就像5月31日少数人对合法的多数（指国民公会）施予暴力那样可憎。但这是一种合法的手段，理由是大革命的至高利益，这是从未真正明白表达的原则，一般是用对外战争和国内战争来论证的，但这种辩解是软弱无力的。一旦丹东派被消灭，饶勒斯就恢复了他对必然性的独立态度：虽然丹东派退出，但丹东派的政策在他看来从此是可取的且可能的，而大恐怖则是毫无用处的例行公事了。饶勒斯忽略了在花月吁求在芽月已遭扼杀的宽容是多么困难，如释重负地返回可能之事与实际发生之事、价值与事实之间的区分，这标志着，他对自己所讲述的历史的兴趣点，在于事件的惊人变化，在于并非包含在因果关系中的剧情跌宕发展。

饶勒斯史学的特点——思想在其间扮演着重要角色，自然法自主能动的存在，人的自愿而经过深思熟虑的首创精神——解释了他为什么会撰写一部无限复杂的历史（而且，尊奉马克思、米什莱和普鲁塔克三位之名，这被诸如文图里等诸多史学家视为缺乏原则而不是视为原创性）。首先，各不相同的环境确实是复杂的：饶勒斯出色地证明了大革命进程中那些随时可能改变方向的"时刻"几近奇特的独特性，譬如那个短暂的执政期促使吉伦特派执拗地想要发动战争。人也确实是复杂的：同情之理解与笔端的才华让饶勒斯描摹了一系列生动的肖像，从带有"没有被任何偏见遮蔽的活跃而明亮的自我中心主义"的迪穆里埃（Dumouriez），到"由热烈的激情催生出伟大的睿智头脑"的米拉波，到如此"满足于生活的舒适与愉悦"的吉伦特派，在饶勒斯看来，这些敌视约束性美德的享乐主义标示总是积极的、正面的。（马迪厄对这种理解提出了质疑，指斥饶勒斯"将高等法院法官们的惺惺相惜不恰当地一股脑沿用到革命议会"。）最后，也是非常重要的是，人与环境之间的关系也具有复杂性，对于每个人都要根据他正在进行行动的特定时刻加以评判。罗伯斯庇尔主义史学机械地重复饶勒斯的一个段落：当需要在国民公会中选边时，饶勒斯没有像米什莱所做的那样，想象自己介于康邦（Cambon）与卡尔诺（Carnot）之间（在饶勒斯看来这不是真正大胆的选择），而是宣称自己会站在罗伯斯庇尔一边。但是在什么时候呢？1793年夏，在他看来此时罗伯斯庇尔的政策就等同于大革命的运动方向本身。在此之前，他谴责罗伯斯庇尔思想狭隘，"被潜藏在他心底的层层仇恨"包裹着，丧失理智乃至恶意中伤伟大的孔多塞。在此之后，他指责共和二年牧月的罗伯斯庇尔沉迷在血腥的记忆中，处于癫狂的状态。实际上，始终是那些时刻，被极其精细地描绘的那些时刻，决定着饶勒斯的臧与否。

因此，在这种历史中，一切都取决于对"恰当的"时刻和

"正确的"举措的判断。费希特曾经以欺诈合同无效为理由为剥夺僧侣财产辩护,声称教会取得有形的财产是以无形世界的许诺换来的,因而收回僧侣财产即意味着重新拿回自由的思想。饶勒斯则强调,制宪议会没有要求那么多:他们将自己的政治操作与信仰问题脱离开来。他们在哲学上比费希特所说的要软弱得多,但在政治上要更加大胆也更加有效:因为还有"大量的不满、宗教信仰以及对过去的怀念继续游荡在旧的人类丛林当中"。因此,用斧头"为革命通过恰到好处地开出路来"是明智的。怎样才算"恰到好处",是个很难判定的问题,尤其是在涉及将自由暂且悬置多久时,此时饶勒斯的叙事常表现出踌躇不决。但这种踌躇不决有它的繁殖力,因为它持续不断地生产着一部差异化的历史。

这种差异化体现在大革命的不同时期之间;体现在人们的意图与其行动之间;体现在意识与事实之间,因为它有时表现为意识先于事实,譬如瓦伦出逃事件[①],便是诸多预言的确证;有时则是事实先于观念,如制宪议会的大规模选举体制先于选举概念:思想逻辑与事物逻辑并非同步行进。那么无产阶级应该从这种"社会主义"史中汲取到的东西是悖论性的,阶级斗争是一种既能不解释一切亦不能产生一切的机制。阶级斗争不能解释一切,例如《列沙白里哀法》,马克思将之视为真正的资产阶级政变,因为资产阶级以此剥夺了工人阶级的结社权利,但是我们不应该把后来的敌对才被赋予的残暴性强加于它,因为对列沙白里

---

① 指1791年6月20日夜国王出逃巴黎,企图前往边境地区立足,与激进的巴黎进行谈判以结束革命,但在瓦伦被拦截下来送回巴黎。

哀以及对制宪议会议员来说，该法案都不是用于解除无产阶级武装的。那些议员是在憎恶各种法团和组织的国家个人主义①的激励下一致通过这个法案。阶级斗争不能生产一切：即便在其发生作用时，阶级斗争亦非一种能够单独发挥作用的刚性机制；这就是为什么不应忽略那些局部性的斗争，譬如对封建主义的艰难剥夺；不应忽略那些没有立竿见影的尝试，譬如大革命的那些教育项目。如果仅仅将大革命解释为阶级斗争的必然成果，那么无产阶级就难以认识到民主体制给他们提供的行动资源。

饶勒斯在此重新回到这部"社会主义"史的主要关注点：将明天的革命植根于法国的民主传统中；教育无产阶级不要轻视改良政治，也不要忽视在革命前而非在革命后对群众的长期教育；要不断重申一种社会不能通过一击就能取代另一种社会；即便大革命，不能"被浓缩为时间上的一个不可分割的点"，不能被视为一个整体，但并不因此而不再是一场革命。

莫娜·奥祖夫

## 延伸阅读

*Œuvres* de Jaurès:
*Histoire socialiste de la Révolution, française* éd. revue et annotée par Albert Soboul, préface par Ernest Labrousse, avant-pro-pos par Madeleine Rebérioux, Paris, Éditions sociales, 1969.

---

① 国家个人主义，指主张国家与个人之间结成联盟的意识形态。

DOMMANGET, Maurice. "Sur Jaurès historien de la Révolution française", *La Pensée socialiste devant la Révolution française*, éd. par la Société des études robespierristes, Paris, Clavreuil, 1966.

*Europe*, numéro spécial consacré à Jean Jaurès, oct.-nov.1958.

NOLAND, Aaron. "Individualism in Jean Jaurès' Thought", *Journal of the History of Ideas*, mars 1961.

PHILONENKO, Alexis. *Études kantiennes*, Paris, Vrin, 1982.

REBÉRIOUX, Madeleine. "Jaurès, historien de la Révolution française", *La Pensée socialiste devant la Révolution française, op. cit.*

VENTURI, Franco. *Historiens du XXe siècle*, Genève, Droz, 1966.

## 参见条目

革命议会（Assemblées révolutionnaires）

巴纳夫（Barnave）

丹东（Danton）

人权（Droits de l'homme）

**费希特（Fichte）**

吉伦特派（Girondins）

启蒙（Lumières）

马拉（Marat）

**马克思（Marx）**

**米什莱（Michelet）**

米拉波（Mirabeau）

**基内（Quinet）**

罗伯斯庇尔（Robespierre）

**泰纳（Taine）**

# 康德
Kant 1724-1804

与费希特或黑格尔不同，康德从未有过专著或专章讨论法国大革命。更为甚者，在其全部著作中，我们只能找到两个关于这一法国事件的总体评判，而且还闪烁其词。第一个评判见于《学科之争》（1798年）①第二篇第6段；未译成法文的第二个评判，出现在《遗作集》（Nachlass）中。后者与《学科之争》差不多写于同时，与我们在《冲突》中所能读到的内容基本相似，他只是在此基础上增加了一些细节。至于其余的，我们不得不满足于零星的评论。这些评论通常出现在批注、按语或附录中，只涉及革命的一些重要的但都是局部的方面。尽管康德缺少相对周详的论述，但无论在莱茵河东岸还是西岸，他仍被同时代的人视为革命的积极捍卫者和支持者。他甚至有雅各宾派的名声，时任救国委员会办公室主任、西耶斯的亲信夏尔·泰勒曼（Charles Theremin）应西耶斯的请求，试图与康德建立直接联系，但康德

---

① 康德在这本小册子里探讨了大学里"高等"学院（神学院、法学院和医学院）与"低等"学院（哲学系）之间的职责功能区分：前者对国家负责因此受国家监控，后者只对理性负责。

年事已高，不关心外国事务，看来他应该拒绝了。不过，西耶斯还是通过洪堡（W. von Humboldt）了解到康德哲学的内容。他读到于1796年由巴黎的詹森和佩罗诺出版社出版的《永久和平论》（1795年）的法译本。1796年3月7日的《柯尼斯堡学术和政治公报》（Gazette savante et politique de Königsberg）甚至非常正式地宣布了一则（虚假的）消息：西耶斯以法兰西民族的名义寄给康德一本共和国宪法，以期得到这位哲学家对宪法的意见。康德因此于1796年4月1日（！）收到了他的弟子、维尔茨堡哲学教授马特内·罗伊斯（Materne Reuss）的来信，称"自从我们在报纸上读到，您已被召去法国担任立法者与和平缔造者，而且您已经得到了国王的接受许可，我无法向您描述对您的热情反应，甚至在那些不赞同您的原则的人中间，甚至在我们的夫人中间"。尽管基于不准确的信息，但这种"热情"是切实存在的，颇能代表同时代人对康德的态度。这种热情是否有根据呢？

为了了解其真实情况，最可靠的方法显然是阅读康德的主要文本，从《学科之争》著名的第6段开始：康德打算与读者讨论"我们时代的一个证明人类道德趋势的事件"。但值得指出的是，在康德看来，这个事件不是大革命本身，而是**未参与的旁观者公开地**感知它的方式："这个事件不在于革命中的各种行动或人们所犯下的重大罪行［……］只是革命游戏中**公开**揭示出来的旁观者的思维方式，尽管这种偏见可能有给他们带来严重麻烦的危险，但还是表现出一种普遍的、无私的兴趣［……］，（由于其普遍性）因此表现了人类一般的特性，（由于其无私性）因而也表现了人类的道德特性"——这本身就已构成了一种"进步"。① 这篇文章旨在略微冲减这样一种判断,即康德是大革命毫无保留的支持者。他(以及稍后的黑格尔)在大革命中所欣赏的东西,是大革命在揭示人在政治领域中的本质时所表现出来的人本主义。在这个意义上说,革命属于启蒙运动(Aufklärung)的组成部分:正如《纯然理性界限内的宗教》所肯定的那样,它让人勇敢地走出未成年状态。康德有时逐字逐句重申《什么是启蒙?》中的论述。他写道:"我承认,我无法习惯这种也被一些明智人士使用的说法:某个民族(正在阐述其合法的自由)尚未成熟到可以享用自由。某个地主的农奴们尚未成熟到可以享用自由;同样,一般人也尚未成熟到可以享用良知自由。按照这样一种假设,自由永远不会到来;因为人们如果没有首先被置于自由之中,就不可能成熟起来享用自由。"后来托克维尔也采用类似的论点反对奴隶制。根据弗雷德里希·威廉二世的命令,从1794年10月1日起,康德被禁止发表任何有关宗教的文章。

然而,欣赏大革命对**旁观者**产生的**影响**,丝毫不能阻止对**革命行动**本身进行批判,因此,康德的判断——像黑格尔之后做出的判断一样——包含着双重意义:对大革命的**内涵**(政治上的人本主义)持肯定态度,对其**形式**(革命过程)持否定态度——这种双重态度在《学科之争》第6段中得到完美的表达。"无论我们今天所见证的一个富有才智的民族的大革命是成功还是失败,但鉴于其充斥的种种不幸和可怕的罪行,以至一个明智之人若希望

---

① 这段文字依据法文翻译,可参见依据德文翻译的译文,如李秋零译《康德全集》第7卷第82页,中国人民大学出版社,2008年。

有第二次机会完美地实现它,也决不以这样的代价去尝试该试验——依我说,这种大革命在所有旁观者(未参与到这场游戏中)的思想中找到一种受到启示的**同情**,这种同情几近狂热,其表现甚至暴露在危险中,因此,除了人类的一种道德禀赋外,不可能有其他什么原因。"从这一总体判断出发,我们可以尝试进一步明确康德在大革命中所看到的积极因素和消极因素。

大革命产生的影响首要的是**共和主义**。共和宪制——康德在《法哲学》①和《理论与实践》②中对其原理进行了描述,在他看来始终是唯一的宪法,它不仅能与正义相协调,而且能够阻遏"侵略性的战争",从而使和平成为可能。"正如有时我们会将无形教会作为有形教会的基础(和模式),并带有这样的题铭:除教会之外,别无其他救赎之途;同样,我们也有充分理由这样谈论国家和人民的政治状况:除共和国之外,别无其他拯救之途"(《法哲学》)。事实上,在共和宪制当中,人民是自由的,因为人民"不必服从任何外界法律的权限,除了我能予以同意的法律而外"(《永久和平论》)。因此,战争的风险比在绝对君主制下要小得多,因为对战争起决定作用的主体(人民)也是承受战争后果的主体。由此,在康德看来,法国宪法比英国君主制更具优越性:"哪位君主完全依靠自己的权力能够说:必须打仗,而战争也就

---

① 《法哲学》,标题的德文原文Reflexionen zur Rechtsphilosophie,收入Kant: *Handschriftlicher Nachlaß*, XIX。

② 《理论与实践》,标题的德文原文Über den Gemeinspruch: Das mag in der Theorie richtig sein, taugt aber nicht für die Praxis。中译文《论通常的说法:这在理论上可能是正确的,但在实践上是行不通的》,收入何兆武译康德《历史理性批判文集》。

确实发生了，这样的君主是一个不受限制的君主（他的人民就不是自由的）。但是，哪位君主必须首先公开询问其人民是否同意进行战争，而且如果人民说不进行战争，战争就不会发生，这样的君主就是一个受到限制的君主（这样的人民是自由的）。然而，根据英国宪法，英国国王拥有第一种权利，而法兰西共和国只有第二种权利（因为督政府必须与代表全体人民的议会商议）。因此，国家元首在英国拥有绝对权力，而在法国只是有限的权力；英国的人民是不自由的……"（《法哲学》）我们看到，这里将卢梭的著名判断应用于法兰西共和国的情况，而共和国需要卢梭所反对的代议制。

这里不是探究康德关于共和宪制的纯粹哲学依据，但是可以说，在他眼里，正是这个**公共**空间激发了这位**利害无关的**旁观者的热情。

虽然对大革命的这种积极评判至关重要，但它并没有妨碍康德认为，这样的革命状态——如他在《实用人类学》中提出的那样，是一种"被宣布为合法的公开的不义"状态。在康德的政治思想中，谴责以暴力抵抗国家权威（即便这种权威是不正义的）的权利，始终是康德政治思想里恒常的内容。诚然，专制权力下，"人民的权利受到侵犯，人们推翻暴君的统治，这对暴君来说不是不义。臣民以这种方式追求自己的权利，其行为方式则最为不义，这也是真的……"（《论永久和平》）。康德认为，这种革命权利本身是矛盾的，而且违背权利的公开性原则。我们不去分析这种批判的哲学基础，但应该防止两个误解。

首先，与流行的解读相反，康德对如此这般的革命行为的指斥，并不意味着任何形式的法律实证主义。我们刚刚引述的文本在此点上是非常明确的：它并不否认国家权力可能是不公正的事实；换言之，它没有像凯尔森（Kelsen）①在《纯粹法理论》（*La Théorie pure du droit*）中那样，将合法性（légalité）与正当性（légitimité）混同，而只是肯定法律秩序，哪怕是一种不公正的法律秩序，也优于无政府状态。作为改良主义者而非革命者，康德认为只要人们能够在国王同意的情况下行动，大革命的事业是完全可以接受的。"在法国，国民议会可以修改宪法［……］。他们［原文如此］是全体人民的代表，国王将制定法律的全部权力授予他们。"（《法哲学》）而在同样的意义上，在他看来，处决路易十六是革命者最严重的过失。我们也许惊讶地发现，在构成其《全集》的24卷中，康德只用几行文字讨论弑君者问题——这值得注意，尤其因为大体上，对该情节的分析仅集中在《法哲学》的一个**注解**中，而这一情节在他看来几乎是"邪恶的"。这意味着，康德不仅吝于评论，而且他更多是作为法学家而不是作为历史理论家来看待路易十六之死。因此，我们在他那里找不到任何关于这一事件的象征层面的评论，也找不到它所标志的现代世界与旧制度之间的断裂。然而，如果认为弑君者让康德无动于衷，那就错了。在他看来，人民对国王的处决代表了一种极端的、几乎无法想象的不道德的情况。总的来说，谋杀绝对是更可取的：人们可能会认为，谋杀是在充分认识到它代表违法行为这一事实

---

① 汉斯·凯尔森（1881—1973），20世纪最具思想原创性的奥地利籍实证主义法理学家。

的情况下进行的。"形式合法的处决"：这是至高无上的罪恶，因为正是通过其形式特征，也就是通过其合法性诉求，它只能被理解为对权利的彻底颠覆。它不是简单的背离法律，但可以说，它证明了将这种背离本身作为行动准则的意志。有了它，"暴力昂首行走，尤其被抬高到最神圣的权利之上"。

其次，因此，康德从来不是正统派。而且，他还用谴责革命行为的理由来增强为大革命内容辩护的理由，以防止任何复辟计划。"如果由一个糟糕宪制引发的**革命**，用暴力和非法手段获得了一个更好的宪制，那么就不允许再把人民带回到旧的宪制了……"（《永久和平论》）。

因此，康德两次执笔反对大革命的反动批判者，尤其是柏克和雷贝格：1793年的《理论与实践》，1795年的《永久和平论》。正如A.菲洛年科①所强调的，柏克和雷贝格的反革命小册子主要针对"基于理性而非基于事实的政治思想"，亦即，以康德为首的德国主要哲学家在大革命中首先赏识的思想。因此，整个**启蒙运动**受到了质疑，作为**启蒙运动**领袖人物的康德自然要做出回应。其回应体现在两个层面。在法律层面，首先，在《理论与实践》中，展示得益于公民权的合成概念，赋予人民的自由如何能够与国家权力相结合（通过选举这一权力，臣民变成自由的积极公民，尽管他从权力建立的那一刻起就受制于它）。在**历史哲学**的层面，《永久和平论》否认共和制宪法只有在"天使的子民"

---

① 阿列克斯·菲洛年科，法国现代哲学家和哲学史家，著述颇丰，包括编纂了康德作品集和费希特作品集。

中才可行的论点，而是恰恰相反，将政治进步理念建立在与完全无关道德的个人利益的互动影响上。也许，正是在微不足道的庸人（追逐私利的人）的推动下历史进程不断向好，这种认知无疑深深影响着康德对法国大革命的态度。正如黑格尔后来所做的那样，即便康德谴责革命行动主义，也会对以政治人文主义为标志的新秩序的到来表示赞赏。

吕克·费里

### 延伸阅读

*Œuvres* de Kant en traduction française:
*Œuvres philosophiques*, éd. Établie sous la direction de Ferdinand Alquié, 3vol., Paris, La Pléiade, 1980–1986.
BURG, Peter. *Kant und die französische Revolution*, Berlin, Duncker & Humblot, 1974.
FERRY, Luc. *Philosophie politique*, t. 1 et 2, Paris, Presses universitaires de France, 1984.
PHILONENKO, Alexis. *Théorie et praxis dans la pensée morale et politique de Kant et de Fichte en 1793*, Paris, Vrin, 1968.
PHILONENKO, Alexis. *Études kanttiennes*, Paris, Vrin, 1982.
SCHRECKER, Parl. "Kant et la Révolution française", *Revue philosophique de la France et de l'étranger*, 1939.
VORLÄNDER, Karl. "Kants Stellung zur französischen Revolution", *Philosophische Abhandlung Hermann Cohen zum 70schen Geburtstag dargebracht*, Berlin, 1912.

## 参见条目

**柏克（Burke）**
**费希特（Fichte）**
**黑格尔（Hegel）**
自由（Liberté）
启蒙（Lumières）
审判国王（Procès du roi）
共和国（République）
大革命与欧洲（Révolution et l'Europe（la））
卢梭（Rousseau）
西耶斯（Sieyès）
**托克维尔（Tocqueville）**

# 迈斯特
## Maistre 1753-1821

确切地说，约瑟夫·德·迈斯特并非法国大革命史家。作为革命事件的同时代人，支持复辟的积极斗士，他总是以愤怒的激情来判断从巴黎传来的消息，他从中看到了善恶原则之间决定性争斗的搏击。大革命问题让他终生萦怀。对他来说，大革命从一开始便远远不仅是一系列惊心动魄的事件：大革命在他看来代表着在过去几个世纪里破坏基督教霸权和君主制主权的所有腐蚀性力量的同时涌现，从此以后，在人权和人民主权的旗帜下，揭开了世界历史的一个新时代。迈斯特对这一新生文明及其形成原因的指控激烈且毫不妥协。在他看来，现代社会似乎是无根之木，因为它只是建立在自己身上。随着旧制度的崩溃，他目睹了遮盖着权力裸体并使之面貌让人可以接受的符号和神话体系的全盘坍塌。

正是大革命，让不再年轻的约瑟夫·德·迈斯特脱离了外省尚贝里（Chambéry）的宁静生活，并使他认识到写作者的使命。1792年，法国军队入侵萨瓦，迫使他长期流亡，使之陷入一系列混乱、巨大而难以解释的事件当中。他对动荡无序世界的首次思考催生了他最出色的文本，即1797年在瑞士匿名出版的《论法国》(Considérations sur la France)。在书中，他以简明而富有远见的风格，阐述了自己对大革命的看法。

迈斯特想要发掘在那些受害者心目中是不理智顶点的1789年动乱的意义。他想要在普遍的无序中找到秩序。要做到这一点，历史和政治的方法是不够的：还必须要有一个关于该事件的"形而上学"，借此在杂乱的纯人为的原因中分辨出"第一动因"。正是这种方法的庄严基调，使《论法国》从一开始就在整个反革命文学中脱颖而出。此外，为了理解其独创性，还需要将之与大革命的另一个重要的反对派、日内瓦人马莱·杜潘[①]的著作《论法国大革命的性质及其长期延续的原因》(Considérations sur la nature de la Révolution de France, et sur les causes qui en prolongent la durée，1793）进行比较。

马莱·杜潘所关注的是欧洲各国政府无力达到大革命的水平，它们固执地用传统武器对抗大革命。对他来说，很明显，大革命是一种超乎常态的现象，它在道德领域进行，统治者的常规政治并未渗透到该领域。迈斯特在面对这一非凡事件时持有同样的赞赏与惊愕交加的态度。对他来说，这也涉及如何理解作为其基础的非常奇特的原则，涉及如何解决它所构成的谜团。但是，当马莱·杜潘试图用历史术语和从政治合理性的角度来解释大革命之秘时，迈斯特却拜服于这个难解之谜的威严，他为之心驰神迷，他在革命谜团中捕捉到了它显现出来的有形迹象，与其说是

---

① 马莱·杜潘（Jacques Mallet du Pan，1749-1800），日内瓦的一个新闻记者和政治分析家，1780年代中到1792年旅居巴黎，负责为《法兰西信使报》撰写政治新闻。

人类事物的复杂性,不如说是超人的介入。

对迈斯特来说,政治没有自主性:它是幕后发生的更大戏剧的表现,它是一种神圣的表征。大革命表明更高的命运力量在任何情况下总能战胜人类的意志。依照18世纪政治纲领的乐观主义,认为意志可以在历史世界中得到充分的实现,但这是错误的;相反,只需看看周围,就会发现结果总是与意图相去甚远,意志总是会失望,人们永远不知道自己在做什么。他写道:"我们在他们身上找到某种被动的、机械性的东西[……],不是人在带动革命,而是革命在利用人。有人说得太妙了:革命完全是自个儿进行的。"如果不求助于一种甚至能够违背因果自然法则的超级智慧,我们又如何解释个人的痛苦与事件的宏伟之间的不相称呢?如果人们一度认为他们是自己命运的主人,那么他们很快就会失望:这种革命狂热,正如博纳尔所说的那样,始于《人权宣言》,必须以《神权宣言》结束。

现在我们要讨论的是《论法国》的中心主题,即神意。博须埃①已经展示了世界历史进程中的上帝之手。迈斯特重拾同样的想法,尽管问题倒置——这不再是显示上帝所属意的法兰西王国之伟大的原因,而是解释它现在的痛苦:上帝怎么会愿意这样呢?这是因为神意追求双重目的。首先,惩罚有罪的法国人,因为没有无辜的受害者:他们都因不负责任而推动了革命;整个民族都是弑君者的同谋。其次,通过革命及其过激行为,上帝巧妙

---

① 博须埃(Jacques-Bénigne Bossuet,1627-1704),法国一位有重要影响的主教和神学家,曾在路易十四的宫廷担任忏悔牧师,著有《论世界历史》,倡导政治绝对主义和君权神授学说。

地保护法国。迈斯特是最雄辩地承认雅各宾主义所担负的国家角色的人之一：在他看来，公安委员会暂时占据了国王的空缺位置；它用特殊的手段反对外来侵犯，捍卫大革命，实际上捍卫了王国的完整。

迈斯特并非将革命与神意联系起来的第一人，因为在一年前，路易-克洛德·德·圣马丁①在一本小册子中就曾提及这一主题。他属于迈斯特所欣赏的**光照派**（illuminé），重新引入诺斯替主义和新柏拉图主义的主题，使之投合于18世纪文化的品味。然而，在这个共同的神智学基础上，迈斯特留下了新颖的、辩护性的印记，他甚至在显然最不可理解的、最为荒谬的方面，也为神之正义的难以理解的工作而辩护。如果说他在《论法国》中否认有无辜的大革命受害者，那么他在《圣彼得堡之夜》（*Soirées de Saint-Pétersbourg*）中则毫无保留地赞美正义（无论人的还是神的正义），把邪恶的奥秘重新归于堕落的人性。"没有人因为是正义的而受惩罚，但总是作为人而受到惩罚，因此，认为美德在这个世界上受苦，这是错误的：受苦的是人性，而且总是应得的。"

正如我们所看到的，这与主张人性原本纯真的卢梭主义观念截然对立。原罪学说对反动思想产生如此巨大的诱惑力，这并非偶然。如果说革命者的唯意志论希望改变世界以使人回归本质善良，那么反动思想则假设人性会不可弥补地腐化堕落，而历史时间的使命不在于弥补这种堕落。人受全能上帝的摆布：但这一

---

① 圣马丁（Louis-Claude de Saint-Martin, 1743-1803），18世纪法国哲学家，是拒斥当时占主导地位的理性主义哲学的光照派教义的倡导者之一。

主题在迈斯特这里完全丧失了基督教的基调,相反,它与迈斯特的宗教信仰的诺斯替主义和异端根源联系起来。在这种完全缺失爱的主题的情况下,其实有某种异教的和犹太教的东西。面对被一个世纪的哲学怀疑和自然神学所耗空的基督教,迈斯特所建议的上帝要再次成为世界的暴君,是深不可测的、不可争辩的裁判者,他以震怒来要求人们赎罪。

大革命虽然是上帝的旨意,由神意指引,但它还是建立在哲学所阐述的某些纯人文的原则之上。"抽象理性主义"支配了人权的观念和"人民主权"的思想。迈斯特对前者的论战,只是重申了埃德蒙·柏克的《法国革命论》中的著名主题。迈斯特写道:"1795年宪法,正如它之前的宪法,是为'人'制定的。然而,世界上没有'人'。我此生见过法国人、意大利人、俄罗斯人,等等。多亏了孟德斯鸠,我甚至知道**可以是波斯人**。但至于'人',我宣布此生还没有见过。如果他存在,那也不为我所知。"一个民族的真正宪法只能是一套由记忆传递、被传统圣化的习俗:它是时间的成果,而非人的成果,其根源存在于任何成文法之前。至于人民主权原则,迈斯特提及民主的矛盾性和悖论性("人们说,人民是有主权的;谁的主权呢?显然是它自身的。因此,人民是从属的。如果没有错误的话,这里肯定有某种歧义,因为发号施令的人民不是服从的人民"),并拒绝委托代表的观点,认为后者必然无法产生真正的主权。

更一般性地说,正如所有的革命反对者,迈斯特也反对现代自然法的观念。"启蒙哲人"认为,社会是约定的结果。相反,迈斯特认为,不存在一个更早的没有社会的阶段。"严格地说,对人类来说，从来没有先于社会的时代，因为在政治社会形成之前，人尚不完全是人。"上帝创造了生来就是社会存在的人；主权也是自然的，因为它与社会密不可分。

这些是迈斯特传统主义的主要内容，融合在一种神意历史的崇拜中，或者，也可以说，是在他的读者中能找到最广泛反响的主要论战主题。对"启蒙哲人"的理智主义的批判和对历史意义的重视，其实是19世纪从浪漫主义者到自由主义温和派都获得成功的原因。然而，迈斯特的传统主义激烈地否认根据人的意志创建的、缺少历史根基的制度的稳固性与正当性，这也是它对法国革命后制度进行抨击时的最薄弱之处。在这个问题上，事实上，迈斯特的思想并非没有矛盾。一方面，他把大革命设想为一种纯粹的虚无，是源于人类境况中否定倾向的撒旦的作品；另一方面，他明确而雄辩地坚持认为，大革命不是一个简单的插曲，它是一个同时向过去和未来开放的时代，我们可通过制作法国反对派精神的系谱找到先行者（参见《新教与主权关系的思考》(*Réflexions sur le protestantisme dans ses rapports avec la souveraineté*)，1798年；《论高卢教会》(*De l'Eglise gallicane*)，1821年），其继承者在复辟之后仍在工作。早在1794年，他给科斯塔（Costa）侯爵夫人的信中就写道："夫人，[……]应该有勇气承认这一点，很长一段时间，我们不理解我们正在目睹的革命；很长一段时间，我们把它当作一个事件。我们错了：这是一个时代。那些亲身见证了这个世界革命时代的几代人是不幸的！"

这是迈斯特推理中的一个微妙之处。我们可以参照一部充分体现复辟时期精神的作品，例如巴朗什（Ballanche）的著作。他同时回应了过去的预言家和过于激进的改革者。我们就会发现，这个由时间而非由人完成的大革命以及持久性和传统的主题，会如何容易地构造成一个辩证的意象。其中，每个时刻都有其历史的必然性，未来与现在和过去一样必要。然而奇怪的是，斯塔尔夫人1818年撰写的《法国革命思考录》，是复辟时期旨在颂扬1789年原则的第一次历史编撰尝试，开篇就有一句断言，显而易见与上文所引用的迈斯特的那段话不谋而合，甚至可以说是十分相似："法国大革命是社会秩序的伟大时代之一。那些视之为偶然事件的人既未回溯过去，也未展望未来。"因此，迈斯特的传统主义呈现一个概念结构，也使之能够被与他本人思想相去甚远的思想流派所吸收，例如自由主义流派。这是他的理论中最能回应时代关切的方面。但是，只要一考察他的权威理论，这种调和精神就完全消失了。

权威问题对于拒绝大革命的作家来说是核心问题，其表述是非常简单的：个人主义破坏了任何服从，因此破坏了社会秩序本身。启蒙哲人所设想的前社会人，即拥有自然权利的孤立的个人，实际上是一个不顺从的人：他说**不**，就像新教徒[①]一样；他想讨论一切，因为他不承认除了显而易见的权威之外的其他权威。对于热爱旧秩序的人来说，正如博纳尔所说的那样，这是一个用权威的显见取代显见的权威的问题。

---

① 新教徒，西文是Protestant，字面意思是抗议者、异议者。

为反对这个说**不**的理由，同样是神权政治和正统主义拥护者的博纳尔，所提出的解决方案与迈斯特的解决方案不同。对于前者来说，要在**社会**人身上寻找权威问题的答案；社会优先于个人，这是任何良好宪制的秘密：它必须体现在一切制度中，甚至在儿童教育中。社会成规的权威及其理由必须战胜任何个人理由。迈斯特赞成博纳尔所提出的目标，但是在他看来，权威和服从问题的答案需求助于**历史**和**宗教**，而不是有机社会学。事实上，历史持久性的作用在于给社会和权力的起源蒙上一层神秘和晦涩的面纱。历史的美德不在于揭开开端，而在于隐藏它。他写道："我记得在某处读到过，很少有主权能够证明其起源的合法性。"正因为这种原始权利的缺失，一个遮蔽权力的象征比一个解释和证明权力的概念更易与权力的行使相兼容。迈斯特强调："有些神秘的法则，不益泄露，必须用一种宗教的沉默来掩盖，并**作为一种奥义**来敬畏。"同样，宗教的政治作用也不仅仅在于为短暂的权力提供一个超验的基础，这可以说是法律上认可的作用，更主要在于用神秘的威严掩盖权力。宗教的社会功能恰恰在于它不是一种理性的宗教，而是通过教条、偏见、无法解释的奥义来表现的。

迈斯特所领悟到的是，一个对自己透明的社会，同时也不断地面临着解体危险，因为权威的机制成为可质疑的了。对他来说，只有一个关于自己的起源和运作能够确保神秘感的社会，才能摆脱这种致命的结果。其反思结论是明确的，并将他置于启蒙时代的反面："我敢说，我们不应该知道的东西比我们应该知道的东西更重要。"对于政治哲学提出的经典问题：**我们为什么要**

服从？霍布斯回答说，我们服从是出于恐惧；卢梭回答，因为我们是主权者（而拉博埃西①似乎认为，我们服从是出于提供服务的乐趣）。迈斯特的回答则是，我们服从是因为神秘权力让我们感到的魅力和惊讶。人因其信念而服从：因为权力就和上帝一样，也是荒谬的。这样的权力观表现出一种虚无主义的味道，而这种味道在一个天主教的激烈拥护者身上出现是出乎人们意外的。但恰恰是这种对主权的专横特征的直觉（此外，意识到人类将主权建立在武力之外的东西上的徒劳），似乎证明了一些人的解释的合理性。这些人，如卡尔·施密特②，在迈斯特身上看到了一个"决断论者"，即确信政治权威及其决定在根本上是非理性的。从这个角度来看，尽管长期反对"人民主权"，但迈斯特似乎是**主权**本身的积极捍卫者之一，反对主权在后革命世界的解体。

在自由主义思想家看来，在主权逻辑的绝对性中有某种东西是造成革命创伤的原因。就其本质而言，主权倾向于将所有权力集中在一个地方，无论是君主还是人民。在宪法中规定某一个主体持有主权的想法本身就显得无比危险。复辟时期的政治理论家，例如"空论派"，在人民主权和上帝主权之间存在分歧，他们因此试图消除主权的概念，因为主权被认为是抽象的、神学的概念。基佐写道："在地球上，没有主权，没有主权者。把任何法律上的主权归于人，无论是一个人、多个人还是所有人，都是谎言，都是极不公正的。"

---

① 拉博埃西（Étienne de La Boétie，1530-1563），法国人文主义者，著有《论自愿的奴役》。

② 卡尔·施密特（Carl Schmitt，1888-1985），德国法学家、政治哲学家。

迈斯特是这一思想的激进反对者。他认为，这实际上是虚幻的。他写道："任何一种主权在本质上都是绝对的；无论它被置于一人头上还是多人头上，无论人们按照自己的意愿分裂权力还是组织权力。总之，总会有一种绝对的权力，可以不受制裁地作恶，因此，从这个角度看，它将不折不扣是**专制的**，而且除了起义之外，没有其他防御物可以抵御。在权力分裂的任何地方，这些不同权力的斗争都可被视为唯一主权者的精心算计，在理性地权衡**利弊**。但只要一表态，对双方的影响是一样的，任何主权者的意志总是不可战胜的。"谁来决定或如何决定并不重要，重要的是做出决定。法治国家的自由主义支持者希望从世界上消除"危机情况"，从而永远不必求助于主权权威的制裁。迈斯特则针锋相对地提出一个社会处于做出决断的紧急时刻的戏剧性意象。他就从权威的前现代观念滑向了更现代的观念。权威的前现代观念认为，主权者是一个固定秩序的代表，其合法化是通过传统来完成的。而更现代的观念认为，主权者作为一个不知从何处而来的行为者出现，以便在一个有解体危险的社会中恢复秩序。但这种权威在某种程度上已经是"独裁"而非"合法正当"。这种反革命派维护政治活动核心的极端尝试，被理解为一种"骄傲的道德决断"（施米特），目的是在一个似乎想要摆脱必须不断在上帝和敌人之间选择的世界中重新引入一个永久危机的观念。迈斯特努力捍卫到底的，正是这种形而上的选择在政治结构中的首要地位。

马西莫·博法（Massimo Boffa）

## 延伸阅读

Œuvres de Maistre:

Œuvres complètes, 14 vol., Lyon, Vitte et Perrusel, 1884-1893; reprod. anastatique, 7 vol., Genève, Slatkine, 1979. En dépit de son titre, cette edition n'est pas vraiment complete, puisqu'il y manque une partie de la correspondence, qui se trouve dans les Mémoires *politiques et correspondence diplomatique* (*1803-1810*) et dans la *Correspondance diplomatique* (*1811-1817*), éd. établies par Albert Blanc, Paris, 1858 et 1861 resp.

*Considérations sur la France*, éd. critique par René Johannet et François Vermale, Paris, Vrin, 1936; autre éd. critique, par Jean-Louis Darcel, Genève, Slatkine, 1980.

Slatkine, qui publie une série d'éditions critiques de Maistre, a fait paraître aussi un ensemble de ses écrits maçonniques en 1983.

BARBEY D'AUREVILLY, Jules. *Les Prophètes du passé*, Paris, 1851.

CIORAN, Émile M. Préface à J. de Maistre, *Du pape* (choix de testes), Monaco, Éditions du Rocher, 1957.

DESCOSTES, François. *Joseph de Maistre avant la Révolution*, Paris, 1893.

DESCOSTES, François. *Joseph de Maistre pendant la Révolution*,Tours, 1895.

DERMENGHEM, Émile. *Joseph de Maistre mystique*, Paris, Impr. Floch, 1923.

FAGUET, Émile, *Politiques et moralists du XIXe siècle*, Paris, 1891.

LASKI, Harold. "De Maistre and Bismarck", *Studies in the Problem of Sovereignty*, New Haven, Yale University Press, 1917.

LASKI, Harold. *Authority in the Modern State*, New Haven, Yale University Press, 1917.

OMODEO, Adolfo. *Un reszionario. Il conte Joseph de Maistre*, Bari, Laterza, 1939.

SAINTE-BEUVE, Charles-Augustin. *Causeries du lundi* (4 et 15), *Portraits littéraires* (2), in *Les Grands Écrivains français par Sainte-Beuve*, éd. établie par Maurice Allem, *XIXe siècle. Philosophes et essayists*, t. 1, Paris, Garnier, 1930.

SCHMITT, Carl. *Politische Theologie. Vier Kapitel zur Lehre von der Souveränität*, Munich et Leipzig, Duncker & Humblot, 1922.

TRIOMPHE, Robert. *Joseph de Maistre*, Genève, Droz, 1968.
VIATTE, Auguste. *Les Sources occultes du romantisme. Illuminisme, théosophie*, 1770-1820, 2 vol., Paris, H. Champion, 1928.

## 参见条目

**柏克（Burke）**
反革命（Contre-Révolution）
**基佐（Guizot）**
雅各宾主义（Jacobinisme）
卢梭（Rousseau）
主权（Souveraineté）
**斯塔尔夫人（Staël ( Mme de )）**

# 马 克 思
## Marx 1818-1883

正是在1841—1845年其学说形成时期,马克思对法国大革命的兴趣最为强烈且颇有收获,以至于1844年旅居巴黎时曾考虑写一部国民公会史。对18世纪末法国这个大事件,他也体验到德国知识界的暧昧迷恋。作为雅各宾派背景的继承人,他钦羡在巴黎发生的民主的"绚丽日出"(黑格尔语);但作为德国文化的好儿子,他却因自己的国家落后于法国的榜样而痛苦。德国有伟大的哲学,但它只是历史的讽刺。

至少这种哲学让他可以比法国人更好地批评在法国发生的事情。黑格尔已经指明了路径,年轻的马克思与其思想对立,但可追寻他的足迹。他对法国大革命的了解,首先是从《精神现象学》和《法哲学原理》中学到的,然后接触到严格意义上的历史学家,尤其是法国人。因为对大革命的阐释是他学术思考的对象之一,他据此逐渐构建起对黑格尔的批判,而黑格尔是马克思主义的首要来源。黑格尔曾通过对大革命的批判,阐述了他的国家理论。马克思则借助法国的例子把黑格尔提出的国家理论颠倒过来,批判了黑格尔的权利哲学。

对黑格尔来说，国家是一个包含并超越社会的总体，它是历史理性的象征，所谓历史理性，用他的语言说，"是人愿意遵循理性时的人的意志"，或者"意识在其中找到更高目的的绝对目的本身"。因此，如果用柏克的方式，把国家说成实践沉淀的随机结果，或者像保守派一样，把它说成宗教的衍生物，再或者，像自由派一样，把它说成个人联合的产物，都是荒谬的。黑格尔承认受益于卢梭，因为卢梭曾试图在理性中建立国家，并想赋予它一个精神原则，即意志。与卢梭的分歧在于一个观念，亦即，即使作为一个理论建构，也是自然状态先于国家。因为国家是现代人的城邦，就像古代城市那样，不能把它设想成个人通过契约结合起来的结果。相反，国家从根本上先于国家所联合起来的个人。

对于黑格尔来说，法国大革命恰恰显示了让-雅克的错误：法国大革命试图以普遍意志（公意）的形式，将国家建立在缔约各方的自由意志之上，它表现出历史上从未有过的胆量和野心，但却建立在错误的哲学基础之上。因为卢梭和大革命把这种普遍意志假定成自然意志的异化、变质、重启，使它看起来是一种纯粹的外在形式，限制了个人自由，而非揭示了自由在国家中的主要特征。在这种抽象概念之后，是自由的专制和恐怖。大革命的目的是仅在理性的基础上建立一个新国家，想要在特殊性中体现普遍性；这就是为何它最终未能够辨认出个人的自我意识：1793—1794年，人头如卷心菜般纷纷落地。

然而，这个黑格尔式的国家，这个历史的最高实体反而是人的创造，是人在彼岸异化的临时产物；通过它来结束现代的公私分离，实现人的自由。同样，在黑格尔那里，国家是自由与人的社会存在之间的调和之地，而在马克思那里，国家成为想象的象征，社会中被压迫的个人通过它来组成共同体。这就是1843年那份著名的手稿的意义，它在很长一段时间内未被出版，但对于了解青年马克思，这位费尔巴哈的弟子，是至关重要的。

青年马克思从苏格兰和热月党的自由主义思想中继承了市民社会与国家分离的观点。现代以及与之密不可分的壮观的经济进步有一个重要的特征，即自由个体的出现，也就是说，由其工作和市场交换关系所决定的个体。因此，出现私人生活的"抽象化"，以及补充的国家"抽象化"；前者说的是人与成其为公民的元素相分离，后者也是现代的特点，说的是公共领域从此与个人的真正活动相割裂。在黑格尔那里，从未以这种激进的形式来阐述市民社会与国家之间的矛盾，因为它掩盖了理念中对立面的统一，而国家是调和的场所。对青年马克思来说，情况恰恰相反：市民社会优先于国家，而构成现代性的，是这种私人的个体，是封闭在其工作、利益、自私算计和享受中的单孢子，与手足同胞相分离，自外于共同体的观念本身。

但法国大革命是市民社会的作品。它确实赤裸裸地展现出摆脱了一切束缚的市场关系社会。继基佐和法国复辟时期的历史学家之后，马克思提出了对大革命的社会解释，但使用修改后的术语：大革命是资产阶级作为社会的主人，通过夺取政治权力来为自身的权力加冕的事件。在这方面，它所创立的恰恰是一个表面上独立自主的公共领域，从根本上将政治与社会分开，但政治又依附于社会：用代议制民主国家接替了君主制国家。事实上，国家看上去是完全自主的,因为其代议制特征体现了社会与国家的分离,而其民主(普遍)性,则是平等主义公民身份相对于社会群体的个体成员的现实处境的抽象化。不过,这种自主性是一个谎言:这个国家只是现实社会的共同体面具,也就是私人个人主义的共同体面具;它只是财富不平等的世界所表达的公民平等的幻象。现代社会中一个个孤立的个体使自己异化成国家这个想象的共同体。法国大革命只是用政治幻想建立了反映当时社会现实的资产阶级统治。无产阶级革命要做的是恢复人的"类存在"(être générigue)①,也就是说,通过摧毁1789年诞生的且与之并肩携行的异化,恢复他真正的人性。公民的终结,终将是人的到来。

这样一来,马克思就为受到屈辱的德国提供一种未来,因为他认为德国是明天最有可能实现这种决定性解放的地方。同时,他从黑格尔那里拯救了革命理念的最高尊严,因为法国人通过革命已经显示出非凡的力量。尽管法国大革命只是政治革命,但至少它在实现这一历史目标的过程中显示出最大的能量。因此,青年马克思尤其崇拜雅各宾主义,更确切地说是罗伯斯庇尔主义,它以最完备的形式呈现了政治高于社会的幻觉,即意志可以改变社会这一思想。马克思在这里发掘了黑格尔对法国革命者抽象意志主义的分析,而且和他一样,将它作为其历史的特征,并以罗伯斯庇尔主义为最高潮;但他对这种意志主义的解释又倚重费尔巴哈的观点,即现代公民在国家中的异化。

---

① 类存在,见马克思《1844年经济学—哲学手稿》。

这种解释的两个最微妙的、也是最完善的发展，存在于继对黑格尔法哲学批判之后的两个文本中：《论犹太人问题》（1844年）和《神圣家族》（1844年底至1845年初）。而且，这一时期，马克思尚未被七月王朝驱逐，居住在巴黎，密切关注法国大革命。

第一部作品旨在分析现代公民身份与个人宗教信仰（这里指犹太教）之间的关系。他在书中驳斥了前者与后者不相容的观点——除非像在恐怖时期那样，需要暴力行动。的确，现代国家通过将基督教的平等观念置于政治层面，从而使宗教精神世俗化。但它只是在宗教异化的基础上叠加了一种政治上的新型异化，并未摧毁宗教异化；只是从此将其限制在私人领域。以民主平等的形式实现公民解放，只是个体不幸和孤立的现代表现；资产阶级是公民的真相，正如臣民是信徒的真相。

这就解释了为何在法国大革命的卓越宪章《人和公民权利宣言》中，人，即公民社会的个体成员，始终被赋予高于公民——这一新型民主国家之形象——的地位。人的权利与公民权利不同，实际上指的不是一般意义上的人，不是"作为类的存在"，而是指资产阶级社会中自私的、自我封闭的个人，"与他人和共同体分离的人"。自由和平等只是作为每个人的私人享受的保障而存在。

然而，大革命从未停止肯定自己的绝对性和首要性。正是大革命这一事件，以马克思所说的"国家理性主义"①的名义，通过

---

① 国家理性主义（idealisme de l'Etat），又译"国家的唯心主义"，参见马克思《论犹太人问题》《马克思恩格斯全集》第3卷（2002年版）。

为自身利益恢复并统一了整个政治层面，从上到下摧毁了旧制度的封建结构和行会结构：这不仅是1789年的意义，更是1793年的意义，也是雅各宾专政的意义，革命精神在这里完全显露出来。但在这场不平等的博弈中，社会人是政治想象人的真正基础，社会最终还是夺回了大革命暂时篡夺的东西。1793年是公民解放的顶点，但热月是其真相。这种社会与政治的辩证法为马克思提供了关于法国大革命的理论和编年史。

第二个发展可以在同年撰写的《神圣家族》一书中辨读出来，它属于同一个费尔巴哈主题。马克思在书中采纳了一个观点：罗伯斯庇尔设想了一个实在的政治国家，力图使之成为历史和社会的核心现实，但实际上它只是一个虚构喻象。马克思为这一时期的革命增加了新的解释，可能是在邦雅曼·贡斯当那里获得启发。他用自己的语言重新阐释了《古代人的自由与现代人的自由》的作者的分析。他表明，罗伯斯庇尔和圣茹斯特的幻想受到古代榜样的滋养：恐怖是时代错植的结果。雅各宾派想再造一个斯巴达或罗马，却成为现代公民社会非自愿的支持者。他们以为借助人权可以重建一个古代的民主制度，但实际上只是在现代公民权利的名义下把资产阶级社会的不平等神圣化。正如贡斯当所看到的那样，在现代世界中，公民身份与自由不再是完全重合的。大恐怖想要缩小这种由历史产生的差距，只能以失败而告终。热月9日，公民社会重新获得自身的权利，驱散了血腥的幻觉，它通过利益和金钱的统治，最终揭示了革命过程的真相。

但这种重新发现的和谐在几年后的雾月18日又被摧毁。事实上，波拿巴结束了资产阶级代表和管理资产阶级社会的时期。随着执政府和帝国的到来，相对于公民社会，国家重获一定的自主权。拿破仑确实注意关照各种利益，他是作为后革命世界真正基础的《民法典》的缔造者。但是，他通过独裁统治，把一个其目的与这些利益不同的国家强加给资产阶级；这个国家有自己的目的，或者更确切地说，它是自己的目的，公民社会只是它的"司库"。在这个意义上，拿破仑重新发明了恐怖，赋予它不同的内容，用征服代替美德："他用不断的战争来代替不断的革命，从而完成了恐怖主义。"帝国专制是行政版本的恐怖，以目标变化为代价：马克思在这里从国家统治社会的角度重新发现自由主义史学所珍视的主题，即罗伯斯庇尔主义和波拿巴主义之间的直接联系。

就此而言，在他看来，革命国家的历史仍然有别于市民社会的历史，甚至构成了这个时期典型的背景。他稍后写道，法国大革命是"现代国家的起源"。它显示民主公民身份和代议制国家的诞生，是伴随着资产阶级社会的发展，并由这种发展而产生。在这种解释中，不易理解的，是这种新型国家如何确立对思想的控制，因为它基于一种集体错觉。必须承认，这种虚构的共同体象征也作为真实历史的实际过程发挥作用。现代政治国家具有一种虚构但社会性的存在；虽然它不是客观现实，但它在历史上存在，就好像拥有一个客观现实，其原因与宗教一样：因为大家都相信它。

然而，基本的现实是金钱至上和剥削关系的社会：是政治经济。正如《1844年经济学哲学手稿》所显示的那样，从那个时期开始，马克思就从中看到了他的主要研究对象，这将把他引向英国历史。笔者倾向于相信，正是出于这个原因，他从未撰写计划中的国民公会史：如果事物的本质在别处，为何要把时间和精力用于研究对现代国家中个人的想象推测呢？但是，放弃这个写作计划也使马克思不再去处理其解释中隐藏的核心矛盾。事实上，如果说法国大革命显示了现代民主国家的诞生，其过程从1789年到1799年，或者从1789年到1815年，或者从1789年到1830年，那么，不论选择哪个历史时段，我们仍要解释为何这种诞生伴随着如此之多的政治体制。如果说，严格意义上的大革命历史是体现新国家的政治体制的嬗递，从君主立宪制、雅各宾派恐怖统治、议会共和制到波拿巴主义专政，那么，应该理解的是，1789年以来的同一个市民社会，同一个占统治地位的资产阶级如何能够导致这么多样的政治体制。不同阶段的国家与社会关系的嬗递构成了大革命史的经脉，这段历史变迁还有待解释。

从人和思想的激进化的角度，人们可以很容易地想象从1789年到1793年的过渡，从君主制到共和制的过渡。但是，如何解释在1794年热月这个体制回归其真相，即资产阶级政府的真相，于1799年又滑向了新版的独裁国家？第一个波拿巴已经向第一个马克思提出了与第二个波拿巴向第二个马克思所提的相同问题：由资产阶级建立、部分为其服务但又完全独立于它的国家的问题。既是资产阶级又是非资产阶级，那么罗伯斯庇尔代表了什么，而拿破仑又代表着什么？

在下一个时期，即从《德意志意识形态》（1845年）开始，马克思放弃了对费尔巴哈的参照，转而采用历史唯物主义。他抛弃了"人的本质"的概念。历史不再从人对人性的重新发现来定义，它只服从自身的内在规律；历史的进程就包含着人与自然、与同胞的关系的意义。黑格尔辩证法从思想迁移到物质；生产力和生产方式的发展、劳动分工、阶级斗争取代了自我意识的喻象；政治形式的创造和思想的创造一样，也依赖于相继统治的阶级。而且，正如《德意志意识形态》成为把头脚倒置的黑格尔"颠倒过来"的工具，对法国大革命的解释为马克思提供了发展其发现的最佳场所。他在其中确实发现了真正的阶级、第三等级和贵族之间的对立、民族国家、自由主义的革命哲学，以及革命：这些是法国历史学家已书写历史的所有要素，也应该让它们双脚落地。

大革命被复原到这个唯物主义分析的框架内，从此不过是新的生产方式在旧的生产方式中缓慢作用的产物，是资产阶级以资本主义社会关系的名义击垮贵族和"封建"时代的伟大胜利。但是，这种辩证法实际上已不再为政治提供任何空间，政治被社会所吸收：雅各宾国家、拿破仑国家在前一时期构成了市场社会对其自身的许多想象表征，因而相对于市场社会而言，至少具有暂时的自主性地位，但现在却是不能自成一体的附属物。资产阶级完全统治了它自身的历史；市民社会优先于国家的观念采取了物质基础决定上层建筑的形式，这种观念为历史文化产品的无限多样性留下了更少的空间。

这就是为何在此后的几年里，马克思对辩证唯物主义的发现释放了论辩的热情，但在历史方面，特别是在法国大革命这个政治想象的最好领域，却成果甚少。然而，他从未停止对大革命的思考和再思考，因为革命再一次敲响了欧洲历史的大门，既模仿18世纪末法国人的勇气，而且比他们走得更远，推行了无产阶级的社会革命，即对资产阶级政治革命的否定和超越。

马克思在1845—1849年的著作中，比以往更少涉及大革命的真实历史，甚至很少有对大革命的系统阐述。但他多次以1789年为参照，表明他继续把法国革命者的事业一方面与民族统一的漫长历程和君主制的成就联系起来，另一方面与资产阶级长期夺取经济、社会乃至政治优势的历程联系起来。与梯叶里（Thierry）和基佐不同的是，此过程中的第二点是第一点的基础。因此，构成大革命的一系列事件的原因就是新的统治阶级对国家的占有，而非像他在早期作品中所宣称的那样，是一连串的异化。1789年、1793年和热月是资产阶级夺取权力的完整历史的组成部分。

然而，这些年的马克思与写《神圣家族》时的马克思一样，面对1793年和雅各宾派专政，有一种特别的讶异；恐怖仍是大革命之谜，即便被称作资产阶级的大革命。为说明这一点，马克思不再诉诸意识形态的幻想以及古代的公民意象与现代资产阶级个人主义的矛盾。他交替诉诸两种矛盾的分析，但这两种分析的共同点是，它们都以从此是普遍历史主人的阶级现实为基础。按照第一种分析，恐怖和人权一样，和8月4日一样，和金钱统治一样，都是与资产阶级自由主义的实施密不可分：它是平民的和临时的工具。按照第二种分析，恰恰相反，1793年冷落了资产阶级，罗伯斯庇尔派的和无套裤汉的专政（马克思仿照复辟时期历史学家的样子对这二者不做区分）体现了民众利益，因为它试图把革命推进到其界限之外，因此是注定要失败的尝试。通过这个他永远无法克服的矛盾，马克思在用词上也回到了自由主义史学的旧有困境：也就是说，如果从对法国大革命的社会解释出发，从总结的角度来思考法国大革命，比说明其实际进程要容易得多。

法国1848年的诸多事件、1851年12月2日的政变和1871年的巴黎公社将为马克思的模棱两可增加额外的谜团。事实上，随着第二共和国和第二帝国的出现，历史又重现了马克思年轻时面对的、到了中年依然有待解决的问题：如果说现代国家的"幻觉"只是资产阶级用来掩饰独占统治的骗局，那么，为什么会出现这种服务于同一权力的无休止的革命和政变呢？马克思最引人注目的回应是，这让他有时会重提在某个周期内国家独立于社会的观点，该周期不再是他青年时认为的从1789年到1830年，而是从1789年到1871年。在《路易·波拿巴的雾月十八日》和《法兰西内战》的一些令人惊讶的篇幅中（令人惊讶，是因为许多表述更像是"托克维尔式的"而非"马克思主义的"），他论及法国大革命，既将它作为由君主政权开始的现代国家形成过程的结果，又是拿破仑的事业所加冕的这个国家的真正创生。他在19世纪的后续革命中看到对这个国家的连续重组，国家的职能和作用不断增强；由于国家已经成为独立于社会的寄生体，因此获取国家控制权的斗争更加艰难，更无休止。直到巴黎公社才宣告了这个自1789年开启的周期的终结。

在这些精彩的概括中，马克思强调了法国近代史的一个基本特征。该特征一直在引起他的好奇：只有1789年大革命颠覆了国家的结构和基础，而19世纪的各种政权只是修改了权力的组织形式和政治平衡。在两个拿破仑之间，有许多政治体制，但只有一个行政体制，其基本内容没有改变，通过全国性共识而置身政治冲突之外。然而，这种直觉向他暗示了一部国家独立于社会甚至独立于资产阶级政治的自主历史；但马克思从未探索过它的丰富内涵，因为他一直用相反的国家观念来遮蔽它，即将国家视为纯粹的统治阶级的工具，将其兴衰与统治阶级的兴衰相联系，与它一起胜利，一起被谴责。于是，从中得出它即将在1871年结束的错误结论，这显示他未使用其他方式思考历史，只将历史视为假定的社会演化的镜像。

实际上，对于马克思来说，法国大革命的谜团，从头到尾都是整个法国历史的谜团，在这部历史中，政治总是走在经济前面。在他看来，英国历史用强大而早熟的资本主义和为之服务的议会寡头制提供了最好的示范，而法国则呈现的是农业占主导的经济和国家对社会进行仲裁的景象；在英国发明工业时，法国则在一个仍是前资本主义的世界里发明了民主平等。前者表明经济优先于政治，后者则予以否定。也许，这就是为何归根结底，马克思将毕生的伟大著作奉献给英国近代史，而关于法国史只留下了辉煌而又矛盾的片段。这些片段献给1789年大革命的模棱两可的胜利，它既是民主的，又是资产阶级的。

弗朗索瓦·孚雷

## 延伸阅读

*Œuvres* de Marx:
*Œuvres*, Paris, La Pléiade, 1982, t. 3, *Philosophie*.
*Les Luttes de classes en France* (*1848-1850*), Paris, Éditions, sociales, 1984.
*Le 18-Brumaire de Louis Bonaparte*, Paris, Éditions sociales, 1984.
*La Guerre civile en France 1871* (*La Commune de Paris*), Paris, Éditions sociales, 1972. (Voir aussi Furet ci-dessous.)
AVINERI, Shlomo. *The Social and Political Thought of Karl Marx*, Canbridge (Angleterre), Cambridge University Press, 1968.
COLLETTI, Lucio. *Le Marxisme et Hegel*, trad. de l'italien par Jean-Claude Biette et Christian Gauchet, Paris, Champ libre, 1976; éd, originale: *Il marxismo e Hegel*, Bari, Laterza, 1969.
CORNU, Auguste. *Karl Marx et Friedrich Engels. Leur vie et leur œuvre*, 3 vol., Paris, Presses universitaires de France, 1955-1962.
FURET, François. *Marx et la Révolution française*, suivi de textes de Karl Marx, réunis, présentés et traduits par Lucien Calvié, Paris, Flammarion, 1986.
GRANDJONC, Jacques. *Marx et les communistes allemands à Paris, 1844. Contribution à la naissance du marxisme*, Paris, F. Maspero, 1974.
RITTER, Joachim. *Hegel et la Révolution française*, trad. de l'allemand, Paris, Beauchesne, 1970.

## 参见条目

波拿巴（Bonaparte）

**柏克（Burke）**

民法典（Code civil）

贡斯当（Constant）

民主（Démocratie）

人权（Droits de l'homme）

**基佐（Guizot）**

**黑格尔（Hegel）**
雅各宾主义（Jacobinisme）
罗伯斯庇尔（Robespierre）
卢梭（Rousseau）
恐怖（Terreur）
热月党（Thermidoriens）

# 米什莱
## Michelet 1798—1874

191　　1843年，米什莱完成了《法国史》的第六卷，内容是路易十一的王朝纪事。他开始撰写下一卷，已经完成了有关查理八世的部分。但他改变了主意，将法国君主制的最后三个世纪搁置一边，全力投入撰写法国大革命史。他用了10年时间撰写从三级会议到罗伯斯庇尔倒台的5年历史；该书共七卷，于1847—1852年在先后三个政权下陆续出版，前两卷于1847年出版，随后三卷于1848—1851年出版，最后两卷于1852年出版。

这位历史学家把记述大革命提到记述其起源之前，就此而言，这个转变有些吊诡。之所以出现该转折点，是因为法国大革命在当时是风尚。1845年，当米什莱决定把大革命研究放在其法兰西学院课程的海报上时，他刚刚与朋友埃德加·基内在讲坛上并肩进行了一场反对天主教会控制大学企图的斗争，他们两人关于（和反对）耶稣会的课程引燃了公共舆论。其教学性质发生变化；少了学术性，变成时事的一部分，宗教问题处于中心位置。

192　　然而，宗教问题与法国大革命的问题是联系在一起的：在持续的激烈论辩中，基督教与现代民主的关系问题提上议程。

基内于1845年为此专门开设了课程，并写成《基督教与法国大革命》一书。他在书中将专制的、君主的、教条的天主教与等同于1789年精神的基督教精神进行对比。自圣西门和比谢以来，社会主义派别梦想建立一种新的基督教，通过博爱来超越1789年的个人主义民主。米什莱已然否认基督教与法国大革命之间的承袭关系，他认为有必要迅速且强烈地介入。在他开始讲授大革命的同时，还写了《耶稣会士》的续篇，即1845年出版的《教士、教会和家庭》，旨在反对主张教皇绝对权力的教权主义。第二年，即1846年初，出版了《人民》。他在书中以独特的方式重新阐述了民族博爱的思想。这个大革命的核心遗产同时受到右翼和左翼，即奥尔良派资产阶级和社会主义者的威胁，他们虽然相互敌对，却支持同一种有害信念，即阶级斗争观念。

在《人民》出版之后，米什莱于1846年开设了关于"法国民族性"的课程，以1789年为中心，并从9月开始撰写《法国革命史》的前两卷，于1847年9月出版。在基督教社会主义者埃斯基罗斯（Esquiros）(《山岳派史》)、拉马丁（《吉伦特派史》）和路易·勃朗（《大革命史》的第一卷）的著作问世的同一年，凭借着惊人的勤奋、坚强的毅力和出众的创造力，米什莱发出了自己的声音。每个人都在不知不觉的情况下，在伟大前辈留下的宝库中，学到了或排练了在1848年将要扮演的角色。在1847年2月8日的一个注释中，米什莱以书面形式确定了自己的意图和目标。他概括了自1842年以来的课程内容，结尾写道："[……]最后，大革命和《大革命史》第一卷，以及反对基督教和王权的宗教和政治导论。在这里，我表态：反对保皇党人（正统派和崇英

狂),反对恐怖主义共和主义者,反对基督徒,反对共产主义者路易·勃朗。"(转引自G.莫诺:《米什莱与历史》)

这部书的史前史有助于我们理解其结构。正如普遍历史是由众多民族的贡献所构成的,受德国思想熏陶的米什莱把这些集体行动者视为有个性的整体,因此法国因大革命而成为天选民族。1789年通过将其特殊性转化为普遍性,为其历史,也唯独为其历史提供了典范的价值。事实上,这段历史的标志性特征首先是基督教和大革命,这是世界历史的两个伟大原则;前者的身后尾随着漫长的神权君主制,后者则激进地宣告了人类解放和重获的博爱。这个伟大的目的论解释机制,具有典型的浪漫主义特征,在这其中我们可以同时见到米什莱所讨厌的比谢和他的朋友基内。只要与复辟时期自由派史学家的解释加以比较,就能理解这种类型的解释。在米什莱那里,就像在比谢那里,法国历史具有独特性和不可拟性,因为法国的个性,也只有法国的个性,揭示了世界历史,或者说揭示了指导世界历史的理念。对梯叶里或者对基佐来说,人类的物质和道德进步,文明的进程,均服从规范其各个阶段的规律;这是由社会阶级之间的斗争推动的,只有通过最先进国家,尤其是英法的比较史才能理解。

米什莱既位于社会史的对立面,又位于比较史的对立面,因为对他来说,法国大革命是一个精神事件;正如与伟大的宗教宣言一样,是独一无二的现象。比谢赞颂天主教信仰在法国的增强,而他的诊断却恰恰相反。他与基内的观点一致吗?否,因为他的这位战友看到与天主教会相对立的真正的基督教精神在复苏,而他则欢庆在基督教的废墟上现代民主的到来。他眼中的法国革命不再是福音书的女儿，甚至不是其远房的侄女，大革命就是对它的否定。

这是第一卷的长篇导言的核心论点。米什莱一开始就给出他的定义：法国大革命乃是"法律的降临、权利的复活、正义的反击"。法律、权利、正义都是定义其内容的，但是用来定义其形式的词汇却奇怪地相互矛盾："降临"在某种意义上是"复活"的反面，而"反击"又是另一回事。使用这种不确定性的词汇，米什莱大概有两点想法。第一，法国大革命最深层的问题是它与之前事物即被它称作"旧制度"的关系。第二，这个"旧制度"之所以既是根本独立于其后所发生的事件（降临），又是其后所发生事件的条件（复活），是因为它是由基督教定义的。换言之，基督教和1789年就统领了古代和现代的全部内容，"社会主义争议"并未给这一遗产增加任何东西。米什莱确实讨厌自圣西门以来各社会主义派别对1789年原则的批判，正如他讨厌柏克的批判（这在原则上并没有什么不同：对现代平等主义抽象的批判，不论以传统的名义还是以平等的名义同样可以进行）。对他来说，人权是一种超越了个人主观性的绝对权利，是新时代的信条，是现代宗教。

这和旧时代有什么关系？米什莱回答："大革命延续了基督教，又与基督教相矛盾。它既是基督教的继承人，又是其敌人。"他意指与黑格尔的扬弃（Aufheben）概念不同的东西；即如果确实在大革命中并通过大革命加入了基督教的博爱思想，那么，两个时代和两个原则之间仍然存在根本矛盾。实际上，在基督教中，这种思想植根于原罪，人类共同体建立在原罪和救世主的基础上：因此根据基督教精神发展出来的制度就极其明显地带有任意性和宿命性的特点。相反，大革命则在人类秩序中并通过人类秩序建立这种共同体，并因此使其实现成为可能，而基督教精神则长期禁止其实现。

这是因为这种任意救赎的宗教纯粹是上帝的恩赐，只授予极少数人，而不问其品行；与之相对应的是一种人间正义的概念，也是以神的专横意志为模板，听命于一个人的专横意志。与恩典的宗教相对应的是恩宠的君主制，后者统治着被剥夺了道德活动和政治生活资格的人类。著名的基督教温柔只是赤裸裸的暴力的前奏，圣奥古斯丁为宗教裁判所铺平了道路。

在第一个时期，即中世纪，君主制只是教会的临时扶手，是教会的仆人。然后是绝对君主制；米什莱认为其特征是王权的解放，它使宗教的一切政治和社会功能为自己服务。从此，神性国王成为偶像，给法国人提供了一个替代性的爱戴对象。革命者所称的"旧制度"是祭司式的君主制。它与之前的教会一样，或者说它效法教会，建立在一个化身的奥义之上：国王的人格与人民是合为一体的，它就是民族，就是法国。

然而，这个"旧制度"从17世纪末开始出现危机。这是人民和王权之间感情离异的结果。人民越来越悲惨（米什莱已经被路易十四统治后半期的见证所深深震惊，他将在后来的《法国史》结尾处大量使用这些证词），感觉自己受到不公正待遇，并逐渐看到王权与正义原则脱离关系，而王权的魅力原本是来自于这些原则。决定性的断裂发生在1744—1754年路易十五统治中期："王权化身的教义无可挽回地消失了"。其替代品已经诞生，即思想中的王权：18世纪舆论统治取代国王统治的一种表达方式。从此，社会不再需要化身的诡计，无论是宗教的（中世纪）还是世俗化的（绝对君主制）；它在一个更真实、更纯粹的原则中找到了自身的统一，这种原则摆脱了这种化身的"物质"义务：它是"感情和思想的深刻结合，这种结合由所有人而来，与所有人同在"。公共舆论的定义预示了革命博爱的理念。

当路易十五在鹿苑（Parc-aux-Cerfs）的悲凉宫廷逐渐埋葬王权时，哲学家通过揭示王权化身的赤裸裸的真相、偶像的虚无及其随着国王肉身一起死亡的注定前景，已经在谈论新时代了。而且，民族通过这种全新的权利概念，重新获得长期以来先后让渡给上帝和国王的主权，伏尔泰代表了他们的实践理性，卢梭代表了他们的理论理性。从他们及其著作开始，大革命在实际发生之前已经在思想中发生，发生在除了君主制之外的任何方面。"唯一晦涩难懂的问题就是王权问题。这个问题并不像人们经常重复的那样，是纯粹的形式问题，而是实质问题，是比法国的任何其他问题都更加根深蒂固的内在问题；不仅仅是政治问题，而且是崇拜问题、宗教问题。没有哪个民族如此热爱它的国王。"

所以，王权并未随着路易十五完全死亡，而且年轻的路易十六重新赋予它一点活力。但即使是一个好国王（也就是主观上的好国王）也对王权的谎言无能为力了。揭露这个谎言，用人权和人民主权取而代之，这将是法国大革命最重要的意义。

米什莱虽然有一颗哲学的头脑，却被内心的冲动所蒙蔽：他的思想的独特之处在于，总是将思考与情感混在一起。在他对1789年的总体解释中，最引人注目的是他在太大程度上接受了法国大革命关于自身的核心信念，即与过去彻底决裂的信念，一个以法国为先锋的新世界的到来的信念。为了充分展现这种断裂和这种降临的意义，米什莱将它们表现为两种宗教的冲突，但其中一种是新的宗教，是权利的宗教，可以说是一种反宗教的宗教，因为它导致人重新占有曾让渡给上帝和国王的主权。这个概念本身就是矛盾的。但是，其目的是为了使1789年的断裂戏剧化，它阻止我们思考法国大革命和现代政治在一般意义上的基本问题，即如何认识在没有任何宗教参照物的情况下仅在个人同意的基础上建立社会制度的雄心。因此，更何况，米什莱也难以阐述大革命的失败：如果说波拿巴的专制主义就是终点，那么这种新的权利和正义的宗教又有什么分量呢？

不过，米什莱对革命事件乃至对整个法国历史的亲近感，使他对历史参与者及其所争夺的象征性战利品的认识独具慧眼。托克维尔在法国君主制中看到一种行政集权和政治剥夺社会的机制，它在法国人不知情的情况下准备了1789年革命的爆发。在这里，他复活了一整套表象，据此首先有助于解释君主制所占据的主权空间，以及它所引起的服从甚至是爱戴，其次有助于解释失望之后因爱生恨的反叛，以及人民对国王位置的象征性占据。这两个解释所针对的不是同一件事，但它们并非互不相容。米什莱的解释开辟了一条关键的道路，由此可以理解法国大革命的参与者在政治领域的过度投入，可以理解他们为何相信恢复的人民主权无所不能，并迎来一个集体再生的时代。没有人比米什莱更真切地觉得，7月14日的巴黎暴动者通过攻占巴士底狱这个巨大的空堡，为人民夺回了曾经被迫转交给国王的权力。

因此，他的大革命史是从内部书写的，对促使参与者在那些著名的岁月里行动的因素进行非凡的预测，无论这些参与者是知名的还是匿名的，他们中的第一人首先是：人民。在米什莱看来，如果说大革命是一个没有伟人的伟大时代，那是因为它不断逃避那些声称要领导它的人；而要探测它最深层的泉源，就必须置身于它所呈现的原本的，甚至是异常的东西的核心，即登上权力舞台的人民之中。对他来说，没有什么比抽象地书写历史更疏远的事情了，例如，就像在米涅的笔下，人民只是作为这场戏剧的三大集体演员之一，与贵族和资产阶级并存，其角色已经在阶级斗争的大书中被预先设定。对米什莱来说，历史并非宿命的，人民不仅是一个理性的喻象，而且是经验性个体的组合，他们不可预知的行动逐渐赋予了大革命的意义。

为了解这些个体，米什莱不必进行遥远的追忆。他不仅出生在1798年，而且通过自己的家世，通过身为雅各宾派的印刷工师傅的父亲，通过他勤劳而贫穷的童年，总之通过他全部的物质和精神世界，都可以触及大革命的时代。大革命时期的巴黎是他所熟知的巴黎，而且他还在继续认识它。与20世纪的历史学家不同，杜伊勒里宫、马场厅、雅各宾俱乐部、科特利埃派俱乐部对他来说并非抽象的地名；他曾长时间在这些上演过重大事件的"小剧场"里沉思，他曾在那里感受，他在那里仍然看到辉煌一代的影子。他的大革命史就这样被他的散步和回忆所滋养，而且他从未停止用整个19世纪初丰富的口头传说来添枝加叶。它有时会吸收一种近乎过分到无法控制的情感基调，但在伟大的法国散文天才的笔下，它也从中萃取生命的强度、追忆的能力和震颤之美，总之，它具有文学纪念碑的特征。

米什莱一如既往，努力工作。要准确地追寻他的文献来源并不容易，因为他并未注意使用注解来标明出处。此外，他还有一个坏习惯，在历史学家中很常见，那就是引用某些书或某些他不喜欢的作者，只是为了批评，而非利用：他就是这样使用比谢和鲁的不朽之作《法国大革命议会史》的，该书构成了其作品中许多章节的文献资料，尽管他只是轻蔑地谈论它。不过，与当时的大革命史家相比，他的独创性是毋庸置疑的。这是因为他比他们更了解那个时代和事件。他读过他们读过的所有作品，复辟时期和七月王朝时期出版的一系列"回忆录"、当时的报纸、两部议会演说集（比谢和鲁以及《导报》）。但除此之外，他还迅速而广泛地挖掘档案。加布里埃尔·莫诺研究了米什莱的一捆笔记，从中发现了4个资料来源。首先是中央档案馆，米什莱对这里很熟悉，尤其翻阅了在1790年7月14日的盛大庆祝活动之前各省的"联盟"为此寄送给国民议会的请愿书；第二是警察局档案馆，那里保存着巴黎各区的会议记录；第三是市政档案馆，因其收藏品在1871年被烧毁而更加珍贵，用于保存公社的登记册；最后是下卢瓦尔（Loire-Inférieure）档案馆，米什莱1851—1852年住在南特，为撰写旺代战争而查阅档案。工作量很大，有点赶工，但这使得米什莱写的大革命历史在半个世纪里成为主要信源，好奇者和专家均从中汲取灵感。路易·勃朗以给它挑错为乐，但也厚着脸皮抄用它的资料。因为从米什莱开始，那些伟大的革命日子，例如8月10日、5月31日至6月2日，才在法国大革命的历史上占据了正统的地位。米什莱凭借出众的学识讲述了革命日子的细枝末节和时时刻刻、那些阴谋和那些激情。

米什莱认为，大革命最重要的时期是开始阶段，即从三级会议到联盟节这一时期。此外，他是在1846—1847年撰写的这一部分，正值共和主义者充满希望和乐观的年代；博爱精神正在向其祖先致敬，正如1848年的分裂重蹈了1792年的分裂。事实上，米什莱在1789年事件中所庆祝的，是人民和国家在主权恢复和权利确认方面的团结。这一事件与17世纪英国的"孤立的、自私的小革命"截然不同，因为它不是要求占有特定的国家遗产（这里指英国的自由），而是通过一个天选民族的声音来创立新时代的普遍信条。这是他对《人权宣言》的解释。他批评制宪议会使权利的含义变得有些狭窄，强调个人权利而非超越主观权利的大写的权利。可能由于他对许多人对自然权利哲学的批评，尤其是来自左派（圣西门、孔德、比谢、路易·勃朗）的批评很敏感，他努力将革命的基础变得绝对化，并将其根植于人间彼岸。

这个基础需要一个摆脱封建分裂的兄弟般团结的法国：这就是8月4日之夜的成就。它需要一个摆脱王室否决权而拥有主权的议会：这就是9月初的成果。它需要一个被打败的君主制重新融入现实，即人民，从凡尔赛流放地回到巴黎：这就是十月事件的意义。米什莱写的历史与柏克和法国崇英狂，从拉利-托朗达尔①和穆尼埃到斯塔尔夫人和基佐写的历史相反。他之所以喜欢

---

① 拉利-托朗达尔（Trophime-Gérard，1751-1830），法国政治家、慈善家。

法国大革命，是因为其哲学的普遍主义、抽象的激进主义以及绝对的独特性使之成为楷模。而且，他之所以颂扬这个为人类解放开辟道路的民族，不是因为现代个人主义，现代个人主义反而会使它与其他国家相似，尤其是它所憎恶的贵族的和重商主义的英国相似。不，恰恰是因为博爱，它创造了团结的情感，并使得废除个人与社会之间的差距和对立成为可能。在他的作品中，通过对西耶斯的简化，有一种对民族观念的极度沉迷，认为只有民族观念才有可能使自由个体团结起来，并使对于实现解放所必需的历史行动具有崇高的形式。

这就是1790年7月14日联盟节的意义。这对米什莱来说是大革命的圆满高潮，就是它的精神所在。但是，如果人们想理解他与另一位对这一天的崇拜者，即他的同代人托克维尔之间的鸿沟，只需听他是怎么说的："［……］这是促进法国统一的共谋。这些外省联盟都看着中央，它们都在恳请国民议会，让自己归附于它，服务于它，这就是统一。所有人都感谢巴黎发出的博爱呼吁。"

然而，法国大革命所信守的少于它的承诺。退缩始于1790年的《教士公民组织法》。这部"软弱而虚假"的作品使人民分裂，使偏执狂热死灰复燃，重新为反革命提供了武器。大革命没有肯定自己的信条，反而去摆弄敌人的信条。"对大革命来说，最致命的莫过于在宗教方面没有自知之明，不知自身带有宗教。它一点不自知，也不了解基督教；它不清楚自己是符合基督教还是违背基督教，应该回归基督教还是向前走。"它做了什么？它想改革基督教，但又不相信基督教，因为它是启蒙运动的女儿，"某个伏尔泰改革教会,声称要使教会回到使徒的严正状态,这是奇怪的景观"。新的宗教是联盟的宗教,是这种与拒绝公民生活的基督教个人主义截然相反的爱国博爱,1789年革命者却没有把它变为他们的旗帜。

得益于18世纪的哲学,他们已经能够修复对人类的古老侮辱。他们却不懂得对1789年强大的博爱冲动加以精炼并使之成为能够持久的新宗教信仰。因此,舆论重新出现分裂,反革命重新获得力量,编织了过去势力的巨大阴谋来反对阻碍他们卷土重来的新精神。针对这一可怕的威胁,"需要一个阴谋,让雅各宾派的阴谋来笼罩法国吧"。但是,这个"伟大而可怕的机器,使大革命具有不可估量的力量,只有它才能拯救大革命",却也改变了大革命的原始抱负,而且还阻止了其宗教性的发展,这个任务只能留给19世纪的共和派了。

我们在这里可以看到米什莱分析中的一个重要连接。从这里开始,大革命进入了对外战争,内战,社会分裂,政治纷争,很快就进入了大恐怖。人们始终无法清楚地界定这场悲剧的原点在哪里,是在对手身上还是由于自身无能。无论如何,这种失败从来不是完全的失败。大革命被简化为雅各宾派俱乐部,但仍是大革命;它并未像基内稍后主张的那样,成为自己的反面;它只是狭窄的、虚弱的、受到威胁的微小火焰,接替着1789年的巨大光芒。米什莱就是这样处理当时在"89"和"93"之间撕裂的大革命史学的经典问题。他从根本上反对比谢、路易·勃朗和社会主义者,站在1789年的一边。但他拒绝在两个时期之间建立根本断裂,拒绝在1793年只看到对1789年的否定。正如他于1849年,或者1851年，在悲惨环境中书写大革命的悲惨部分历史时没有失去共和信仰一样，他也没有在法国大革命被缩小到仿佛自身的幽灵时放弃它。国民公会、雅各宾派用独裁和恐怖取代了人民主权，但他们拯救了祖国。

米什莱痛恨大革命堕落为党同伐异的小教派。他不喜欢吉伦特派的轻率，更不喜欢罗伯斯庇尔的"教权"宗派主义。他谴责5月31日至6月2日的反议会政变使议会屈服于街头。但国民公会在此前和此后仍是大革命精神的仓库，是1789年的真正继承人。要理解这一点，只需重读米什莱讲述审判国王的那些精彩篇章，这是大革命的关键时刻，是其中心。两种主权，旧的和新的，国王和人民代表直面相对，因此必须明确宣布此前制宪议会不敢做出的判断：二者是互不相容的。大革命把人民放在国王的位置上，因此，大革命应该谴责长期以来篡夺人民位置的偶像，应该打击路易十六的王权，以终结王权化身的荒谬的神秘感。诚然，米什莱不愿意处决国王，不想让他通过殉难重新成为一个化身。但在共和国第一个冬天的审判中，他看到了大革命最伟大的正义之举：对权利的肯定。

恐怖则完全是另一回事。它不仅是特殊形势的产物，而且是雅各宾派狂热的产物。在米什莱看来，1793年的雅各宾派接替了1789年的人民。事实上，经过三年革命，在普遍混乱中，主要气氛是公众的冷漠："1793年，人民回家了；到这年年末，必须发日薪才能让他们回到各个区的集会……在这种日益增长的冷漠中，作为补救措施，在1792年松懈了的可怕机器得到修整和改装，这就是救国委员会及其作为主要动力的雅各宾俱乐部。"于是，雅各宾俱乐部用它的"机器"取代失去民众活力的革命，用政治正统取代自由。这种由有军事纪律的机器所行使的思想权威，很快就导致了一个人的独裁并把恐怖统治强加给大革命。由此，米什莱既反驳了仅把恐怖说成形势所致的乏味解释（这是米涅和路易·勃朗共同的解释），也反驳了基内关于绝对主义在大革命内部复兴的观点。他开创了一个非常现代的视角，即寡头以人民的名义侵占民主权力的危险。

然而，他写的大革命止于热月9日。在这个日子——对他来说，就是1853年的夏天——，米什莱放下笔，没有进入后续时期，即那个他所不喜欢的热月反动，直到很久以后才续写这段历史。第二帝国的初始景象让他无法进入那个资产阶级、金钱和军队长期败坏他心中的大革命的时期。君主制已经有它们的编年史，他想要撰写共和国的编年史，而非将共和国的历史奉献给资产阶级或者重塑波拿巴家族的头衔。这种过去和现在之间的辩证法从未停止纠缠法国大革命史学，米什莱也不例外，他的革命史停留在热月9日，只是确认了他的忠诚。

米什莱如己所愿，据此为共和国竖起一座纪念碑。不是为第一共和国，或者为第二共和国，或者为他选择举例的大革命的某个特定时期。因为他最喜欢的时期仍然是旧王权虽然被连根拔起，但在人民自我解放后仍然幸存的时期，也就是1789年和1790年，革命激情使法国人在民族博爱中团结起来。共和国于1792年夏诞生时就不符合它的承诺，战争、阶级分裂和人际分裂以及民众的冷漠使它遍体鳞伤。但这并不重要，如果这只是明天的草图：明天应该是自由的文明，人们情同手足，致力于共同的祖国，这个人类进步的先锋。

因此，米什莱宣告的共和国既是民主的又是民族的，是法国民族性在博爱中并通过博爱的实现。由此，它想要克服自由主义和社会主义历史学家所强调的1789年和1793年大革命之间的矛盾，即要么以牺牲1793年为代价来庆祝1789年，要么以1793年的名义来批判1789年。米什莱既不喜欢奥尔良派资产阶级，也不喜欢社会主义派别。他致力于为历经波折的大革命赋予唯一的信息。这个信息既不是资产阶级的，也不是社会主义的，它在于一种正义和博爱的新宗教，而米什莱在其中看到了民主的本质。

这是一个诸说混合的概念，汲取了赫尔德、费希特、梯叶里、比谢等人的思想，有力地将普遍性和民族性结合起来。既摆脱了右翼的资产阶级个人主义，又摆脱了左翼的恐怖主义遗产，这样的共和国象征着法国的历史命运。它预示着第三共和国的缔造者后来所称的"世俗化"。这套理念是法国特有的，在欧洲任何其他政治文化中都没有完全相似的组合；它指的是在否定宗教的过程中保留了某种像宗教一样令人肃然起敬的价值观：一种对公民平等的古代崇拜与对现代自由的颂扬相结合。在学校成为其场所和旗帜之前，米什莱已经是这种宗教公民身份的先知。虽然这一运动在20世纪个人主义的进展和社会主义的批判中艰难挣扎，但这并没有改变一个事实，即在整个19世纪，对于共和主义者来说，它是革命遗产的精华。

总之，米什莱将自己的天才奉献给了这份遗产。他的天才将自己对过去的巨大激情与自己的独特律动混合，其旋律如同那些伟大的艺术作品一样不朽。今天的读者仍然如同昨天的读者，被这种激流般的叙事所吸引,被以诗歌方式撰写的学术性历史中的永恒真理所吸引。米什莱为这部从1789年春到1794年夏历时五年多的决定性戏剧,重塑并还原了无数演员、细微的时刻、偶然和宿命、激情和理性。凭借对人和事的洞察能力,他至今依然是法国大革命和无数后辈之间最伟大的中介。

弗朗索瓦·孚雷

## 延伸阅读

Œuvres de Michelet:
Histoire de la Révolution française, 2 vol., Paris, La Pléiade, 1952.
(Voir aussi Furet ci-dessous.)
FURET, François. La Gauche et la Révolution française au milieu du XIXe siècle. Edgar Quinet et la question du jacobinisme (1865-1870), textes présentés par Marina Valensise, Paris, Hachette, 1986. Contient des textes choisis de: Alphonse Peyrat, Jules Ferry, Émile Ollivier, Louis Blanc, Rdgar Quinet, Jules Michelet.
HALÉVY, Daniel. Jules Michelet, Paris, Hachette, 1928.
MAURRAS, Charles. Trois Idées politiques. Chateaubriand, Michelet, Sainte-Beuve, Paris, 1898.
MONOD, Gabriel. La Vie et la pensée de Jules Michelet, 1798-1852, 2 vol., Paris, E. Champion, 1923.
MONOD, Gabriel. "Michelet et l'histoire de la Révolution française", Revue international de l'enseignement, t. 59, janv.-juin 1910, p.414-437.
SAINTE-BEUVE, Charles-Augustin. Nouveaux Lundis, t. 3, Paris, 1863-1870.
VIALLANEIX, Paul. La Voie royale. Essai sur l'idée de people dans l'œuvre de Michelet, Flammarion, Paris, 1971.

WILSON, Edmund. *To the Finland Station: A Study in the Writing and Acting of History*, New York, Harcourt, Brace and Co., 1940, chap. Ⅲ.

## 参见条目

旧制度（Ancien Régime）

**路易·勃朗（Blanc（Louis））**

波拿巴（Bonaparte）

**比谢（Buchez）**

**柏克（Burke）**

教士公民组织法（Constitution civile du clergé）

人权（Droits de l'homme）

联盟节（Fédération）

**费希特（Fichte）**

博爱（Fraternité）

**基佐（Guizot）**

雅各宾主义（Jacobinisme）

民族（Nation）

审判国王（Procès du roi）

**基内（Quinet）**

卢梭（Rousseau）

西耶斯（Sieyès）

**斯塔尔夫人（Staël（Mme de））**

恐怖（Terreur）

**托克维尔（Tocqueville）**

伏尔泰（Voltaire）

# 基 内
## Quinet 1803–1875

埃德加·基内生于世纪之交（1803年），属于浪漫主义一代。他对童年之前和伴随其童年的重大事件有着同样的迷恋。青年时期，为在文学领域扬名立万，他从家乡弗朗什-孔泰来到巴黎。文学是复辟时期为雄心壮志者留下的唯一领域。他是维克多·库赞（Victor Cousin）的优秀弟子，引进了德国哲学（尤其是他翻译的赫尔德）。他也亲近自由空论派，敌视极端保皇主义的右派。他颂扬1830年7月革命，视之为法国大革命的复兴。但是，这位年轻人的志趣都受挫于新王朝对内的保守主义和对外政策的怯懦：因为年轻的基内在上一个十年强烈支持希腊独立，他是对欧洲民族解放——大革命的另一个遗产——非常敏感的思想者。基内反对七月王朝的资产阶级物质主义。在一部收录哲理诗歌和政论、内容丰富但质量参差不齐的作品中，他与朋友米什莱同气相求，阐述了与奥尔良派自由主义传统决裂的共和主义信念。像米什莱一样，出于对德国思想和维柯的仰慕，他也在普遍历史中寻求人类的秘密。他于1838年在里昂被任命为文学史教授，于1842年被任命为法兰西学院教授。正是在教授职位上他与米什莱一道进行了反对天主教会控制大学的斗争，他也因此成为基佐政府反对派知识分子的领袖之一。

1845年演讲，是他那些年在法兰西学院最著名的一次演讲，这是他首次对法国大革命的系统研究。基内年轻时热衷宗教史，因此他探讨问题的角度非常典型地体现了他的思路：从与基督教之间关系的角度来探讨法国大革命。事实上，他对大革命感兴趣的并不是，或者说还不是大革命历史本身，而是其哲学先驱以及大革命给作为基督教使命继承者的现代人赋予新的命运含义的能力。

像基佐和黑格尔一样，在基内看来，基督教是现代个体的创始者：其力量和伟大得益于它所发明的个人良知及其自由的永久性。天主教会象征着对这种原始内容的否定，而宗教改革则象征着它的重生。前者是君主制的、等级制的和专制的，体现了与福音话语所宣示的内容的对立，而后者是其原始精神的再现。然而，与基佐不同，基内并未因此是新教徒。他被一种强大的但转变方向的宗教意识所支配，把一种激进的哲学个人主义推向很远，以至于他从新教教会的制度化中看到新教精神开始衰落：宗教改革也在这种文字与精神[①]的辩证法的打击下日渐式微。

然而，法国大革命正是17世纪被扼杀的基督教原则在这个仍处于天主教和君主双重统治下的古老国家的复活；它坚持这种旨在"认同基督教原则"的精神。它通过民主恢复了每个人的自

---

[①] 文字与精神（la lettre et l'esprit），出自《新约》，指字面与圣灵的对立，后演化为成语。

由，致力于实现使每个人成为自主良知的神圣诺言。它的雄图伟略是建立一个由同等自主道德良知所组成的城邦，拒绝物质利益或享乐的自私要求：在基内那里，没有私人/公共之分，而是从道德良知到公民良知、从新教徒到公民的推论。

然而，现代民主城邦所依托的宗教理想，并未与政治理想混为一谈。基内与其朋友米什莱不同，他在法国大革命中并未看到新的宗教宣言，而是看到了人类城邦为建立以每个人与上帝的自由对话为基础的组织模式所做出的悲怆努力。努力是悲怆的，因为它注定遇到历史现实的阻力，被过去的惯性压倒，然后再重生。大革命就是18世纪末法国人通过摆脱奴役的历史来建立自由的尝试。雄心是巨大的、宏伟的，但不足以保证避免重蹈旧秩序的覆辙。

1848—1851年的风云变幻重演了这一尝试，并讽刺地将失败戏剧化。2月的博爱革命之后是6月的自相残杀；最后导致了波拿巴独裁的回归，在如此平庸的波拿巴的领导下，法国再也不能以特殊形势和特殊人物为借口为自己的卑躬屈膝辩解；12月2日显现一种真正的民族奴役传统的影响。

基内是新政权的重要流亡者之一。他于1854年在他所谓的《法国历史哲学》(*Philosophie de l'histoire de France*)一书中首先探讨了这一传统。他1845年的课程曾经反对比谢的天主教新雅各宾主义。他流亡后的第一部著作则是对以奥古斯丁·梯叶里为首的复辟时期历史学家及其对其自由不断推进的宿命论设想的批判。按照这些设想，自由是由第三等级推进的，首先在君主制的羽翼下反对领主，然后通过大革命反对君主制。基内认为，在法国的历史中,这种自由往往是失败而非胜利;君主绝对主义的繁荣正是基于自由的废墟,而非自由的发展,是与天主教的绝对主义并驾齐驱,正如17世纪对新教的根除所表明的那样。对贵族的仇恨使资产阶级的历史学家误入歧途:他们以阶级斗争为名忘记了自由。他们把王权看成大革命首要的始作俑者。他则推测王权是毒源,会使大革命变质而回归专制。

基内的《大革命》发表于1865年。这本书的中心思想是伟大先辈的失败,这种失败感因12月2日和流放①而倍增:子辈或孙辈并未做得更好,恰恰相反。基内撰写《大革命》与10年前托克维尔撰写《旧制度与大革命》秉承同样的精神:试图理解法国历史上的革命现象与国家专制主义、革命之前与之后间的隐秘联系。

他所理解的法国大革命是一个双重事件。一方面,它赢得了公民平等,建立了一个以新原则为基础的社会,许多公民在废除封建财产和出售教会财产中获得了实在的好处。另一方面,其雄心壮志是让新社会契约的每个成员都享有不受时效约束的政治自由。如果说它不费吹灰之力完成了目标的第一部分,那么它在第二部分则从未停止反复折腾。

事实上,在公民平等的问题上,8月4日说明了一切:社会的旧制度在这一天死去,它在普遍的热情中死去。基内在解释那个著名夜晚的全体一致性时,所考虑的并非农民对议会施加的压力,而是认为它证明了这场公民革命在发生之前就已经完成。它

---

① 指1851年12月2日路易·波拿巴的政变,导致许多反对派流亡。

实际上显示的是之前就已发生的演变，因为是必然性的一部分；它只是其表现形式，也可能采取其他形式而不影响所进行的改革的实质。而且，在大革命历史上，这种现象很早就出现了，不仅没有引起任何反对，而且是不可逆转的。《民法典》稍后将大革命的主要成果加以制度化。通过大革命，历史的必然性以最显而易见的方式开辟了道路。

然而，这同一时期也提出了政治自由的问题，反差是多么巨大啊！有多少辩论和斗争啊！有多少相继而来的政府和政权啊！是多么不连续啊！法国大革命也以人的再生和公民的降临为目标，显示了历史上良知及其自由的回归，以及与之密不可分的偶然性的漫长链条。

因此，基内正是通过建立或重建一种政治和宗教的原始自治，试图解决19世纪历史学家的经典问题，即旧制度与大革命之间的连续性或断裂性问题。基于阶级斗争和资产阶级对贵族的胜利的传统解释（至少自复辟以来），确实既强调了大革命的必然性，也强调了市民社会的长期演变在这其中所发挥的核心作用；但是，这样一来，1789年与其说是现代民主的政治开端，倒不如说是旧制度所产生的那个社会的胜利。无论是梯叶里、基佐，还是米涅，都未真正摆脱这种困境，他们把这种困境留给了马克思。基内处理这个问题的办法是，从根本上区分现实的两个秩序，提供两种节奏不同、逻辑各异的历史：二者的哲学差异使他一方面把经济和社会当作新的自然科学的对象，另一方面把宗教和政治视为表现人类特有的创造领域。这样一来，产生于1789年8月4日的社会只是前几个世纪的产物，大革命则是旧制度的续集。但制宪议会的权力与君主专制相对立，1789年标志着与旧制度的彻底决裂。

大革命的重要性完全来自于这种断裂。大革命的概念是与周期性的重生、新精神的遽然突破、宗教因素在政治中的涌现联系在一起：因为革命是一个特定民族在某个时空点为创造一个普遍的未来所经历的系列事件。据此，基内就解释了宗教信息如何可能成为历史存在，而这种存在既不意味着必然，甚至也不意味着保真，因为革命的幻象和精神性质都不属于社会进化的因果范畴。

确切地说，法国大革命提出的主要问题是其精神性质问题，即它与现代欧洲的母体——基督教——的关系问题。1865年的著作（尤其是题为《宗教》的第五卷）在这方面比1845年的课程更为深入。基内将英国、美国、荷兰等国家与法国加以对比。在前几个国家存在着有利于政治转型的宗教领地，政治革命对原有的宗教信仰和制度加以提炼，而法国18世纪末仍是天主教君主制，则必须发明新的精神来反对宗教。基内重提基佐已经探讨的问题，即宗教革命先于政治革命在英国（以及推而广之，在美国）历史上所扮演的角色。像基佐一样，至少像后来的基佐，即1850年放弃青年梦想的基佐一样，基内论及英国革命的"成功"，暗含了与法国的对照。与基佐相比，他甚至更多地将成功原因归结为先行的新教革命，视之为英国政治自由的真正起源和基石。

因此，英国革命提供了一个将宗教内容转化为政治原则的范例，其结果是持久的。而法国的情况则相反，历史学家处理的是纯粹的、简单的政治，尽管这种政治因其向全人类提供承诺而很像是一种福音信息。法国历史的悖论在于，只有通过纯粹的民主才能重新发现基督教精神。法国大革命更新了宗教的语言，却从未达到宗教的尊严。因为法国人在16世纪拒绝了宗教改革，17世纪又通过迫害将宗教改革连根拔起，他们缺少信仰体系来思考现代自由。他们所掌握的只是一种由"哲学"塑造的观念体系。然而这种哲学是学者的特权，就其本质而言，它并不适合成为共同的智慧，也不适合成为大众共识的场所：一个民族怎么能一下子从最古老的过渡到最新的，从天主教过渡到理性主宰？此外，新精神的制度如何仅以宽容这个"哲学"理念来构想？

因为法国大革命并未想建立一种宗教，无论是什么形式的宗教。它仅仅满足于确立宽容和宗教信仰自由，即促进传统和天主教的影响。它仅在短时间内大胆地反对过去的教会，而不敢发现大革命自身的原则与天主教精神并不相容；旺代战争的原因正是这种表面大胆和深层胆怯的结合。人们为什么说制宪议会或雅各宾派过于激进呢？其实，他们太胆怯了。他们通过与教会签订契约来对抗王权，仿佛这两个机构不曾团结一致捍卫祖先的奴役制度。

这种认为法国大革命过分温和的观点是不容易理解的，因为在基内那里还有对恐怖的激烈批判，我们将在后文看到。在他看来，它表达了这一事件在宗教领域的基本模糊性：大革命所提倡的理念似乎像一个新的宣言，但它却提前从这些理念中消除了任何宗教基础或特征。它想打着否定宗教的唯一旗帜，以此取代天主教成为政治原则。因此，它让自己置身于虚无中。它宣布了一场自己打不了的战争。它制造了一场根本性的冲突,却拒绝给自己任何手段。

基内将这种精神上的胆怯与16世纪的宗教大决裂加以对照。他主要列举了其中的形势因素,尤其是革命领袖们不想与大多数法国人的信仰发生正面冲突的愿望——这种愿望实际上是1790年的米拉波和1793—1794年的罗伯斯庇尔的共同愿望。他没有着力发挥他的一个基本解释。按照这种解释,法国大革命声称要以理性(他称之为"哲学")的名义使人获得再生,它因此不能再制造一种宗教:与其说像基内所说的那样,"哲学"是不被人民理解的,倒不如说大革命只在人类的历史中看到了实现救赎的工具,排除了对超越性的任何求助。法国大革命确实怀有这样的新抱负,旨在重新建立一个完全基于公民自由意志的社会契约:这就是基内所说的"生活在一个没有任何宗教信仰的人民团体中"。这种雄心壮志与大革命不可分割,但基内从未分析其制约因素,因为这种分析会影响他对16世纪新教革命和法国大革命进行的对比的价值。事实上,他对后者所"指责"的,正是它的特质,这种特质使它在18世纪末成为独特的且无可比拟的大革命,成为民主普遍性的创始者。基内的概念体系立足于宗教革命与非宗教革命的对立,因此,在该体系内部对这种普遍性及其与宗教普遍性的关系进行阐释是不可能的。

在这方面,基内很可能是19世纪最后一位通过与盎格鲁-撒克逊国家,即英国和美国,相比较的方式来反思法国大革命的伟大历史学家。与斯塔尔夫人或基佐不同,代议制政府的建立已不再是比较的首要因素。基内用宗教问题取而代之,借以解释在不同国家成功或失败的原因。这样，相较1845年的课程，他的1865年的著作更注重比较，也更明确地宣称青睐盎格鲁-撒克逊式自由，尤其是美国的自由——所有这些都使他远离了他的朋友米什莱。实际上，他还以自己的方式批判了法国革命的"人为主义"，批判了仅以自然人权的哲学抽象为基础的民主文明。法国大革命的悲剧在于，它设想了现代人类解放，却没有为其提供一个宗教的支撑点。

然而，仅仅是这种雄心壮志就足以使它成为过去与未来的分界线，成为民族和人类进化过程中一个突显的过渡点。基内将对法国大革命失败的分析与对其勇敢气概的颂扬混合在一起。换言之，英国革命将目标分散，首先摧毁天主教会，然后攻击绝对君主制；法国则不同，陷入旧制度奴役时间更长，因此至少要同时对抗这两种诅咒。在1789年令人赞叹的榜样中，有一种给予落后的奖励：新世界顶着旧世界的压力挣扎出生，现代精神与中世纪正面交锋，自由与教会—王权组合对立。

在反对教会时，大革命只使用了一种回旋镖武器，即信仰自由。它未能在宗教的领地上与对手对抗，它放弃了对灵魂的支配权，将其交给对手。在反对王权时，战利品是公民自由；基内著作在这个方面再次将我们引向托克维尔的观点。

事实上，基内所描述的旧君主制与托克维尔所描述的旧制度相差无几：过分集中，无限扩展，将法兰西民族和社会埋葬在打着"皇家民主"幌子的国王权力之下。在这个相同诊断的基础上，基内又指出了托克维尔未涉及的一个根源。他把君主制的癌症从民族传统中摘了出来，将其归因于法国国王模仿了拜占庭政府的主要特征。

因此,大革命在这方面就意味着,在经历了几个世纪的"拜占庭式"王权异化之后,人民和民族重新成为自己的主人:这就是为什么革命最初从根本上说具有反君主政体的性质。制宪议会对王权采取了如此多的防范措施,但并非出于战术上的原因:因为大革命精神导致它让这种权力恢复"国民形式",也就是说,让权力听命于恢复了自身权利的民族。基内在1789年的文本中找出这一理念,即革命是恢复原初的自由。通过对这一理念的探究,基内颂扬制宪议会的业绩,认为它尤其体现了大革命的精神。因此,制宪议会并不只是不信任旧法国的国王,而是要用与君主制原则相反的原则改建旧王国,在拥有行政管理权的地方实行分权,在臣民被征服的地方打造公民,用地方自由取代凡尔赛的监护。它想要摧毁绝对权力体系,在自由和民主的基础上建立新的权力:基内认为,这是大革命的"首要"理念。

因此,除了道德和宗教问题之外,法国大革命的另一个核心问题就是权力问题。在这方面的史学论著中,基内的作品是对大革命的政治方面分析最深刻的作品之一。如果我们撇开绝对君主制的拜占庭谱系(这是奇特的谱系,其存在的唯一理由是强调1789年意味着民族复兴),那么事实上,还有一幅图景,即在集体表象和集体实践的最深层面,在旧君主制和1789年的革命者之间存在着根本冲突。此外,这种冲突还与大革命和天主教之间的冲突交叉,因为教会也给绝对君主制提供了一种模式。最后一位波旁君主尽管软弱无力，但没在新法国面前降下他的旗帜，并非因为他被旧社会绑住手脚（恰恰相反，他奴役了旧社会）；而是因为他体现着一种与自由不相容的权力原则。而且，制宪议会在1791年的宪法中只能勉强赋予他一个位置，是因为大革命恰恰以相反的原则为名侵入了绝对君主制的空间。基内研究旧制度的政治实践时缺少托克维尔的那种历史才华。但由于他对政治统治的象征形式比对人和物的管理更感兴趣，所以他能够比托克维尔更好地推想支持绝对主义并最终构成其性质与权力合法性的表象体系。这是他与米什莱的相似之处。同时，他赋予大革命对权力新形象的象征投资以核心价值。他的理解是，如果说革命是一种宣示，这并非因为它一定要改变社会，而是因为它一定要把人民置于国王的位置。

然而，在他看来，法国民主的第二个悲剧就在此展开：大革命不仅不敢成为新时代的解放宗教，而且将恢复绝对权力。

正如我们所看到的那样，这就是吉伦特派和山岳派之间冲突的关键；这就是山岳派的胜利和罗伯斯庇尔统治的意义。两派都想要同样的目标，使法国和欧洲获得再生，建立一个自由的社会。但吉伦特派没有估量任务的艰巨性，他们认为忠实于新原则便能完成任务。山岳派估量了过去的分量；"他们注意到问题是要迫使一个民族获得自由"；他们重新建立了服务于大革命的绝对权力。

因此，山岳派胜利的秘诀也很简单：力量属于那些用旧制度精神增强革命激情从而合并法国的两段历史的人们。吉伦特派把革新和断裂叠加在一起，而山岳派则通过求助于过去来补偿或密谋未来。但同时，他们也取消了对未来的承诺。5月31日[①]恢复了"法国古老的政治气质"：沉默和恐惧。最终出现的是雾月18日（政变）和帝国专制。

这种回归绝对主义的雅各宾方式就是恐怖。共和主义传统对于恐怖特地给予公开或有保留的辩护。基内虽然置身共和主义传统之中，但反对这种辩护。他在这方面的独创性在于，不仅拒绝对这一历史遗产仪式性地顶礼膜拜，而且拒绝从我称之为"环境论"的角度，即反革命、旺代、边境危险等，所做的传统解释。在基内看来，恐怖并不是特殊形势的结果，不能说因为这种形势便值得赞赏或至少可以证明手段对目的的适应；应该说，它是大革命本身的产物，体现为雅各宾形式，是通过革命精神实现的绝对主义传统的复兴，这种复兴是史无前例的，但并非必需。

事实上，在基内看来，恐怖中应受谴责的且荒唐的东西，并不是暴力。因为暴力从一开始就编织着人类历史，也是进步的助产士。路德和加尔文通过和平的说教并未结束可怕的中世纪。16世纪的新教徒通过砸毁教堂三角楣上的圣徒像开辟了未来。在法国大革命中，1793—1794年冬季由巴黎各区激进分子领导的非基督教化运动也模仿了这一做法：但以罗伯斯庇尔为首的雅各宾派领导人制止了这一运动，基内对此表示遗憾。因为非基督教化参与者竭力使法国脱离天主教传统，建立一个更符合基督教精神的新宗教。他们自发地试图赋予自身行动以真正的开创意义。因此，基内对恐怖的指责主要不是它的暴力，而是它缺少意义：这

---

① 指1793年5月30日推翻吉伦特派统治的起义。

是一种在虚无中运作的毁灭程序,除了让个体为国家牺牲之外,没有其他目的。在这个意义上,它以革命的方式复兴了绝对主义传统。因为断头台不仅没有开启未来,反而重启过去。罗伯斯庇尔既不是摩西,也不是加尔文,他是黎塞留。他不是新理念的化身,而是旧的"国家理由"的代表。在最后时刻,他试图用最高主宰崇拜来改变自己的形象,却徒劳无功:这种书生式的尝试与宗教先知风马牛不相及。它只是对恐怖的掩护,并非一种信仰的建立,而只有用信仰才可以为其正名。

在基内看来,恐怖体系并没有任何高级的逻辑:其目的并不是直接挑战原有的精神和道德世界,并试图将其连根拔起。它并未向它所要求的牺牲提供任何文明的集体目标,只有个人之间的仇恨。它假定,虽然没有划定界线,但它的死亡分配是公正的,因为它承认对手天主教会的自由。"无论技巧还是精细都无法扭转这种困境。如果人们想要恐怖,就不应该有宽容。如果人们想要宽容,就不应该有恐怖。"

在这个意义上,恐怖与大革命是矛盾的,甚至在宽容是自由的延续的意义上,因为个人良知的自主性是以此为前提的。革命者通过建立一种政治强迫和肉体灭绝的制度,以一种现代理念的名义诉诸一种古老的权利,因为他们既否认又承认敌人的权利。在基内看来,恐怖是君主统治和贵族统治必不可少的手段;因此,其根源早于法国绝对主义,正如后者本身源于罗马传统一样:对于我们的作者来说,"古代自由"的概念并不存在。然而,恰恰相反,恐怖与现代民主是不相容的。在法国大革命中,使它变得必要且矛盾的,是雅各宾派对这种现代民主的性质及其不可缺少的宗教基础的无知。法国革命者未能为创造未来的文明而奋斗，而是从过去中借用手段。因此，只有让他们的行动本身成为他们行动的目的。

简而言之，恐怖是一种具有纯粹政治逻辑的体系，没有任何超越自身的意义。基内用第17卷《恐怖论》来处理这个专题。他首先区分了作为民众反应的恐怖和作为政府制度的恐怖：他为前者辩解，认为前者源自革命与反革命之间的暴力升级，是对宫廷阴谋和外国入侵暂时性的狂暴报复。但使他感兴趣的是，这种民众的情感被救国委员会的成员转化为政府的原则："通过他们，某些日子里的狂暴成为大革命的固定气质和灵魂。"促成这种转变的是革命理念的特性，包括对个人命运的漠视，对好人坏人的划分，以及对按照它的承诺慢慢改造世界的急不可耐。但是，基内对这个方面一笔带过：实际上，在他看来，革命的恐怖并非一种新的政府模式。相反，它是绝对主义基础要素的复活，是路易十一、黎塞留和路易十四的归来，是圣巴托罗缪大屠杀和龙骑兵迫害的重演，是赤裸裸的权力暴力，是以本身作为目的的国家，而给民族留下的是恐惧和奴役。恐怖是大革命和王权遗产之间的连接。

证据是，人们从来不能直面它的现实和原因。在热月政变之后，在那些幸存的恐怖参与者中间流行着明显的谎言：他们需要用形势作为遮掩的借口。但是，即使在1793—1794年恐怖如火如荼之时，大革命也不能制造出自己的理论：怎么能在不自我否定的情况下用恐惧来为政府辩解？它如何能既采用最完善的专制体制而又能继续存在？它未走出这个矛盾，这终究是这个体制的存在理由。1794年春，当罗伯斯庇尔为了试图"稳定"其独裁政权，将埃贝尔派送上断头台或用恐怖对付恐怖分子时，他就陷入了这种矛盾中；但他也只有几个月的生命了。

这种解释的弱点在于，它结合了甚至混淆了两种截然不同的历史现实，即旧制度和革命政府。基内未区分绝对主义与纯粹且简单的专制主义。他在二者中看到的都是不讲权利和法律的统治。在处理绝对主义这个主题时，他是革命神话的囚徒，在他看来，教皇和国王都是"中世纪"的机构。从概念上讲，这个粗略的定义使他首先界定了大革命原则所造成的历史断裂，然后解释了大革命如何陷入历史的覆辙。但这样一来，他就不可能认真考察革命专政在专制主义的类型学或历史中的新奇之处；因此，在他将共和二年的恐怖主义的特点与王权对国家理由的操弄加以对比时，这些段落的论述显得模糊而草率。因此，这些段落尤其缺乏对革命政府本身的历史性分析，因为基内混用了许多术语，如中央集权、雅各宾主义、专政和恐怖，仿佛它们几乎等同或者有必然联系。

但另一方面，基内洞察到大革命历史中的某些根本性的东西；对此只有托克维尔在十年前凭借高人一筹的分析能力加以揭示，并决心深入研究：亦即大革命同时既打破又延续了旧制度。基内甚至从字面上理解了该表述，因为他从1793年的事件中看到了纯粹的王室专制复兴，这既意味着断裂，也意味着在新事物之外旧事物的回归。基内并未将这种过去理解为一种单纯的残存，一种新时代必须克服的历史残余。相反，他将此描述成他所说的法国气质的核心，是一种在时间结构中起作用的腐败要素，能够使大革命发生癌变,变成自身的对立面。他从创作一幅常见的过去和未来对立的浪漫主义画面开始,但是用绝对主义/自由的对立来充实两个时间概念,从而使这幅画面克服了平庸性。在他看来,这种对立不仅是法国大革命的特征,也是随后的历史以及他所处的时代的特征。

基内在这方面的思考最接近托克维尔,虽然他与那位思考民主的贵族哲学家既不属于同一个社会阶层,也不属于同一个知识分子派别。但这也使他在思想上疏离了老友米什莱,不过他们有着共同的战斗历程。尽管基内承认大革命原则的崇高性,但对大革命的判断实际上是非常悲观的。他认为,通过沿用君主制的政治实践,大革命强化了古老的奴役习惯,甚至给共和左派接种了绝对权力的致命病毒:一种可耻的激情,正如我们所看到的那样,是不可告人的,但这种激情是如此强烈,以至于70年后,他所处时代的欧洲在他看来似乎受到威胁,"有可能产生巨大的奴性民主,这些奴性民主将不断趋向于专制,那是它们的孳生地和归宿,而真正的自由民主将在北美广阔的未知荒原上发展扩大"。

这个令人焦虑的问题虽然也是从托克维尔那里拿来的,但与基内对大革命遗产的诊断是密不可分的。基内的思想在当时的共和左派中之所以相对孤立,是因为他对革命遗产的价值持这种特立独行的立场。这位受迫害者,这位流亡者还不足以成为雅各宾派的家族成员。因为在对待共和二年的专政问题上,这位模范的共和主义者比19世纪30年代的自由派历史学家更加严厉,尽管他比后者更加"左翼",在七月王朝时期曾是政治对手。的确,他从他们那里借用了一个关键问题:如何将1789年和1793

年放在一起思考？而且，他和他们具有同样的诊断：狂热崇拜1789年，敌视1793年。但他的思考方向不同且更加沉重。梯也尔（Thiers）、米涅、梯叶里、基佐不需要为了批判恐怖而谴责整个国家的几乎全部历史。相反，他们对君主政体的很长一段历史怀有温情，亦即第三等级在君主政体的庇护下成长起来的那段时期，然后他们在路易十四和路易十五之间的某个时候将君主政体抛弃给"旧制度"的反叛者。至于恐怖和雅各宾派，只消把它们看成一种特殊形势下的令人恼火的但偶然的产物，就足以为大革命历史辩解的同时也为法国历史辩解了。

这些"立宪派"曾经希望而且确实做到了在1830年重演1789年。然而，一代人之后，作为1848年的斗士，这位幸存的共和主义者已经没有了"立宪派"的那种胜利者乐观主义。在审视共和二年时，基内控告整个法国历史、教会历史和国王历史。他将著名的"形势论"对恐怖和专政的解释斥为懒惰和悖理，用大革命内部教士和君主传统的影响取而代之：表面上最革命的时期，在他的笔下却成了最反动的时期。1789年是一个民族对自身历史的崇高反抗，而1793年则标志着它悲惨地陷入自身传统的奴役。因此，失败的苦涩因流亡而倍增，不仅使基内成为比他的"中庸"前辈更加悲观的历史学家，而且使他的思想具有更激进的批判色调，以及源于这种极端主义的质问历史的特点：更多是哲学的而非政治的，更多是极端自由主义的（libertaire）而非自由主义的（liberal）。

弗朗索瓦·孚雷

## 延伸阅读

*Œuvres* de Quinet:
*Le Christianisme et la Révolution française*, Paris, 1845; rééd. Avec texte établi par Patrice Vermeren, Paris, Fayard, "Corpus des œuvres de philosophie en langue française", 1984.
*Philosophie de l'histoire de France*, Paris, 1854.
*La Révolution*, Paris, 1865; rééd. Avec une preface de Claude Lefort, Paris, Belin, 1987.
(Voir aussi Furet ci-dessous.)
FURET, François. *La Gauche et la Révolution française au milieu du XIXe siècle. Edgar Quinet et la question du jacobinisme (1865-1870)*, textes preésentés par Marina Valensise, Paris, Hachette, 1986. Contient des textes choisis de: Alphonse Peyrat, Jules Ferry, Émile Ollivier, Louis Blanc, Edgar Quinet, Jules Michelet.
POCHON, Jacques. "Edgar Quinet et les lutes du Collège de France, 1843-1847", *Revue d'histoire littéraire de la France*, juill.-août 1970.
VALÈS, Albert. *Edgar Quinet. Sa vie et son œuvre*. Carrières-sous-Poissy, "La Cause", 1936.

## 参见条目

革命议会（Assemblées révolutionnaires）
波拿巴（Bonaparte）
非基督教化（Déchristianisation）
吉伦特派（Girondins）
**基佐（Guizot）**
**黑格尔（Hegel）**
自由（Liberté）
马克思（**Marx**）

米什莱（Michelet）

山岳派（Montagnards）

八月四日之夜（Nuit du 4-Août）

革命宗教（Religion révolutionnaire）

罗伯斯庇尔（Robespierre）

恐怖（Terreur）

**托克维尔（Tocqueville）**

旺代（Vendée）

# 斯塔尔夫人
## Staël (Mme de) 1766-1817

热尔曼娜·德·斯塔尔对大革命的思考分为截然不同的两个时期，即热月时期和复辟时期，中间相隔20年。她在1792年9月大屠杀之时离开巴黎。1795年春，当形势有利于她施展身手之时，她在邦雅曼·贡斯当的陪伴下重返巴黎。而后，她因应形势撰写了两部作品，但被压下未能及时面世。一部是《论国内和平》，1795年付印但未出版（后收录在出版于1820年的《全集》中），另一部是写于1798年的《论当前可能终结大革命的环境与应该在法国创建共和国的原则》( Des circonstances actuelles qui peuvent terminer la Revolution et les principes qui doivent fonder la republique en France )，该著直至1906年才出版。她在生命的晚年，在帝国已经画上句号之后，重拾这个主题，但去日无多，留下了一部没有完成的书。她逝于1817年，享年51岁。翌年，其继承人出版了《法国革命思考录》( Considerations sur les principaux evenements de la Revolution francaise )。这部作品产生了巨大的轰动。它引起了一场争论，前国民公会议员巴约尔的批评尤为典型，我们可以将之看作复辟时期大革命史学根本性争论的开端和思想模板。"宿命论者"梯也尔和米涅在1823—1824年后的著作可以直接追溯到此。

我们可以根据热尔曼娜与其父内克的关系来分辨她在这两个时期的思想抱负。督政府时期，在她与贡斯当浓情蜜意之时，她是共和主义者，与其父恰恰相反。从内克1796年初的一封信里可窥他们父女关系之一斑："「……」这两个人（他女儿和贡斯当）满脑子不可思议地填满了共和主义的理念和期冀，他们因赞赏政府的目的而原谅其手段。我对此远不能苟同。"（格朗热：《内克的思想》）果月18日[①]冲击下撰写的《论当前可能终结大革命的环境与应该在法国创建共和国的原则》提出了共和宪法问题，在时间上先于贡斯当1802年著作里所作的更系统的研究，后续的另一次不可逆转的政变给他再审视这个问题提供了时间距离，但他当时也放弃了这部著作的出版。在生命的尽头，对父亲的亲情重新占据了斯塔尔的心灵。《法国革命思考录》将见证与阐释结合在一起，成为颂扬内克的一座纪念碑。斯塔尔在这部著作中毫无保留地肯定内克作为路易十六内阁大臣的行动合理性，同样不遗余力地颂扬内克作为革命政府时期观察家的洞察力。时机也恰恰正好。反对绝对主义的改革者苦苦追求而不得的君主制和代议制政府，在1814年之后成为"自由之友"啸聚到一起的阵地，贡斯当是其中的一员。此时不再是共和的时刻，而是英国宪制的时刻，"是法兰西民族觅得平静的唯一港湾"（《法国革命思考录》）。

---

[①] 果月18日政变，指1797年9月4日督政府统治时期，军队对立法机构里保皇派的清洗。王政派在这次政变中遭到致命打击，但共和宪制本身亦遭致命削弱，表明军队在法国革命政治中的重要角色，为拿破仑军事专制统治的到来开辟了道路。

这就是说，从一个时期到另一个时期，对革命事件的理解并没有根本的改变：大革命是启蒙运动的接续。1798年的文本说到："法国大革命的原则是(启蒙)哲学的进阶。"(《论当前……》)对于顽固地坚持法国革命是一场意外的说法，1818年的文本明确表示："历史上的重大危机，当它们与思想的发展联系在一起时，就势难避免。"正是"启蒙的胜利"介入了法国大革命，使之成为"社会秩序的伟大时代"之一(《法国大革命思考录》)。伟大的现代国家历史可分为三个时代："封建时代、专制主义时代和代议制政府时代。""相同的思想发展催生了英国革命和1789年法国革命。这两次革命都属于社会秩序向前发展进程中的第三个时代，都是要建立代议制政府，这是人类精神殊途同归的前进方向。"(《法国革命思考录》)斯塔尔夫人所有表述与贡斯当可能写于1796年左右的(《论当前法国政府的力量和支持它的必要性》极为相近，虽然两者时间相隔甚远。政治取向业已变化，但思想架构很大程度上依然相同。延续的印记非常明显。例如，果月18日在斯塔尔夫人眼里始终是一个转折点。她认定果月18日是"法国通往军政府的入口"。同样地，在这部最后的著作里，她依然采用自己在督政府时期提出的一个观点来解释大恐怖，以及针对君主复辟的拥护者的最具论战性的观点，即"旧制度的弊病"导致了民族的道德败坏。在复辟猖獗的时代她坚持认为："如果不是因为一百年以来的迷信和专制，大革命初期怎么会如此迅猛地发展出这些乱象？"(《法国革命思考录》)她在1798年就曾谈到："公共道德的绝对缺失几乎成为准则"，这种堕落产生于"绝对主义政体下等级自身的不平等"(《论当前……》)。

有鉴于此，我们需要思考的是，这部拥有后见之明优势而思考成熟的著作为什么欠缺那本时事小册子所体现出来的分析锐度。大恐怖的例子可以很好地说明这一点。诚然，时代环境对热月党人提出了这个特别急迫的问题。为了给共和国辩护，就需要证明"大革命犯下的种种罪行并非是共和体制的结果"（《论当前……》）。斯塔尔夫人更进一步，她不止于对共和制责任的宽免，而是反击那些对共和制的指控："相反，正是在这种体制下，我们才能找到最好的且唯一的救治办法。"实际上，正是在这样的旗帜下，她做出了一个比她最后一本书里延续的分析更加重要的分析。她在1798年对不平等的腐蚀效果的考察，甚至比她最后保留的结论更加精微。譬如她精细地注意到"反叛性的从属精神"及其与"对平等的真正热爱"的区别："在任何情形下都自认为是次等从属的人，那么这个人就永远不能实现平等，他是专横的人、暴虐的人、迫害者，他从来就不是一个平等的人，他在灵魂深处只遵奉他的主子。"论点的更新在于：应该受到谴责的不是平等的原则，而是不平等的遗产，惟有决定性地颠覆这份遗产，方能彻底清除它所留下的仇恨种子。但是，斯塔尔夫人在前一文本里提及的其他两个因素，在1818年的文本里消失了：一是早熟："在启蒙尚未给共和做好前期准备之前，共和就已来到了法国"；二是"将人民主权错误地运用于代议制政府"（《论当前……》）。这两个观点具有贡斯当世界观的典型特征，但很难说他俩之间谁得自于谁。第一个观点，看上去像是贡斯当思想最内在最常见的组成部分，很容易归结给他。时代错植，时间距离往往阻碍行动者在思想上与他们生活的时刻保持同步。这个主

233 题在很大程度上成为他的著作的基调："如果说制度先于启蒙存在，那么看来作家们有责任将启蒙提高到制度的层面。"斯塔尔夫人在评论中指出，因为"一切投合舆论的举措，都受到舆论的庇护，当人们要走在舆论前面或与之抗争时，就必须诉诸专制主义。法国在1789年想要的是温和的君主制，为此根本无需诉诸恐怖。共和国的建立则早于思想准备50年：为此必须诉诸恐怖。"(《论当前……》)此外，她还顺带指出，迫不及待的唯意志论本身虽然很平庸，但与对民主同意的新需要相结合，就会形成特定局势，此时的恐怖也就非同一般。"一个政府不满足于自己的专制，还要强制索取对其专制的普遍赞同，以民意的形式来认可专制，没有什么局势比这更加粗暴的了。"(《论当前……》)由此可以理解她著作里的政治思想策略以及她充满激情的幻想："正是（启蒙）哲人们制造了大革命，也将由他们来结束大革命。将军们只不过是军事角色，对法国国内的影响，比那些著书立说或在讲坛上发言的思想家们要小得多。"(《论当前……》)为此，这些思想家必须"阐释"那些不为人们理解的原则和公理，其中包括平等、代表或自由。由于孔多塞、西耶斯、勒德雷尔（Roederer）、葛德文乃至贡斯当的贡献，政治科学"声誉与日俱增"，难道不是在极其接近确定性的时代吗？幸赖"分析的哲学"和情感的算术，"自由宪政的建设"难道不是正在获得几何学方

234 法的理性保证吗？正是在完成政治科学的过程中，哲学家们也将终结大革命。"算术将让武器放下"。(《论当前……》)这种我们几乎可以大胆地称之为前实证主义的激情，以及它给出的阐述方案，是这本书原创性的源泉。可以说，贡斯当后来在手稿和著作

中阐发的几个重要主题，在这里已经初具雏形。

因此，斯塔尔夫人是从批评人民主权原则产生的混乱入手的，而这种批评注定要成为贡斯当政治思想的中心点。这种批判在1798年并不新鲜，它早就存在。王政派在大革命初期就提出来了，克莱蒙·托内尔（Clermont-Tonnerre）和穆尼埃从1791年宪法的角度有所涉及。西耶斯用来讨论共和三年的宪法，将原本的"公共事务"（ré-publique）概念与基于所谓无限人民主权设想的"整体事务"（ré-totale）空想进行了对比。内克在《对平等的思考》里对这个批判也有所呼应。他说："绝对的人民主权原则，可被纳入一系列思辨性的理念中，这些理念阻碍在法国政府组织里不同的政治权力间建立起有益的平衡。"（《论法国革命》）这些都促使斯塔尔夫人采纳这条路线。事实上，她没有分析那种使权力虚幻地转交给人民而又非常切实地转过头来反对人民的机制，贡斯当在1806年也是如此。她仅满足于提及事实。相反，她关注的重心是如何阐明代议制的真正本质，她对这个问题的思考可能构成了她著作中最为出色的部分。中心问题是，如何消除那种简化的同一性认定，因为正是这种同一性认定让他们能够宣布，这750人**就是**聚合起来的人民，就像无所不在的古代城邦理想引导人民去梦想。"在一个由750名议员统治3000万人的国家里不存在民主。纯粹的民主，在诸多不便之外，还有许多巨大的乐趣，但只有雅典的公共广场上才有民主。"（《论当前……》）从大数转变到小数，并非只是克服人们大型聚会的种种有形障碍的技术手段。它完全改变了现象的本质。斯塔尔夫人写道："代表制不是做减法算术题，由此可以得出缩小的人民形象；代表制是政治上的联合,它让那些选举出来的且以代表着所有人意志和利益的方式联合在一起的人统治全体国民。"(《论当前……》)代表者和被代表者决不存在等同关系。"所有人的意志和利益"构成了一个抽象的特定领域,意味着整体梯度的合理性,有别于个别利益和愿望的简单投射。斯塔尔夫人再次说:"被代表的是全体国民的利益,而非构成全体国民的个人利益集合。"(《论当前……》)这无疑并未解决掉问题,而是在许多方面使问题变得更加深入,但它至少被清晰地提了出来。一旦接受这些前提,那么就产生两个相关联的问题:代表者行动的动力何在,被代表者接受的动力何在。不应该期待依靠议员们的勇气与美德来保证他们对国家愿望的忠诚。情感方面的术算提供了补救办法:这就涉及把以国族的名义进行统治的代理人的"权力、人数、派别",以他们为着个人利益也就是为着普遍利益的方式联合起来(《论当前……》)。至于公民大众,显然,他们不寻求那种徒劳地动员他们的政治参与。"国民只想要结果,并不关心手段。"这里显然引入了关于古代人自由与现代人自由有差别的主题。而且,与前面类似的是,该主题也在18世纪有先例和预示,譬如在卢梭那里。1791年,圣茹斯特在《大革命的精神》里为此献上令人惊奇的语句。但正是置于具体局势之中,接受革命唯意志论的检测,这一观点才完全展现出它的力量。斯塔尔夫人对它的表述极其精确,尽管阐发有所不足。现代社会根本的创新之处在于,"孤独地生存在公共事务之外的可能性"变成了价值观(《论当前……》)。"罗马的利益包含着所有罗马公民的利益。倡导牺牲个人利益总是能引发热情……但在法国恰恰相反,尊重个人存在,尊重私人财富,才能让人们热爱共和国。**当代自由，就是与政府独立相对抗的公民独立的全部保障。古代自由，则是公民在权力行使中扮演最大角色的全部保障。**"（《论当前……》，黑体是本文作者所改）因此，如果我们想要让共和国深入人心，基本的要求就是"不要强求，不要施压"，换言之，就是要避免"一种在非自愿情形下变得残暴的效忠体制"（《论当前……》）。

宪制改革，是从政治时机角度撰写该书的理由（可能也是该书不宜出版的理由）。对此，我们往往会忽略其中针对当时情境的各种建议，仅仅关注我们发现后来成为热月自由派共有财富的指导理念，以及得自于大革命制度经验的教训。在政治分崩离析的这些年头里，有待解析的方程式并不简单。从这些动荡的岁月开始，"共和派清楚地知道，选举的结果必将非常不利于共和国的维系。"（《论当前……》）鉴于保王派有可能针对仍然在位的旧国民公会议员反攻倒算，而这种反攻倒算会逼迫他们发动政变，抢先夺得一份公共职位的保障，人们必须采取行动应对这种忧惧。有必要保证产业主有权力来应对令他们寝食不安的群众运动的威胁。还要考虑强大偏见的分量，那种对行政权力多元化的偏爱（担心国王复辟），那种对权力分立的偏爱及其导致的冲突——斯塔尔夫人追随她的父亲反对权力分立："我们时常混淆了功能的必要划分与权力分立，权力分立会不可避免地让它们相互成为敌人"（《论当前……》）。回首看去，斯塔尔夫人提出的解决办法对混乱局势毫无作用，雾月18日政变才能快刀斩乱麻。这种无奈验证了斯塔尔夫人因希望避免政变而引述的某位"智者"的格言："在法国我们只允许事件来表决。"但斯塔尔夫人1798年的建议所体现的精神，解释了当时的温和共和派后来转而支持立宪君主制原则的原因。这个精神可以归纳为一句话："为了坚实地确立平民机制，（共和派）应采用一些贵族政体的理念。"（《论当前……》这个问题有一个社会层面：代议制政府应该被理解为"贤人政府"（gouvernement des meilleurs），随着世袭制的废除，"自然的贵族政治"将取代"人为的贵族政治"。这个问题还有一个原则层面：在任何一个政府里，获取与守成，用贡斯当的表述就是"变动与延续"（le movement et la durée），都应得到同等的表达和体现。最后它还有一个宪法层面，其根源可追溯到共和三年西耶斯提出的设立宪法裁判委员会的建议。斯塔尔夫人提议将元老院（Conseil Des Anciens）的权限归并给这个委员会，将之变为终身贵族组成的上议院。这个建议也是贡斯当思考设置中立权力必要性的出发点，也就是说，这是一个具有补充性和悖论性的机构，独立于代议制机构，但惟有它才能让代议制机构运作起来。这就是从法国创建共和国遭遇到的巨大困难中以及结束革命的困境中得出的最后教训。

那么，斯塔尔夫人1818年著作增添了什么新的东西？坦白地说，新东西真的很少。它之所以获得广泛的反响，主要在于它提供的厚密史实，在于这位回忆者对人和事的直接阐释，以及用作者的话说，对"私人逸闻趣事"的描述，尤其是与大革命直接相关的部分。它的问世恰逢言路开放之际，那些幸存的参与者开始讲述自己的故事；主要由新一代构成的大众读者热烈追捧贝尔维尔（Berville）和巴利埃尔（Barriere）从1820年开始系统地搜集整理的回忆录和文献系列。但在斯塔尔夫人的这本书中，大革命仅占三分之一的篇幅。它的成功至少还应归因于它的其他两个方面，首先是对波拿巴的兴衰做了冷峻的审视，其次，特别是对英式自由的政治辩护，不仅使之成为一部具有现实性的著作，而且通过这种视角让我们重新审视了法国大革命。因此，非常有必要比较这两个奠基性的事件："英国革命与法国革命之间主要的相似点是：都有一个国王被民主精神推上断头台，都有一个军事首领攫取了权力，最后都是旧王朝复辟。"（《法国革命沉思录》）这个例子旨在通过显示倒退是徒劳的，来说明向代议制政府发展的必要性，但这个观点没有任何原创性。有关革命过程本身的内容，这本书最引人注目的特征是，无条件地附和内克的观点。除一些令人印象深刻且注定会被经常引用的评述之外，该书的分析与1798年的犀利见解相比有明显的退步。譬如，书里某页突然会很深刻地论述旧制度下社会不同阶级的"相互憎恶"状态，原因是他们之间缺乏交往。"傲慢到处设置壁障，无处不在。任何一个国家的士绅阶层都不会像在这个国家那样与其他阶层如此疏离：他们接触次等阶层时只有轻蔑「……」。相同的场景在各个等级间重复出现。一个非常活跃的民族的应激性使其中每个人都嫉妒他的邻人、他的上级、他的主人；所有不甘被支配的个体相互羞辱。"（《法国革命沉思录》）相反，在关于恐怖统治的一章，斯塔尔夫人恣意挥洒"义愤之词"，却对该主题一掠而过，好像它没有丝毫令人难以理解的地方，不值得加以分析。"恐怖统治应该只能归因于暴政原则；我们从中可看到其全部的施展。这个（雅各宾）政府所采用的民众形式只不过是一种适合这些野蛮暴君的仪式而已。"（《法国革命沉思录》）幸运的是，杰出的才智很难不露锋芒,在随处叹惜之中也不失一种洞察的直觉:"当时统治一切的是政治教条(如果这个名称适用于这样的狂乱),而不是人。人们希望权力当局中有一些抽象的东西,这样就能设想所有的人似乎在其中扮演着角色。"(《法国革命沉思录》)对雅各宾主义固有的非人格化的意识形态专制,很少有如此入木三分的刻画。

简言之,面对这部出自灵魂深处的著作《法国革命沉思录》,我们很难不动感情。一方面,它是一部热月党人的终审辩护词,是幸存者的见证,看上去依然围绕着大革命的轴心旋转。另一方面,它同时也预示了一种有距离地叙述革命事件并把握其中联系的新方式。这种叙事方式数年后为梯也尔和米涅所采用。它不属于热月党人著述最大的矿藏,因为它尚未达到当时人们所理解的历史著述的基本要求。它最终成为自由派声誉扫地的殉葬品,因为这些自由派相信,他们像英国人一样,通过1830年的光荣革命,一劳永逸地终结了大革命。总而言之,我们必须直面这种遗忘的力量,努力复活那些原创性尝试的意义,为的是想象创造自由的道路与机遇。

马塞尔·戈谢

## 延伸阅读

*Œuvres* de Mme de Staël:
Des circonstances actuelles qui peuvent terminer la Révolution et des principes qui *doivent fonder la république en France*, imparfaitement publié en 1906, est

désormais disponible dans l'édition critique de Lucia Omacini, Genève, Droz, 1979.

Les *Considérations sur la Révolution française* ont été récemment rééditées avec une présentation et des notes de Jacques Godechot, Paris, Tallandier, 1983.

Les deux ouvrage comportment une bibliographie des études staëliennes.

GRANGE, Henri. *Les Idées de Necker*, Paris, Klincksieck, 1974.

NECKER, Jacques. *De la Révolution française, in Œuvres completes*, Paris, 1820–1821, t. 9 et 10.

## 参见条目

波拿巴（Bonaparte）

孔多塞（Condorcet）

**贡斯当（Constant）**

宪法（Constitution）

自由（Liberté）

启蒙（Lumières）

王政派（Monarchiens）

内克（Necker）

共和国（République）

卢梭（Rousseau）

西耶斯（Sieyés）

主权（Souveraineté）

恐怖（Terreur）

热月党（Thermidoriens）

# 泰 纳
## Hippolyte Adolphe Taine 1828-1893

1878年，泰纳在给埃内斯特·阿韦（Ernest Havet）的一封信中写道："如果我有充沛的精力和足够的健康来完成我的作品，它将是一份医生的诊断书。"实际上，1871年，这位泰纳医生（从英国）回到因普法战争和巴黎公社而失血过多的法兰西身边。他在她的床头听诊看病，创作了《现代法国的起源》。他不厌其烦地将历史研究比喻成医学研究，施展自己的多种科学素养，并为自己的专业发明各种比喻。在1884年撰写的序言中谈及革命政府时，他说自己曾跟踪一个动物，"看它埋伏、咀嚼、捕捉、吞咽和消化"。他声称自己不太注重描述大革命的过程，更关心它的"病理"。他的同代人，例如阿米耶尔（Amiel），认为在他的作品中嗅到了"实验室的气味"。最后，他表明了自己所致力的治疗目标：做出诊断，开具处方，找到一种法兰西人民可以融入其中的"社会形态"。与饶勒斯的大革命史非常相似，虽然取舍角度不尽相同，但《起源》一书同样是鸿篇巨制，同样具有明确的目标和积极的战斗精神，对未来的构想支配了整部作品。用"战斗精神"一词可能令人惊讶，但泰纳在1870年给阿尔贝·索雷尔的信中写到，今后应该动员自由思想家举行"富有教育意义且毫不客气"的巡回演说，广泛公开地进行自我批评，避免国家重蹈覆辙。

这种对训诫的执着，使得泰纳这部未完成的作品获得充满争议的成功，之后又迅速声誉扫地。比较简单的说法是，这部作品的写作和构思源于恐慌和愤恨交织的政治激情。不过，虽然泰纳引以为荣的是他是以考察佛罗伦萨和雅典革命的同样精神来看待法国大革命，但是这部作品却是和他不久前的两大发现紧密相连：一个是他的精神家园德国，在他看来（与勒南和库朗热意见相同）从此成为了一个粗暴、专制和野蛮的国家；另一个是他视为心灵家园的法国，刚从旧日的革命噩梦中苏醒过来。泰纳基于双重创伤作出的预断是悲剧性的：他一贯对法国怀有的"灰色"观念明确地变成了黑色。而这恰恰使得其作品难以被人们接受，因为它诞生于共和制在法国历史上确立之际，茹尔·费里（Ferry）正在尝试并成功地将民族统一重建在对1789年原则的认同之上。泰纳笔下的历史明显与这些原则大相径庭，因此是反潮流的。其作品也不能完全被天主教和君主主义反对派所接受：将旧制度描述为大革命的催生器，对绝对主义王权的谴责，在一个司汤达狂热分子身上随时可能复苏的反教权主义，这些都使泰纳的作品难以在反动派中得到回响。

不仅从政治角度而言，这部作品很难被归类——泰纳作为帝国反对派的形象在其同代人的心中一直很鲜明，而且从哲学角度而言，这部汹涌澎湃的巨作同样难以被归类，这是它不为公众理解的另一个原因。表面看来，它是经验主义的，因为泰纳尊崇事实，并以一种忙于填充画卷的画家之热忱收集事实；但与此同时，很重要的是，泰纳还主张历史应具备表述一整套固定法则的能力。泰纳似乎是唯心主义者，因为在他看来，历史的动因是各民族的精神，对法国而言，就是古典精神；但是，"这种精神和它借以表达的事实并无区别"。他似乎还是实证主义者，因为他相信事物之间的联系；但实证主义者主张"起因排除在科学之外"，而泰纳希望科学是绝对的、无限制的。他还有点唯物主义，这偶尔为他博得了马迪厄的共情。在其作品中，随着唯物主义因素的增加，悲观主义愈益严重，以至于他认为"主宰人类的，是其身体素质、肉体需求、动物本能和世代相传的偏见"。当时的历史学开始退居文献之中，宣称信奉客观中立。我们可以理解为什么同时代人对这块坠落在史学花坛里的沉重陨石手足无措。

面对泰纳史学著作的尴尬态度很快演变成专业审判。官方史家指责他对研究历史的方法和技巧一无所知，称其为即兴创作的史学家。他们为泰纳作品中堆砌历史逸闻而感到可惜（奥拉尔在一部索然无味的作品中做了清点），认为泰纳试图"用连篇累牍的轰动性逸闻和论据压迫态度不专心不在焉的读者，使他们感到厌烦，使他们难以忍受"。他们拒绝种族、环境、时代三要素解释论的束缚。这种理论已经在文学史研究中受到赞扬，现又被原封不动地照搬到历史学中。他们尤其对这位历史学家自身如此依附时局，却在其历史著作中轻视时局的做法持批判态度。因为泰纳忽视了拒绝宣誓派教士的抵抗、国王的出逃、宫廷与奥地利的勾结、普鲁士的入侵，以及更为普遍的外患。因此，奥拉尔和塞诺博斯（Seignobos）一致认为泰纳把雅各宾派描写成疯子也就不足为奇了。如果忽略周围环境、无视同伴和对手，领袖人物的行为就会被变成荒诞的举动。泰纳的这部著作既冗长又肤浅，既描写趣闻逸事又热衷说教，既飘忽不定又斩钉截铁，因此他将糟糕历史学者的各种缺点集于一身。塞诺博斯一针见血地指出，一座宏大的纪念碑已经坍塌了一半。

这真的是一部时局催生的作品吗？如果人们承认泰纳所说的书写大革命历史取决于对法国精神的定义，那么他长期以来就在通过与英国的比较来定义这种精神。《英国文学史》是泰纳于1860年代完成的一部里程碑式作品。此时他已经执迷于发现唯一的解释原理，渴望阐述英国精神的特征，他认为这一特征存在于自由意识中。英国的伟大思想，"是坚信人首先是一个自由且有道德的人格，他可以独自在其良知中、在神面前构想自己的行为准则"。在这种自由的来源上，泰纳发现了两个基本特征：一个是新教，即摒除了一切感官欲望的道德宗教；另一个是对公众生活的参与。公民活动首先是"民主贵族"的活动，这类贵族没有割裂与郡县或教区生活的联系，因而不仅保留了地位，而且拥有职位（泰纳认真阅读了基佐和麦考莱的作品）。但这种公民活动远远超出了社会名流的圈子：报纸和聚会"为议会提供国民作为其听众"，而公共事务由于其千丝万缕的地方根源而与每个人的生活紧密相连。由此，便出现了泰纳在英国发现的"极度丰富的政治生活"。

在他与英国作家的频繁交往中，泰纳很早就得出了一个结论：这种宝贵的政治自由源于被承认的不平等和被容忍的无秩序。英国宪法是一堆古老、复杂且有机的特权和"约定俗成的不公正"。然而，在这一堆杂乱无章的契约中，每个人都可以明确自己的权利，能切割出专属的领域，并确保其免受任何人触犯，无论是国王、贵族还是公社。国家避免介入这座不断修补的古老建筑，其中的老旧部件逐渐改造适应新的用途；国家有保障和防护之责，但它将自己无法胜任的职能，如商业、农业和工业，委托给他人。那些自由的个人、显贵或协会能比它更好地履行这些职能。

在泰纳看来，这种源于公民精神、道德操守和务实思想的保守传统，显然可以解释英国人不能进行革命的原因。不过，英国人进行过两次革命：《泰晤士报》的评论家提醒泰纳注意，英国从其中一场革命，即"克伦威尔领导的那场小革命"中恢复过来有多么艰难；泰纳自己则批评基佐没能重现那场革命中的残暴和动荡。然而，对他来说，重要的是，这些革命没有摧毁君主制：它们只是对制度进行了调整，并展现了英国人的修补才能。英国人擅长改革一切，"贝克韦尔（Bakewell）改革牲畜喂养业，阿瑟·扬（A. Young）改革工业，亚当·斯密改革经济学，边沁改革刑法，哈奇森（Hutcheson）、弗格森、约瑟夫·巴特勒（Joseph Butler）、里德（Reid）、斯图尔特（Stewart）、普莱斯（Price）改革心理学和伦理学"。

是否可以说，正是通过与英国人既务实又道德的民族性格的对比，泰纳才发现了"法国精神"，并将它视为革命现象解释的核心呢？或者相反，是否可以认为，对法国精神的隐含定义已经决定了泰纳对英国历史的立场抉择呢？人们倾向于第二种假设，因为可以明显地注意到，他会根据情况弱化或强化关于两个国家的对比阐释。如果说他抹除了英国历史的不连贯性，如果说他略过英国的天主教信仰，如果说他还着重突出英国的野蛮和粗俗，那是因为他在寻求反差，进而对比欧洲历史上两条可能的道路。简言之，从19世纪60年代起，泰纳就沉迷于一个想法：这两个民族在不知不觉中走向彼此，产生了一次不可调和的碰撞。每一方都在强化其特有的性格，一个是野性的、基督教的、不平等的且保守的，另一个是社会性的、自由思想的、平等且富有革命精神的。前者即使经历了数次"革命"，也未破坏民族共同体，后者则早在大革命之前就撕裂了民族共同体。

这意味着，战争和巴黎公社导致《现代法国的起源》的语调激烈，但对其基本思想没有什么直接影响。这也意味着，泰纳远不如人们所说的那样无法归类、那样独处一隅。虽然他并不总是明确地予以承认，但确实他借用了一些前人的，尤其是柏克和托克维尔的史学成果。在他之前，他们就已承认英国历史具有典范意义。

泰纳在《英国文学史》中对柏克大加赞赏。他还从柏克那里借用了一种形象、一种意识和一种观点，原样保留，不过做了修辞学的发挥。所谓形象，是法国革命者的形象：沉迷于抽象概念的疯子，坚信人类生活的根基是简单性（而非柏克认为的人类自诞生之初就浸没在其中的复杂性）；着迷于几何学精神（正如柏克所言，甚至把手术刀用到了自己的国土上）；愤世嫉俗的还原论者（通过撕扯掉人身上装饰品的优雅或体面的帷幕，把人还原到"赤裸裸的自然状态",就像柏克为之哀叹的玛丽-安托瓦内特王后的经历);愚蠢地妄言要制定一部新宪政(这就是柏克所说的,"冲进天使都不敢涉足之处")。所谓意识,是关于文明社会极端脆弱性的意识。这种社会在一系列的妥协和调整中缓慢形成,只能存在于民众习俗之上。对于这种习俗,人们应像对待所有持久的事物一样予以敬重,国家和教会给予支持,世袭的贵族阶级给予依靠。值得一提的是,尽管泰纳很少引用,但却明确接受了柏克的说法,即如果改革者着手诊治国家的弊病,那就应当宛如"满怀虔诚恭敬之心、用颤抖之手去治疗父亲的伤口"。最后是关于理性在人类进化过程中的有限作用的观点。对此,泰纳这位科学主义者曾一直不愿接受但在《现代法国的起源》中却化为己用。柏克曾写道:"最聪明的办法是让这些偏见及其所包含的理性一起流传下去,而不是抛弃偏见的外壳而仅保留赤裸裸的理性","因为偏见能让理性运行起来"。泰纳对此表示赞同:"理性不应该因偏见引导了人类行为而愤怒,因为理性要想成为引导者,自身就必须成为偏见。"

由此可见,泰纳从柏克那里受益匪浅。不过,柏克也把自己的困惑留给了泰纳。面对法国人呈现出的荒唐场景,他表示,总之,法国人本可以从其历史库房中找到他们宪政的有益残存部分,但他们莫名其妙地青睐新宪法的幻象。泰纳热衷于解释,不能让这种"奇怪的感觉"悬而不决。必须为扭曲的形态找到一种正规的形式。柏克对法国人偏离丰富的传统而偏爱白板的行为感到惊讶。泰纳的回应是,实际上白板概念本身就是一种法国传统,由此一切都能得到解释。

这就是泰纳史学的核心，即关于古典精神的著名假设。从一开始就有一种**种族**的特征，一种固定的智力形式，倾向于推理和雄辩的理性。这种倾向在17世纪找到了理想领域，即沙龙，以及**发展环境**，即文人圈。在文人圈中，一种谈话的技艺日臻完善，基于从容洒脱的风度，演绎了一种重一般轻特殊的语言。这位文学批评家对英国文学十分熟悉，无法适应这种法国文学。英国文学总是讲述主人公的职业、婚姻状况、独特体征和财产状况，而法国文学充斥着达米斯（Damis）和克莱安特（Cléante）（二者代表职业，而非人物），后来又充斥着形象如纸牌人、操书面语言的易洛魁人和波斯人。泰纳认为，这种在17世纪就已根深蒂固的简单化抽象思维，在18世纪与科学精神结合起来。在科学主义者看来，这种结合本应是美好的；但正因为法国的理性主义是已成型的法国古典精神的产物，它就无法享受实践经验的有益滋养。因此，这种结合只能产生出一种幻想，即对人的观念认知脱开了一切决定性因素、认为人无论何时何地（在肉体上、精神上、智力上）都是同质的，这是革命所有畸变的根源。

因为，一旦这种理性的造物翻越过历史的坡道，18世纪的三大哲学进攻便有了自由的场地：反对宗教的伏尔泰；对抗习俗的百科全书派和唯物主义者；最后的全盛时期是反抗社会的卢梭。在此，18世纪的哲学虚无主义找到了真正的学说，大革命也找到了真正的导师。泰纳认为，大革命只不过是完成了卢梭观念中的各种诉求，其中两个方面分别是无政府主义（因为政府的形式总是服从于普遍意志）和专制主义（因为个人权利让渡给共同体）。泰纳的概念构建在此达到真正的顶峰：作为种族特征的古典精神很久前就已找到社会环境，很快将会找到它的**时刻**，即1789年。换言之，泰纳从不怯于遣词造句：圣茹斯特和罗伯斯庇尔是布瓦洛（Boileau）的直接继承人；这也意味着，大革命远非断裂，实际上是民族精神的表达。于是，泰纳再次与托克维尔不谋而合。

出于创作巨著的需要，泰纳可能相当晚才发现了托克维尔的观点。从泰纳给妻子的一封信可以看出他当时何等欣赏托克维尔的预见力："我们所有的弊病都完全被洞悉，然而这种认知却得不到传播，这是多么令人遗憾的事情！"他甚至还想将之运用到托克维尔在给凯尔戈莱（Kergorlay）的一封信中所提及的问题：帝国如何在大革命所创造的社会中建立起来，并对中心问题作出解答："这个新种族来自何方？是谁创造了它？"他从托克维尔那里借用了关于大革命的总结和对其原因的各种分析。因为，在泰纳的总结中，我们可以发现托克维尔书中提到的平等的建立（不仅是抽象的、理论上的平等，而且是帝国时代几近实现的平等，包括所有的"达官贵人"和贩夫走卒，不论身份和行业，还有一些值得为之奋斗的职位，也许——根据司汤达的表述——主教这一职务除外）；如同托克维尔书中所述，国家中央集权的完成使外省成为让人备感无趣的荒漠。确立、完成：这些词汇使人想到一种终结的过程，表明大革命的深远根基存在于旧制度之中。在揭示这些根基时，泰纳并未表现出多少创新性。他重申了托克维尔所说的物质因素（"弊端"，无偿服役的领主压迫，百无一用的贵族，过度富有的教士，中央集权及其对自然群体、地方生活和中间团体的摧毁，不负责任的财政）和思想因素（人文学科的王国、哲学家的政治激进主义）。在创作《现代法国的起源》的那些黑暗岁月里，泰纳甚至还打算在文中补充哲学对宗教的取代，这种改变剥夺了大众阶层原有的坚实的信仰根基。

但是，上述并不新颖的素材却在一种非常独特的理智气氛中得到重新阐述。托克维尔描述了许多原因，特别强调君主制造的"白板"，公共舆论很快填充了这个空白，它们是真正的王后，而泰纳则倾向于将整部作品建立在唯一的思想因素之上。与托克维尔相比，泰纳更青睐他所谓的"创造因素"：对他来说，把所有特殊原因的作用归结为"能解释个体无限复杂性的唯一原因的作用"，这才是卓越的思想活动。

应该在支配泰纳史学的因果观上稍作停留。对他而言，科学的理想类型是演绎科学。他对斯图尔特·密尔的做法不满，后者强调归纳科学，把因果关系归结为一系列简单的不变关系。泰纳同样敌视比朗的因果关系概念（把因果关系视为内在力量、神秘联系）和康德的先天综合判断。对他而言，要思考因果关系，唯一的方式就是整体和部分之间的关系模型。原因和结果不仅是不可分离的，而且是同质的。世界仅由一块织物构成。人们所谓的原因和结果，是唯一且相同的事实的两个方面。泰纳很喜欢使用"因果事实"一词，他发明的这个有趣的概念包含抽象和具体：抽象事实上就是提取，从具体中提取。寻找因果联系仅仅意味着揭示逻辑关系，把同一律运用于历史。

因此，《现代法国的起源》就具有严谨的气氛、固定的视角、统一的情感和不变的语调，尽管书中现象繁多，尽管泰纳行文的轻快节奏表面看来生气盎然。这部决定论的大革命史有一个鲜明的印记：一个民族绝不可能违背其民族特性。有时，泰纳似乎对束缚自身的沉重枷锁感到懊悔。由于其理想的祖国是拥有地方自由的国度（荷兰或英国）或有自由的新教的国家（施莱尔马赫（Schleiermacher）的德国），他偶尔也有这样的梦想：这种命运对法国"同样是开放的"，法国只是走上了错误的道路，但它还可以走其他道路。不过泰纳立刻改口道："当我说同样是开放的时候，是指在抽象意义上。考虑到具体形势、激情和观念、农民粮食歉收和贫苦以及资产阶级的法国式妒忌，制宪议会的法律及其最终的垮台是难以避免的。"

在这部静止的历史中，显然难以挑选出各种特殊的"时刻"。与托克维尔不同，泰纳在大革命中看不到美好的片段。并不是自由的大革命先于平等的大革命，不是如路易·勃朗所说的那样，由伏尔泰的大革命为卢梭的大革命拉开了序幕：整个法国大革命从一开始就是卢梭的大革命。很难说大革命是逐渐激进化的。像博纳尔一样，泰纳也认为，当三级会议转变成国民议会时，一切成了定局。旧秩序的彻底摧毁已经清晰可见，所有未来的革命日子都顺理成章，此后所有事件都是当时的起义者始终如一的原则的表征性活动和发展："我就是权利的代表，公意的代表。"因此，并不是大革命转向恐怖。正如"公正"的马鲁埃（Malouet）清楚地看到的那样，恐怖早就开始于7月14日。恐怖在10月5日和6日延续，对于柏克的读者而言，这是显而易见的。当9月大屠杀和政府的恐怖统治相继出现时，泰纳已经耗尽了愤怒之情。他对于先后召集的各个议会不加区分，认为所有革命议会都是无政府主义且专制主义的。他在1876年给弗朗西斯·夏尔姆（Francis Charmes）的信中透露，最坏的革命议会是始作俑者，即制宪议会，其他议会只是运用制宪议会取自卢梭的体系："将法国变成许多相互隔绝且平等的个人，如同沙粒一样"。泰纳从未关注过制宪议会议员的协调尝试，他们在瓦伦事件之后为给国王洗白、巩固其权威所做的无望努力。他是普选反对者，但是，对积极公民和消极公民的区分标志着制宪议会议员在人数合法性面前退让，在他眼中也一无是处。甚至在他看来，制宪议会最后做出的不得连选连任的决定也加速了灾难的到来（他的思路在这里有些矛盾）。

没有哪个历史学家比泰纳更加漠视政治事变，并始终回避局势的影响。泰纳在描述7月14日的事件时，竟然未提及内克的罢免，也未提及军队在巴黎周围的集结。在讲述九月大屠杀时，他只字未提外国威胁。是否正如奥拉尔和塞诺博斯所说，这是一种政治偏见呢？应该说，这主要是出于其哲学的融贯性考虑。泰纳并不关心偶发性因素。唯有动力因素才值得重视。因此，他笔下的历史不存在偶发性。"在三级会议开幕的那一刻，思想和事件的进程不仅已确定，而且是清晰可见的。"

可以料想的是，对各个政治派别的区分同样是虚幻的。直到8月10日，吉伦特派还在进行此后人们用以反对他们的一切活动。实际上，他们的政治理想与山岳派是一致的。毫不讶异的是，该理想就是"让-雅克（卢梭）所界定的国家"。雅各宾派和山岳派不过是同一事物的两个符号，因为泰纳将山岳派的专政划归为那些俱乐部的专政。当谈及个人时，他重新发现了差异，他从司汤达那里学会珍视的"微小的真实事件"，以及他在圣伯夫作品中所欣赏的一种"个性化"。马拉始终如一的狂热、丹东沉迷享乐的犬儒主义、罗伯斯庇尔的审慎端正的文风，都为泰纳提供了描写素材。人们在其中可以辨别出艺术家的手法。然而，由于每个角色本身都应代表并概括大革命，泰纳很快就失去了敏锐精细的观察力。马拉虽然极度疯狂，但也懂得"追随当时盛行的蠢话——社会契约"。丹东了解"大革命的特性和正常进程，即群众暴力"。当然，罗伯斯庇尔更容易被归结为时代精神的代表。总之，由于想把每个角色都刻画成唯一革命原则的代言人，泰纳仅限于从程度和时机上划分这些人物（三年之后，体面端庄的罗伯斯庇尔也走上了马拉的道路，"拾起了那位疯子的政策、目标、手段和事业"）。为了做出一个诊断，这位医生坚持不懈地把多种疾病归结为一种疾病，也就不停地老调重弹。但是，这种做法同样不仅仅是出于政治上的恶意。这种恶意毫无疑问存在，但最重要的是缘于理解的观念和语言。泰纳在入选法兰西学院的演说中阐述了他的理论：社会由因状况、需求和利益而彼此相似的群体构成，因此，"一旦我们认清了其中的一个，也就认清了所有其他群体"。科学研究的是"基于选定样本的各种事物类型"。

　　泰纳最喜欢的样本——这是他对法国大革命史学的重大贡献——是雅各宾派本身，因为如果雅各宾派能被某种固定的观念定义，泰纳对雅各宾派也有确定的看法。科尚[①]称赞泰纳用20年

---

[①] 科尚（Augustin Cochin，1876-1916），法国历史学家。

的时间探讨雅各宾主义之谜，但同时也强调了泰纳对雅各宾派特有的手段的漠然。这种说法绝非完全准确，因为如果我们逐页阅读《现代法国的起源》，就不难发现那些科尚本人也曾罗列过的雅各宾派的手段：一小部分积极分子操纵选举大会，他们十分活跃，敢想敢做，并且精通如何提出动议、撰写会议记录、制造一致意见；雅各宾派通过听众来胁迫国民公会和俱乐部；大清洗接连不断；通信联络委员会发挥重要作用；操控者对被操控者进行监控。泰纳甚至论及科尚所重视的"内部圈子"，并更为具体地称之为"民众之中的团伙"。所有这些手段构成了一种"机制"，其目的是制造"一种人为的暴力舆论，看起来好像是自然且自发的民众意愿"。

如果说泰纳没有把这些散落在书中的评论整合起来，那依然是因为他更关心将权力运作机制归结到雅各宾主义的"原则"本身，而不是描述这些机制。他认为，这个原则就是置现实于不顾或有意视而不见：雅各宾派不愿意看到，实际上也的确没有看到个体差异、自然和历史对个人品质和才能的不平等分配，也没有看到人与人之间延续千年的纽带。假定看到了这些，他们也宁可为了共同体的利益而断然弃之。此后，在泰纳看来，总是这个恶魔般的契约在决定一切。在这片贫瘠且开阔的土地上，国家可以对财产和民众行使无限的权利。国家进行非法关押、没收、处罚，但它首先声称要进行教育：因为泰纳已经意识到，教育家是大革命的王者，学校是雅各宾派眼中人民的神殿。简言之，雅各宾主义恢复了18世纪古老落后的国家观念，即专制政权可以合法地对个人生活的方方面面施加影响，作为回报，个人可以参与政治权力。我们可以感受到,泰纳在何种程度上将贡斯当的阐释融入关于雅各宾主义的描述。但他把这种阐释变成僵硬的公式。贡斯当认为,随着私人享乐主义的发展,专制主义对现代社会的影响越来越小,而泰纳则通过雅各宾主义看到现代社会正朝向专制主义迈进。法国数百年运动的趋势始终是以牺牲个人活动为代价来发展公共权力的职权和干预能力。"一个民族几乎不会改变":伏尔泰的不变论依然是泰纳的信条。

这位泰纳医生预告的药方因其著作未完成而无法予以清点。但是,我们可以更进一步追问,他的方法是否能让他开出药方?如果历史真的是一种运行中的逻辑,如果历史只能让这一逻辑变成现实,而不能挣脱这种逻辑,也不能中断这种逻辑,怎么能不相信未来的发展已经包含在既成的当下之中呢?当泰纳说1789年"改革**本**已足够",总督和总监**本**能为改革运动提供领袖和干部,或者说议会**本**不应该在骚乱面前让步时,他便动摇了这种逻辑。但黑格尔式的必然性观念使他立刻作了自我纠正。他知道这些方法是无效的:"自然和历史已经事先为我们作出了选择。"这就是法国精神无法产生英式道路的原因。泰纳没有填补他在这两种历史之间挖掘的对比鸿沟。

泰纳曾说马克-奥勒留[①]是"不抱任何希望的领路人"。这个说法也非常适用于泰纳本人。他思想深处的悲观主义决定论使他不相信任何药方。与人们通常的说法相反,泰纳身上的反动狂热

---

① 马克-奥勒留,公元2世纪后期古代罗马皇帝,著有《沉思录》。

也因此熄灭。他知道，一个民族无法后退。他对近期历史的预言能力同样在衰退。正是当大革命的繁衍能力在法国消耗殆尽之时，他却认为法国再度陷入"革命和政变的命定循环中"。

然而，尽管近期的局势发展证明泰纳的预言是错误的，但其洞察力并未因此而被否认。他凭借执拗的精神揭示了两个我们至今仍认可的观点。第一个观点是，民主经验赋予个人的孤立性和匿名性也会反过来威胁到民主制。由此产生的不确定感和不安全感反过来唤起人们对神秘的集体统一性的需求，从而使独裁者有机可乘。波拿巴完成了路易十四的未竟事业："只能通过专制主义摆脱无政府状态，有可能在同一个人身上首先遇见救世主，随后遇见毁灭者；但可以确定的是，从此受制于一个未知意志，这种意志将出自一个被绝对权力的诱惑所激发躁动的灵魂，将混合着天才和常识、想象力和私心……"。在泰纳看来，这些都是"社会解体的苦果"：泰纳再次强调，抽象是民主和专制共同的信条和隐蔽的结合点。

泰纳的第二个观点是，文化结构是极端脆弱的。泰纳认为，动物性和放纵性始终有在人性中显露的威胁。他还觉察到，致命的疯狂甚至已经叩响了集体的大门。他在预见19世纪80年代时似乎视力不佳，但他对20世纪的预见则是令人惊讶的。他预言了这个世纪"屠杀和破产的前景""国际仇怨和猜忌的激化""生产性发明的误用、毁灭性应用的完善、向自私而残忍的本能，以及向古代城邦和野蛮部落之情感、风俗和道德的倒退"。对进步的怀疑、未来灾难的阴影、非人迹象的烦扰：一个世纪后，所有曾使其言论极不悦耳的东西，正是我们今天要认真聆听的。因此，这座"坍塌了一半的纪念碑"还能傲然屹立。

莫娜·奥祖夫

## 延伸阅读

*Œuvres* de Taine:
*Les Origines de la France contemporaine*, 6 vol., Paris, 1876-1894.
*Correspondance*, 4 vol., Paris, 1902-1907.
GIRAUD Victor. *Essai sur Taine, son œuvre et son influence*, Fribourg, 1901.
LACOMBE, Paul. *Taine, historien et sociologue*, Paris, 1909.
LEROY, Maxime. *Taine*, Paris, Rieder, 1933.
ROE, Frederick Charles. *Taine et l'Angleterre*, Paris, Champion, 1923.
SCHAEPDRYVER, Karl DE. *Hippolyte Taine. Essai sur l'unité de sa pensée*, Paris, Droz, 1938.

## 参见条目

**柏克(Burke)**
**贡斯当(Constant)**
宪法(Constitution)
丹东(Danton)
三级会议(États généraux)
**基佐(Guizot)**
**黑格尔(Hegel)**
雅各宾主义(Jacobinisme)
**饶勒斯(Jaurès)**

**康德（Kant）**
马拉（Marat）
罗伯斯庇尔（Robespierre）
卢梭（Rousseau）
**托克维尔（Tocqueville）**
伏尔泰（Voltaire）

# 托克维尔
## Tocqueville 1805−1859

1852年，托克维尔开始写作《旧制度与大革命》(*L'Ancien Régime et la Révolution*)时，已具有作为政论作家和公众人物的双重生涯。1835年《论美国的民主》(*Démocratie en Amérique*)第一卷出版，使之在30岁时已声名卓著，因此，托克维尔在非常年轻的时候已取得文字生涯的成功。五年后出版的第二卷，更具概括性亦更加抽象化，虽未取得同样的成功，但无疑强化了他作为19世纪孟德斯鸠的形象，这很快为他叩开了法兰西学院之门（1841年）。

然而，这位满腹经纶令人钦仰的著名作家，也是一位孤独的政治人物，他极少为了迎合公共生活而将事情简单化，而且极少作必要的妥协以获取权力。1839年，他当选为家族城堡所在地区瓦洛涅（Valognes）的众议员。在各党派或七月王朝政权各派势力里，他从未找到适合自己的位置，这或许是他不喜欢扮演配角但又缺乏领导者气质，或许是他的政治哲学不容于实际情形：他太过贵族化同时太过民主化，很难爱上七月王朝的资产阶级寡头制，但又不至于喜欢上共和主义反对派所认同的法国大革命。

1848年2月，尽管摆脱了他厌恶的基佐，但革命的幽灵以及如影相随的暴力与幻想又浮现出来。

托克维尔在举手表决中再次入选5月初召开的制宪国民议会，这一次是普选。面对巴黎六月起义，他与秩序党的反应大体一致：他的《回忆录》足以证明，哪怕是伟大的思想家们亦不免陷入19世纪法国政治特有的社会恐慌。六月起义之后开启了托克维尔最终扮演全国性角色的时代，他最初担任制定国家新机构的制宪委员会的委员；接下来在1849年春，在路易·拿破仑·波拿巴当选为共和国总统后，在奥迪隆·巴罗内阁里担任这位亲王——总统的外交部长。这个由缙绅组成的议会制共和国，其生存尚未受到刚刚当选四年任期总统的波拿巴侄儿的威胁，成为托克维尔最终稍感惬意的政体：这是在他感觉到议会与总统间冲突不可避免和自由重新处于危境的最终结局之前一段短暂的插曲。

1851年12月2日政变使托克维尔退回书斋：他在"国内的政治放逐"中度过了余生（病逝于1859年）。时代的不幸至少让他在这些岁月重新全身心地回归研究工作，也给他提供了思考的主题，因为在革命模式启幕五十余年之后，紧随第二共和国而来的第二次波拿巴主义，让法国革命的剧本在19世纪中期再次重演。法国人再次扮演或再次忍受吉伦特派、山岳派、雅各宾派和热月党人，就是为了在故事的末尾再次找到另一个波拿巴。这次，他们不能像上次大革命那样以环境、内战和对外战争作为辩辞了；第二共和国没有经历第一共和国那般苦楚，但她以同样的方式被专制主义终结了。第一个专制君主具有无可比拟的天才魅力，第二个专制君主则以其平庸的资质凸显了那个非人力所能控制的机器的运作。托克维尔发现了革命现象与中央集权的行政国家在法国现代史中的隐秘关联。他开始着手研究这个问题时，原本想写一部第一帝国史：这样就可以将其好奇心聚焦于大革命的后果，亦即，具有惊人吊诡性质的大革命的结果浮出水面之时，在公民平等的基础上建立起日益膨胀无孔不入的国家之时。

然而，托克维尔最终写出的却是一部关于大革命来由的书。这是因为，一切历史著述的逻辑都是通过时间上的回溯寻找起源，托克维尔受到这种逻辑的驱使。同时还因为，第二共和国的失败，将他重新引向他年轻时的问题，也是困扰他终生的问题：如果这种失败表明专制主义传统在法国公共生活中具有恒久性和普遍性，那么大革命本身就不是一个插曲，应该超越大革命去找寻她的源头。

实际上，在《论美国的民主》第二卷里，人们可以发现这种思想的初步阐发。在该书最后几章，作者将法国历史的绝对主义遗产与美国历史的建基因素，即自由精神，也是英国历史的精神加以对照。法国大革命展现了在一个从未有过或长久遗忘了政治自由的国度里平等思想的大爆发，其结果是将自己的后果叠加于先前诸时代的积淀之上，进一步强化了国家的专制主义倾向。

但在当时，认为旧制度与大革命之间存在连续性的观点，几乎等同于那种认为法国绝对主义传统与拿破仑国家之间有着时间相续关系的观点：因为19世纪的法国人已被大革命变成了平等的人，较少倾向于自由，他们早已失去了旧制度下的自由习惯甚至自由记忆。15年后，在《旧制度与大革命》中，对这两个时代之间关系的性质的理解发生了变化；它们之间不再是简单的时间前后相续关系，而是变成一种因果关系：法国旧制度构成了法国大革命存在的先决条件。大革命远非一种断裂，不再是与前一个时代绝对的断裂，相反，它在旧制度那里找到了自己的起因，找到了自己所具特征的缘由。它还从旧制度那里接受了各种印记。正如标志着革命结束的拿破仑国家在绝对君主制那里找到它的原则，革命参与者及革命进程的民主激进主义在旧制度里也有来源。

实际上，托克维尔终生都在追问这个同样的问题，他在《旧制度与大革命》中论述的这些问题，与他前往美国寻求答案的那些问题没有什么不同，尽管他是从不同的视角讨论问题。让他感兴趣的东西不是法国大革命的发展方向，因为较之事件本身，这种发展方向内蕴在更加普遍性的规律当中：现代世界不断朝着条件平等（l'egalité des conditions）迸发。这种无需证明的"显见事实"只是他思想的出发点，他力图剖析在大革命中明确呈现出来的法国民主的具体特性。基于此，托克维尔发展出系统的比较视角，进而促成了他的美国之行：托克维尔想对一个从未遇过敌手的民主与一个被迫掀翻世界的民主进行比较，前者如美利坚合众国，后者如法国大革命。他这么做是想阐明，一国与另一国家都得各自安受自己不同的历史。他也试图摆脱法兰西民主传统归功于革命起源的看法。

对于1856年出版的《旧制度与大革命》而言，美国的参照意义不再重要，因为他旨在分析这些起源的源头，分析一个在新世界（指美国）的历史上不曾有过的时代。但托克维尔怀着同样的

265 雄心：多阐释法国大革命的特征，少阐释法国大革命的根基。较之于大革命为什么发生，他更关心大革命如何发生：在他看来，历史是对一个事件的形态的认识，是对其发生进行的多种路径的重构。大革命所带来的，并不仅仅是破坏了旧制度，因为旧制度的破坏无论如何都会发生。大革命所带来的，是民众以人类的名义，枉顾法律而进行的残酷激进的破坏。在欧洲其他国家都未发生这种形式的破坏，甚至在欧洲大部分国家，如德国，旧制度特有的体制比在法国存有更多的活力。托克维尔重新诉诸比较方法是为了展开他最初提出的悖论：正是在"旧制度"最朽坏最不受欢迎的国家，容易发生推翻旧制度的激进的民主革命。他提出，在这场革命发生之前，一种截然不同但效果相当的力量在朝着同样的方向努力，在现实中和在思想中为大革命铺平了道路；法国早已发生了对旧秩序的第一次颠覆，比大革命的颠覆更为基本，大革命只不过是旧制度最后的痉挛。

这个观点是一个根本性的观点，而且与关于1789年的公认观点截然对立，因此，托克维尔选择在其著作第一卷的最后几行，通过检讨他最伟大的前辈之一柏克的谬误，对之进行重新阐释。在说到旧制度时，这位辉格派国会议员对法国人说，你们想要避开民主白板的幻想，只须改良你们君主制的宪制，或者借鉴英国的习惯法，足矣！托克维尔反驳道："柏克对近在眼前的事竟全然不察，革命恰恰是要废除欧洲旧有的习惯法；他没有看到，
266 问题的要害正在于此，而非其他。"换言之，大革命在大革命之前就已发生了，在传统的表象之下对旧制度的颠覆日积月累地进行着。

什么颠覆？君主制国家在旧社会中造成的颠覆。在托克维尔看来，旧制度中称得上是"旧的"东西，恰恰是中央集权国家发展起来之前就已存在的社会，它被含糊地称为"封建"社会或"贵族"社会，以此表明其中个人与社会群体之间的等级依附关系。在这个社会里，政治权力与优越的社会地位密不可分，它完全沿着等级的金字塔次第分配。但是，伴随着绝对主义国家的兴起，政治权力必须集中于一个地方，集中到国王手里，在这种情形下剥夺个人乃必然的结果：贵族是首批牺牲者，但不是唯一牺牲者，因为被打乱的是所有的社会安排。

该分析的主旨理念，即国家对社会的政治剥夺，在《旧制度与大革命》第二卷开篇得到了表达，他在这里极其透彻地论及农民与贵族的关系。农民与贵族的关系不再具有政治性，因为从农奴状态中解放已久的农民，越来越多地成为土地所有者，不再依附于领主的统治；但是，他们的关系依然具有社会压迫性，因为还存在着不带有任何相互义务的领主杂税。这些"封建特权"，在法国尤其受到憎恶，不是因为它们特别沉重，相反是因为它们的一半已经消亡，呈现残余特征："封建制度已不再是一种政治制度，但它仍旧是所有民事制度中最庞大的一种。范围缩小了，它激起的仇恨反倒更大；人们说得有道理：摧毁一部分中世纪制度，就使剩下的那些令人厌恶百倍。"

因此，法国"旧制度"首先表现为一种混杂的社会状态，它不是真正意义的贵族社会，亦非真正意义的民主社会。托克维尔对自己之前那个时期的了解，是从基佐和复辟时期的史学家那里获得的。他利用这些知识对绝对主义时代与中世纪制度进行比较。中世纪的制度通过垂直的依附之链来组织人们的连带关系,没有一个中央权威,且可以不受约束地践行"贵族"自由。基佐和梯叶里都不喜欢中世纪,因为在那个时代农民要经受领主个人专横统治,也不知公共权威原则为何物。托克维尔带着些许田园牧歌的情怀将中世纪回想为耕作者与城堡主互利交流的时代。贵族社会是由这种悠久的、互利的和不平等的依附关系构成的,它至少让封建主自己担承起全部的统治权:这是与古代自由不同的另一种自由——因为此时不复存在古代城邦国家,但它是一种真正的自由。然而,随着国家日甚一日地侵占了所有的政治和行政功能,它与中世纪制度一道一点一点地消逝而去。行政国家是在整个社会肌体中运作且最终让社会性质发生改变的机制。

19世纪所有伟大的历史学家都感受到绝对主义带来的变革。斯塔尔夫人及其后的基佐,将之视为欧洲历史中介于封建制与代议制政府之间的一个时代。米什莱深入研究了法兰西国王所代表的民族的化身观念,大革命让人民取代了国王的位置,彻底终结了这种颇具神秘色彩的鸠占鹊巢。但是,将绝对主义视为一种社会学现象,将它视为与大革命一样并且先于大革命的一个颠覆社会关系结构的工具,托克维尔乃唯一一人。他较少关注国王神授权力或在国王权威下构建的民族统一,更多关注国家对社会的系统性入侵。

然而,他的兴趣不在于这种现象的起源。第二编七章中致力于探讨行政中央集权化的两章,并未谈及可能造成此种现象的原由：对于波旁王朝与哈布斯堡王朝之间为争夺欧陆主导权连绵不断的战争未置一言，对于阶级间平衡作为国王绝对主义权力要素这个自基佐以降老生常谈的主题未有涉及，对于17世纪、黎塞留、路易十四统治以及该发展进程的主要原因和阶段也几乎闭口不谈。托克维尔再次诉诸他天才般的敏锐，这种敏锐感引导他更多地去研究这起伟大历史事件的结果而非其原因：这正是他在《论美国的民主》里对民主理念所做的那种探讨。同样地，在《旧制度与大革命》中，他将行政中央集权化看作法国历史基本的特质，而最重要的问题是如何衡量中央集权化对社会的影响。而且，他为此拒斥了所有二手材料，直接研究18世纪的各地总督档案；例如，他系统地研究了图尔财政区的档案。

因此，《旧制度与大革命》中两个中心章节可能是第二编的第八章和第九章，在这两章中，他分析了伴随着行政君主制而诞生或者更确切地说就是行政君主制下的新社会状态的性质。第八章："在法国这个国家，人们变得彼此最为相似"。第九章："这些如此相似的人如何比以往更加分割成一个个陌生的小团体，彼此漠不关心"。他想要表明什么？一方面，随着财富的增长、物质平等的进步、特殊性的衰落、同质的立法效应，18世纪的法国人，至少上层阶级的法国人，行为和思考越来越趋同；另一方面，国家对社会的控制日益将法国人隔离成竞争敌对的群体，除他们自己的特殊利益之外，别无其他。要言之，旧制度社会是一个民主倾向与贵族病态相混杂的社会。

正是在第二部分，托克维尔做了最令人赞叹的探讨，而这一点常常被评注者们所忽视。旧制度见证了贵族社会原则的分崩离析。托克维尔意欲阐明，中央集权国家持续不断地改造封建传统的行动，是形成此一时期法国社会结构的原因。从封建制度演进而来的旧制度社会，亦从封建制度那里继承了等级团体制的垂直结构，继续构成旧制度的社会框架。但是，中央集权的行政国家剥夺了这些团体的政治职责和政治权力，将它们占为己有。更糟糕的是，它努力让他们的社会无用性成为显见的日常事实，因为它不断地向出价最高者出售进入这些最有威望的团体的门票：这些人因此不过是国王让予的社会地位和特权的买主而已。因为正是一直缺钱的政治国家，用准入条件来牟利，确定且按自己的便利改变各个团体特定的优惠条件，贵族首当其冲。因而，行政官僚机器的增长是以社会的"种姓化"（castification）为代价的，社会被分割为一个个孤立的团体，没有任何总体利益观念；这个体制的心理动力机制是追求等级和职位的自私激情。米拉波发明的一个词概括了一切：旧制度法国社会就是一个"鄙视链"（cascade de mépris）。

这种情形的典型象征，便是君主制度对待贵族阶级的情形。贵族是团体当中的团体，王国首要的"等级"。贵族阶级既丧失了它的本源——血统，也失去了它的社会功用——公共服务，它不再是一个掌权阶级，而是成为一个种姓团体。托克维尔通过这样的阐述意在说明，贵族阶级并非就此不再接纳新成员的进入，相反，那些通过金钱买得贵族头衔者不过是要得到特权保证而已：由此执念于身份差别，迷醉于将民族隔绝为等级的社会分割。法国旧制度在摧毁贵族阶级的同时将之偶像化，托克维尔将法国贵族阶级的演变与同类的英国贵族阶级进行比照，英国的贵族阶级依然向资产阶级开放，但独立于国家，从未脱离实在的政治与社会角色。我们发现，托克维尔这些著名篇章中的主要观点，斯塔尔夫人在《法国革命思考录》里业已提出，但托克维尔在撰写这些篇章时，带入了他对自己生于其中的环境的看法——有明丽亦有晦暗，同时伴之以对自己青年时期一些观念的再思考。托克维尔在《论美国的民主》里并不看好英国自由中这种贵族制度存续的未来，但他在《旧制度与大革命》中又将英国历史视为法国旧制度错失的机会。

因此，按照托克维尔的看法，旧制度是一个受自相矛盾动力驱动的体制。中央集权国家不停地损毁现实，同时不断重构着幻象。它在剥夺贵族阶级政治权力的同时每天创造着新贵族；它在确立对市政议会监管的同时毫无廉耻地出售市政长官和行政官的职位。社会阶梯从上到下被它抽空了旧贵族社会的内容；这个社会仅精心地维系着一层表皮，不断地修修补补，同时又用新元素加以装饰，但这么做的动机只是为了给皇家金库增添银两。

对这个老旧结构持续不断的利用和翻修，在绝对主义体系内部引起了持久且不可控的张力。为了全盘填补公共权威的空间，绝对君主制需要取得其臣民一律平等的服从：由此也导致法律的一律性。因此，它的行动趋向于让社会均等化，与此同时由于财政原因，它又千方百计地增加最细微的社会地位差别来换取金钱。这些差别在权力上的实质性内容越来越少，只是越来越多地在面子（amour-propre）上具有象征性价值。在整个社会总体服膺于绝对主义君主制的情境中,它们给自己受益者虚幻的优越感越多,它们的价格就越高。同时,这些头衔也就越被国王的其他臣民所鄙夷。

因此,君主制不断地再创造平等和不平等,用跷跷板的方式强化这两种情感。托克维尔眼中的旧制度制造着病态的不平等和失败的平等。它在让贵族阶级名誉扫地的同时,没有给民主开启最细微的空间。这解释了柏克未能明白的地方:即除了它固有的负面东西外,旧的君主制没有传给革命任何东西。1789年的白板论本身正是这种可悲历史的产物。

第三编从那些为法国大革命开辟道路的"古老的一般性事件",转到描画具体因素组成的大危机的环境。托克维尔从未作出单一因果解释,而是按照时间性和一般性等缕述各种解释因素。实际上,第三部分研究的诸因素都部分来自于它们前面因素的特征和重要性。例如,18世纪文人在法国扮演如此重要的角色,与大革命的文学或哲学特征密不可分。托克维尔在这里采用了他之前的革命史学的经典主题,18世纪末或19世纪初随处可见,譬如在马莱·杜潘、穆尼埃、里瓦罗尔(Rivarol)、博塔利斯(Potalis)那里。新颖之处在于他将该主题与其分析的总体框架联系起来的方式。如果说知识分子在18世纪法国扮演如此煊赫的角色,那正是绝对主义君主制创造了双重"白板"的后果:首先,通过大张旗鼓地赋予如此泛滥而荒谬的特权,破坏了对社会等级制的尊重之情,将民族精神带向自然平等的神奇观念;其次,通过独揽行政功能,它剥夺了法国人尤其是上层阶级所有的实践经验,因而在作者和读者方面创造出一种趋于抽象的统治方式理论的国民偏好。由于君主制不准许政治阶层的形成，文人正是在这个真空地带，建立起纯粹观念的替代性权威。

也正是因为这样的原因，造成了公众舆论与天主教信仰的决裂。如同19世纪的诸多史学家一样，托克维尔将这种决裂视为法国大革命最为内在的特征。米什莱称颂它是告别过去不可或缺的阵痛，而托克维尔则将之视为面向未来的危险的冒险。在他看来，民主观念是基督教的产物，美国的经验证明民主与基督教信仰之间的这种亲和关系是可以和谐共存的。在法国恰恰相反，政治革命不仅意欲根除贵族社会，同时也要将宗教信仰连根拔起：它异乎寻常的特质，它不断升级的狂热，它引发的激情暴力及其持久不衰，都出自这个原因。

但是，托克维尔并不认为旧制度下的天主教会要为法国民主传统中这种众所周知的反宗教特征负责或部分地负责：他没有谈及天主教会在17世纪暴力消灭新教中所扮演的角色或它在路易十四统治时期与绝对主义君主制结成的紧密同盟，而这种结盟也让它分担君主制遭遇到的种种灾难。遵循自己的分析体系，托克维尔指控君主制国家错误地将上层阶级置于思想和社会的无责状态当中，让公众舆论耽于哲学的抽象当中。这种哲学在他眼里并非没有价值。托克维尔不属于19世纪众多鄙视前一个世纪的思想家行列。18世纪哲学形塑的一代人，具有显见的爱国主义和大公无私情怀，创造了1789年的"真正辉煌"。但当哲学想要取代宗教时，它就失去了全部的精神锚点，开启了向革命漂移之路。

然而，第三编第二章出现了另一个观点，认为法国革命并没有注定永远朝这个方向漂移，在另一种环境下它可能是另外一种进程。对于1789年，托克维尔特别赞赏自由在举国一致的氛围中降临，这种情形到他与柏克一样憎恶的"十月的日子"戛然而止。但若非法国人总体态度发生转变，事情也不会如此快速地趋于恶化。在托克维尔看来，对法国人而言，革命事件的两可性在启蒙哲学中业已存在，启蒙哲学里以行政理性为名的全盘改革思想，比政治自由思想通常更加引人注目，重农学派比孟德斯鸠更具典型性。改革思想可能由一人统治的专制主义来体现，也可能由人民主权来体现，因为后者仅涉及以民族躯体代替国王躯体而已，丝毫没有改变公民的行政依附性。

旧制度同时通过实行中央集权化和教导民众颠覆权威，通过社会各团体在思想上的彼此疏离，给民主的激进主义提供了全盘颠覆权威的工具。环境给这些易燃物添上经济繁荣的火花。18世纪法国的经济繁荣激发了私人利益、公共期望与政府行为，但与此同时也加速了这套严苛而声誉扫地体制的分崩离析。它变得极度令人憎恶乃至成为替罪羊。路易十六大臣们的蠢笨和错误则火上浇油。1787年的行政改革让总督服从于选举出来的省级议会，更是带来致命一击。在大革命签下它的死刑令之前，旧制度就已亲手结束了自己的旅程。

在开始撰写关于大革命本身的第二卷之前，托克维尔因病去世。但他以章节的形式，留下了大量业已写成的章节片段或零星段落的准备性材料，还有许多读书笔记或有待阐发的思考随记。这些材料的主要部分是有关大革命初期，从1787年到制宪议会，因而重构托克维尔关于这个时期的思想，比重构他关于雅各宾专政或大恐怖的思想要容易得多。

　　根据他对旧制度的分析，第一个问题是应该怎样看待大革命：是断裂还是延续？实际上，托克维尔并没有从旧制度中看到大革命的预兆或准备，而是认为，大革命在1789年之前就在进行并已经完成。这是他与他所熟知的复辟时期自由主义史学家们的巨大差别。那些史学家比托克维尔更相信革命事件的必然性，确定和庆祝革命在1789年随着第三等级造反而完成：三级会议转变成国民议会以及8月4—11日的法令，揭示和体现了法国数个世纪尤其是18世纪以来的工作。相反，在托克维尔看来，这种工作完成于1789年之前，且以另外的形式，带来另外的结果；它不是第三等级在君主制的荫庇下反对贵族的进步，而是中央集权化与新思想的双重效应。

　　这两种现象彼此关联在一起，因为行政君主制将法国人排除在公共事务之外，很大程度上决定了这些思想的抽象特征，反过来，新思想在开明阶级中的影响创造了整齐划一的公众舆论，这种划一的公众舆论正是权力越来越中央集权化的条件。它们先于大革命就已存在：绝对君主制是第一个工具，"（启蒙）哲学"是第二个工具。18世纪的法国人已经是民主的民族，是一个服膺在平等激情之下且受中央集权的行政机构统治的个体社会。譬如首先在公众舆论中鼓噪同质性民族的高等法院反对派，托克维尔说："这并非证明一场大革命正在逼近，而是一场大革命已然发生。"在别处他又说道："我们经常在作家们1788年末之前写成的书里发现这样的词句：事情在大革命前即已发生。这种说法令我们讶异，我们不习惯在1789年前就听闻有人谈论革命［……］。

它实际上是一场波澜壮阔的革命,但它很快便湮没在接下来发生的革命的汪洋大海里,因此消失于历史的视线中。"

按照托克维尔的说法,这个"第一次革命"与接下来的革命之间的关系何在?答案是第一次革命赋予后来的革命以独一无二的特征,使之"不同于此前世界上发生过的所有其他同类型的事件"。通过这样的回答,托克维尔重新拾起他第一卷的中心思想,亦即,绝对主义造成的革命为接下来的另一场革命提供了条件:但由于他对这场独一无二前所未有事件的评判和分析模棱两可,因此不容易理解他想要表达的东西。

因为在他眼里,始于1789年的法国大革命,确切地说由持续时间截然不等和性质迥然不同的两部分组成。第一次革命囿限在1789年,至迟到十月的日子就结束了:这是自由革命,是民族反对专制主义的革命。它伴随着三个等级联合臻于高潮,公共的民族精神和人权宣言在此阶段横空出世。托克维尔喜爱它,将之描绘为无可比拟的美丽景观。至于第二次革命则恰恰相反:因为它是阶级仇恨与平等的革命;它是以牺牲自由为代价进行的革命;它涵盖了更长的时间段,从1789年秋(或1789年仲夏)到1799年秋。雾月政变彻底敲响了它的丧钟,也终结了共和二年的专政。

如此这般,托克维尔重新发掘了自由主义史学将大革命分为两部分的经典区分,一部分是创建自由,另一部分是毁灭自由。但他在时间节点上有所变动,譬如我们想到的米涅的经典著作,认为第二次革命开始的时间是在8月10日;托克维尔在这方面更接近斯塔尔夫人,或进一步往上追溯到她的父亲内克和王政派。

但是，与其所有的前辈相比（他从来没有按照19世纪的习惯引用过他们），他独具一格之处在于其分析方式。对于复辟时期的史学家来说，大革命是阶级斗争的剧场，是承载着自由的资产阶级对依附于绝对主义的贵族的胜利；如果说专政曾短暂地压倒代议制政府，那也是资产阶级在环境的逼迫下，对饱受压迫的下层阶级做出的暂时性让步。托克维尔的解释与米涅或基佐在此没有任何共同点。

在他眼里，民主是不可逆转的，因为它是现代史的前进方向；但它可能关系到社会的阶级分化以及中产阶级对贵族的胜利，也可能与之没有关系。法国的例证提供了两种情况：民主在1789年是整个民族聚合起来反对专制主义的杰作，因为贵族自由与民主自由携手合作，驯服和统一了革命爆发的冲击力。但接下来发生的事见证了阶级精神的反噬，导致自由的终结。这确实是反噬，因为大革命此时从平等而非自由中汲取养分，回到了曾对法国人分而治之的旧制度君主制传统。

至于社会阶级对思想和激情发展所起的作用，托克维尔总是模棱两可，很难甚至不可能将他提出的不同解释加以调和。但在读他有关大革命的笔记时，我们至少可以揣摩他在撰写第二卷前对自己提出的问题。其中最主要的问题便是，如何解释大革命的双重性质，或者以更接近他自己提出问题的方式去理解为什么旧制度平等与革命平等之间悲剧性的但很自然的连接会被短暂出现的自由所打断。在这个意义上，托克维尔的问题与基佐的问题相反。基佐看到了君主制削弱贵族阶级，但那是为了民族统一、平等，最终是为了自由：1789年是这一长期工作的终点和圆满结局。因而这种观点的内里是模糊不清的，模糊之处不是1789年，而是接下来发生的那些事；不仅仅是罗伯斯庇尔和大恐怖，而且包括自由政府的失败和波拿巴专政。如果说1789年胜利的中产阶级在他的行李箱里带来了自由，那么为什么又复归到更加恶化的专制主义？马克思以另一种方式提出这个问题，复辟时期的史学家们围绕着这个问题苦苦追问，但都没有给出满意的回答。

相反，在托克维尔看来，18世纪接连发生了三次革命，第一次革命与第三次革命很好地契合在一起。绝对君主制抽空了贵族阶级的实质内容，使政治和行政统治集中起来；它倚仗平等的激情摧毁贵族自由，最终变成一种民主的文化或公众舆论的工具，但是没有追求自由的欲望。雅各宾派，然后是罗伯斯庇尔，最后是波拿巴，表现别无二致。这正是旧制度与大革命之间连续性的组成部分。但是，是在1788年或1789年？是在这几个月或这两年，王国燃起大火烧向行政官僚专制主义？基佐被1793年所困扰，托克维尔则把1789年变成一个谜。

实际上，在托克维尔的解释系统里，1789年从自由向平等的退化比1789年"神圣的惊喜"更容易得到解释。第一种现象显示了《论美国的民主》第二卷所阐释的一个普遍真理，即与追求自由的激情相比，追求平等的激情更容易获得，也更具普适性；它还表明一个特定的事实，即追求平等的激情受到中央集权化和思想运动的青睐，主导着旧制度下的法国人，而且正是这个源头扩大和强化了法国大革命的进程，其中也表现出对自由的漠然。随着"大革命真正的主导激情，即阶级激情占据上风"，法国人自然而然地再次走上了政治奴役之路。

因而，正是1789年的断裂变得让人难以理解。对自由的渴求仅有新生的脆弱根柢，而对不平等的仇恨则与等级社会的衰落一样年深日久，由此可以解释1789年的脆弱性，但不能解释它的到来。在托克维尔看来，正如存在着哲学意义上的自由之谜一样，在他的法兰西历史之视阈里也有一个自由昙花一现的历史之谜。这是一个被追问但没有答案的问题，因为托克维尔在解开纷繁复杂的诸多因素之前就去世了，而且他非常可能会在最终版本中留下大量这样的悖论，而这对于他的天才早已习以为常。他最后几封致友人的信，再次透露了他面对法国大革命现象时那种喜忧参半的惊异，那种情感的强烈是任何冷静的分析都无法平息的。或许，他也从来没有想过有朝一日历史会让他完全破解那个奥秘。

弗朗索瓦·孚雷

## 延伸阅读

Œuvres de Tocqueville:

L'Ancien Régime et la Révolution, 2 vol., t. 2 des Œuvres complétes, Paris, Gallimard, 1952; éd. de poche GF-Flammarion, preface de Françoise Mélonio, 1988.

ARON, Raymond. Les Grandes Étapes de la pensée sociologique, Paris, Gallimard, 1967.

DRESCHER, Seymour. Dilemmas of Democracy: Tocqueville and Modernization, Pittsburgh, University of Pittsburgh Press, 1968.

FURET, François. Penser la Révolution française, Paris, Gallimard, 1978.

MANENT, Pierre. Tocqueville et la nature de la démocratie, Paris, Julliard, 1982.

## 参见条目

旧制度（Ancien Régime）

贵族（Aristocratie）

波拿巴（Bonaparte）

**柏克（Burke）**

中央集权（Centralisation）

民主（Démocratie）

平等（Égalité）

封建制度（Féodalité）

**基佐（Guizot）**

自由（Liberté）

启蒙（Lumières）

**米什莱（Michelet）**

米拉波（Mirabeau）

王政派（Monarchiens）

孟德斯鸠（Montesquieu）

内克（Necker）

重农学派（Physiocrates）

**斯塔尔夫人（Staël ( Mme de )）**

# 人名索引[*]

1. 列为《辞典》中词条的人名以大写字母标示，并注明所在卷。
2. 通常只有其著作未列入相应词条的"延伸阅读"书目中的历史学家才被编入索引。在世的历史学家未列入索引。
3. 索引所指明的是《辞典》中的词条。

ABRANTÈS (Laure Permon, dame Junot, duchesse d') 阿布朗泰斯，公爵夫人
　波拿巴
Adams(John) 亚当斯，约翰
　宪法，美国革命
Adams (John Quincy) 亚当斯，约翰·昆西
　美国革命
Aguesseau (Henri-François d') 达盖索
　民法典，中央集权
Aigoin (François-Victor) 艾古安
　最高限价
Aiguillon (Armand-Désiré du Plessis-Richelieu d'Agenois, duc d') 艾吉永，公爵
　革命议会，平等，封建制度，八月四日之夜
Albitte (Antoine-Louis) 阿尔比特
　最高限价
Alembert (Jean Le Rond d') 达朗贝尔
　路易·勃朗
Alfieri (Vittorio) 阿尔菲耶里
　意大利战役
Allonville (Armand-François, comte, dit marquis d') 阿隆维尔
　贵族
Alopeus (David Maximovitch) 阿洛佩

---

[*] 据《法国大革命批判辞典》1988年法文版人名索引编制，有修订。——编者

乌斯
　巴塞尔条约与海牙条约 (1795)
Alvinczy (baron Nicolas) 奥尔温齐
　意大利战役
Amar(Jean-Baptiste-André) 阿马尔
　巴贝夫，政变，吉伦特派，审判国王
Amiel (Henri-Frédéric) 阿米耶尔
　泰纳
Anselme (Jacques-Bernard-Modeste d') 安塞姆
　自然疆界
Anson(Pierre-Hubert) 安松
　指券
Antonelle (Pierre-Antoine, marquis d') 安托内尔
　巴贝夫，巴黎公社
Arago (François) 阿拉戈
　路易·勃朗
Arcq (Philippe-Auguste de Sainte-Foix, chevalier d') 阿尔克骑士
　贵族
Arenberg (Auguste, comte de La Marck, prince d') 阿伦贝格，拉马克伯爵
　米拉波
Argenson (Marc-René de Voyer de Paulmy, marquis d') 阿尔让松
　平等，革命日，玛丽－安托瓦内特
Aristote 亚里士多德
　孟德斯鸠
Arnauld (Antoine) 阿尔诺
　平等
Arndt (Ernst Moritz) 阿恩特

　自然疆界
Arthur (Robert-Jean-Jacques) 阿蒂尔
　巴黎公社
Augereau (Pierre-François-Charles) 奥热罗
　波拿巴，卡诺，意大利战役，政变，恐怖，巴塞尔条约与海牙条约 (1795)
Augustin (saint) 圣奥古斯丁
　米什莱
Aulard (François-Victor-Alphonse) 奥拉尔
　中央集权，丹东，学院派大革命史学，饶勒斯，马拉，泰纳

BABEUF (François-Noël, dit Gracchus) (1760-1797) 巴贝夫
　参阅第2卷
Baggesen (Jens) 巴格森
　费希特
Baillleul (Jacques-Charles) 巴约尔
　比谢，斯塔尔夫人
Bailly (Jean-Sylvain) 巴伊
　革命议会，巴黎公社，丹东，联盟节，革命日，拉法耶特，恐怖，瓦伦事件
Baibi (Anne-Jacobé de Caumont La Force, comtesse de) 巴尔比，伯爵夫人
　流亡者
Ballanche (Pierre-Simon) 巴朗什
　迈斯特，山岳派，审判国王
Balzac (Honoré de) 巴尔扎克，奥诺雷·德

波拿巴，比谢，米拉波
Balzac(Jean-Louis Guez, dit de) 巴尔扎克，让-路易·盖兹
政变
Bancal des Issarts (Jean-Henri) 邦卡拉
审判国王
Bandelier-Béfort 邦德利耶
国有财产
Barante (Prosper-Brugière, baron de) 巴朗特
联邦主义
Barbaroux (Charles-Jean-Marie) 巴尔巴鲁
吉伦特派，审判国王
Barbé-Marbois (François, marquis de) 巴贝-马赫布瓦
政变
Barere de Vieuzac (Bertrand) 巴雷尔
革命议会，卡诺，中央集权，救国委员会，政变，平等，忿激派，博爱，吉伦特派，革命政府，革命日，自由，马拉，山岳派，审判国王，再生，无套裤汉，选举制度，恐怖，旺代
BARNAVE (Antoine-Pierre-Joseph-Marie) (1761-1793) 巴纳夫
参阅第2卷
Baron (Louis) 巴隆，路易
国有财产
Barras (Paul, vicomte de) 巴拉斯
巴贝夫，波拿巴，意大利战役，卡诺，巴黎公社，政变，平等，革命日，恐怖

Barrès (Maurice) 巴雷斯
柏克
Barrière(Jean-François) 巴利埃尔
斯塔尔夫人
Barrot (Odilon) 巴罗，奥迪隆
托克维尔
Barruel (abbé Augustin) 巴吕埃尔
基佐，启蒙，民族
Barry (Jeanne Bécu, comtesse du) 杜巴丽，伯爵夫人
路易十六，玛丽-安托瓦内特
Barthélemy (François, marquis de) 巴泰勒米
意大利战役，卡诺，政变，自然疆界，巴塞尔条约与海牙条约(1795)
Basire (Claude) 巴希尔
丹东，再生
Baudot (Marc-Antoine) 博多
丹东，吉伦特派，山岳派，罗伯斯庇尔
Bayle (Pierre) 培尔
非基督教化
Bazard (Armand) 巴扎尔
比谢
Beauharnais (Alexandre de) 博阿尔内，亚历山大·德
革命议会，拉法耶特，瓦伦事件
Beauharnais (Joséphine de) 博阿尔内，约瑟芬·德
波拿巴，意大利战役
Beaulieu (Jean-Pierre, baron de) 博里厄
意大利战役
Begouën (famille) 贝古昂

国有财产
恐怖

Bénézech (Pierre) 贝内泽什
卡诺

Bertrand de Moleville (Antoine-François, marquis de) 贝特朗·德·马勒维尔
中央集权，丹东，审判国王

Bentabole (Pierre-Louis) 邦塔博尔
历法

Berville (Albin de, dit Saint-Albin Berville) 贝尔维尔
斯塔尔夫人

Bérenger de la Drôme(Alphonse-Marie-Marcellin-Thomas Bérenger, dit) 贝朗热·德·拉德罗姆
巴纳夫

Besenval (Pierre-Victor, baron de) 贝桑瓦尔，男爵
革命日

Bergasse (Nicolas) 贝尔加斯
王政派，伏尔泰

Bidermann (Jacques) 比德曼
巴黎公社

Berlier (Théophile) 贝利埃
民法典

Bigot de Préameneu (Félix-Julien-Jean, comte de) 比戈·德·普雷亚梅纽
民法典

Bernardin de Saint-Pierre (Jacques-Henri) 贝尔纳丹·德·圣-皮埃尔
革命宗教，伏尔泰

Billaud-Varenne (Jean-Nicolas) 比约-瓦雷纳
革命议会，卡诺，中央集权，救国委员会，巴黎公社，政变，联邦主义，吉伦特派，革命政府，埃贝尔派，雅各宾主义，革命日，自由

Bernis (François-Joachim de Pierre, cardinal de) 贝尔尼
教士公民组织法

Berry (Charles-Ferdinand Bourbon, duc de) 贝里，公爵
玛丽-安托瓦内特

Biron (Armand-Louis de Gontaut, duc de Lauzun, puis duc de) 比龙，公爵
恐怖

Berry (Marie-Caroline de Bourbon-Sicile, duchesse de) 贝里，公爵夫人
朱安党叛乱，旺代

Blackstone (Sir William) 布莱克斯通
宪法

Berthier (Louis-Alexandre) 贝尔捷
意大利战役

Blacons (Henri-François-Lucrétius d'Armand de Forest, marquis de) 布拉孔，侯爵
王政派

Berthollet (Claude-Louis, comte) 贝托莱
意大利战役

Bertier de Sauvigny (Louis-Bénigne) 贝尔捷·德·索维尼
巴贝夫，巴纳夫，饶勒斯，革命日，

BLANC (Jean-Joseph-Louis)(1811-1882) 勃朗

参阅第5卷
Blanqui(Louis-Auguste) 布朗基
　　民主
Bloch (Marc) 布洛赫，马克
　　大恐慌
Bo (Jean-Baptiste-Jérôme) 波
　　山岳派
Bodin (fournisseur) 博丹（供货商）
　　国有财产
Bodin (Jean) 博丹，让
　　主权
Bodson (Joseph) 博德松
　　巴贝夫
Boileau (Nicolas) 布瓦洛
　　泰纳
Boisgelin de Cucé (Jean-de-Dieu- Raymond de) 布瓦热兰
　　教士公民组织法，非基督教化
Boisguilbert (Pierre Le Pesant, sieur de) 布阿吉尔贝尔
　　重农学派
Boissy d'anglas (François-Antoinc, comte de) 布瓦西·当格拉斯
　　革命议会，贡斯当，平等，公共精神，基佐，革命，选举制度
Bolingbroke(Henri Saint John, Ier vicomte) 博林布鲁克
　　民族
Bonald (Louis, vicomte de) 博纳尔
　　柏克，孔多塞，反革命，流亡者，联盟节，迈斯特，审判国王，泰纳
Bonaparte (Louis) 波拿巴，路易

巴塞尔条约与海牙条约 (1795)
Bonaparte (Louis Napoléon, Napoléon Ⅲ) 波拿巴，路易·拿破仑，拿破仑三世
　　政变，托克维尔
Bonaparte (Lucien) 波拿巴，吕西安
　　政变
BONAPARTE (Napolton)(1769-1821) 波拿巴
　　参阅第2卷
Boncerf (Pierre-François) 邦塞夫
　　封建制度
Bonchamps(Charles, marquin de) 邦尚
　　旺代
Bonnaire (Félix, baron) 博奈尔
　　历法
Bonneville (Nicolas de) 博纳维尔
　　伏尔泰
Bossuet (Jacques-Bénigne) 博须埃
　　平等，迈斯特，审判国王，革命，主权
Botta (Carlo) 博塔
　　意大利战役
Bouchardon (Edme) 卜莎东
　　汪达尔主义
Boucher d'argis (Antoine-Gaspard) 布歇·达尔日
　　封建制度
Bouchotte (Jean-Baptiste-Noël) 布硕特
　　卡诺，巴黎公社，埃贝尔派
Bougeant (Guillaume-Hyacinthe) 卜让
　　自然疆界
Bouillé(François-Claude-Amour, marquis

de) 布耶，侯爵
拉法耶特，瓦伦事件
Boulainvilliers (Henri de, comte de Saint-Saire) 布兰维利埃
平等，封建制度，自由，柏克
Boulay de la Meurthe（Antoine-Claude-Joseph, comte) 布莱·德·拉默尔特
民法典，非基督教化
Bouquier (Gabriel) 布基耶
再生
Bourcet (Pierre-Joseph du) 布尔塞
意大利战役
Bourcier (Sabin) 布尔西耶
大革命与欧洲
Bourdon (Léonard) 布尔东，莱昂纳尔
巴黎公社，政变，自由，审判国王
Bourgogne (Louis-Joseph, duc de) 勃艮第，公爵
路易十六
Bourrienne (Louis-Antoine-Fauvelet de) 布列纳
波拿巴
Boursault-Malherbe（Jean-François Boursault, dit) 布尔索
巴黎公社
Boutmy (Emile) 布特米
美国革命
Boyer-Fonfrède(Jean-Baptiste) 布瓦耶-丰弗雷德
联邦主义，吉伦特派
Brandès (Ernst) 布兰代斯
柏克

Brinton (Crane) 布林顿，克兰
学院派大革命史学
BRISSOT (Jacques-Pierre Brissot de Warville, dit) 布里索
军队，革命议会，巴纳夫，俱乐部及民众社团，孔多塞,宪法，丹东，平等，公共精神,联邦主义，自然疆界，雅各宾主义,革命日，拉法耶特，启蒙，玛丽-安托瓦内特，米拉波，审判国王，罗伯斯庇尔，恐怖，伏尔泰，瓦伦事件
Broglie(Victor-Claude, prince de) 布罗格利，维克托
革命议会
Brune (Guillaume) 布伦
意大利战役，政变
Brunet (Jean-Jacques) 布吕内
最高限价
Brunot (Ferdinand) 布鲁诺，费尔迪南
山岳派
Brunswick (Charles-Guillaume-Ferdinand, duc de) 不伦瑞克
军队，流亡者，革命日
BUCHEZ (Philippe-Joseph-Benjamin) (1796-1865) 比谢
参阅第5卷
Büchner (Georg) 布克内尔
丹东，罗伯斯庇尔
Buonarroti (Filippo Michele, dit Philippe) 邦纳罗蒂
巴贝夫，路易·勃朗，比谢，意大利战役，革命政府，山岳派，大革命与

# 人名索引

BURKE (Edmund)(1729-1797) 柏克
参阅第 5 卷

Buzot (François) 比佐
革命议会，联邦主义，吉伦特派，审判国王，瓦伦事件

Cabanis (Pierre-Jean-Georges) 卡巴尼斯
革命宗教

Cabarrus (Theresa) 卡贝鲁，特蕾莎
政变

Cadoudal (Georges) 卡杜达尔，乔治
朱安党叛乱

Calas (Jean) 卡拉斯
伏尔泰

Calonne(Charles-Alexandre de) 卡隆
革命议会，指券，中央集权，流亡者，玛丽－安托瓦内特，米拉波，重农学派，西耶斯

Cambacérès(Jean-Jacques-Régis de, duc de Parme) 康巴塞雷斯
革命议会，民法典，政变

Cambon (Joseph) 康邦
革命议会，指券，巴黎公社，平等，联邦主义，自然疆界，革命政府，自由，最高限价

Campan (Jeanne-Louise-Henriette Genet ou Genest, dite Mme) 康庞夫人
玛丽－安托瓦内特，审判国王

Camus (Armand-Gaston) 卡缪
教士公民组织法，革命宗教

CARNOT (Lazare-Nicolas-Marguerite)( 1753-1823) 卡诺
参阅第 2 卷

Carra (Jean-Louis) 卡拉
革命议会，公共精神，雅各宾主义

Carrier (Jean-Baptiste) 卡里耶
巴贝夫，俱乐部及民众社团，革命，热月党，恐怖，旺代

Carteaux (Jean-François) 卡尔托
联邦主义

Cathelineau (Jacques) 卡特利诺
旺代

Catherine II de Russie 叶卡捷琳娜二世
大革命与欧洲，巴塞尔条约与海牙条约（1795）

Cazalès (Jacques de) 卡扎莱斯
革命议会，平等，自由，选举制度

Cerfbeer (Herz Médelsheim) 塞尔夫贝尔
国有财产

Cérutti (Joachim) 瑟吕蒂
人权

César (Jules) 恺撒
自然疆界

Chabot (François) 沙博
宪法，丹东，联邦主义，自由，山岳派

Chalier (Joseph) 沙利埃耶
忿激派，联邦主义，革命宗教，恐怖

Chambon de Montaux (Nicolaso) 尚邦
巴黎公社

Champion de Cicé (Jérôme) 尚皮翁·德·西塞
教士公民组织法，人权，王政派

Chancel (Jean-Nestor de) 尚塞尔
革命政府
Chaptal (Jean-Antoine, comte de Chanteloup) 夏普塔尔
省
Charavay (Etienne) 沙拉韦
学院派大革命史学
Charette de la Contrie (François-Athanase de) 夏勒特
朱安党叛乱，旺代
Charlemagne 查理曼
封建制度，自然疆界
Charles Ier (roi d'Angleterre) 查理一世
审判国王
Charles Ⅳ (roi d'Espagne) 查理四世
巴塞尔条约与海牙条约（1795）
Charles Ⅶ (roi de France) 查理七世
自然疆界
Charles Ⅷ (roi de France) 查理八世
自然疆界
Charles X (roi de France, d'abord Charles-Philippe, comte d'Artois) 查理十世，阿图瓦伯爵
波拿巴，朱安党叛乱，反革命，流亡者，路易十六，玛丽-安托瓦内特，旺代
Charles de Habsbourg, dit l'archiduc Charles 查理，哈布斯堡家族
意大利战役
Charlier (Louis-Joseph) 沙利耶
政变
Charmes (Francis) 夏尔姆，弗朗西斯泰纳
Chateaubriand (François-René, vicomte de) 夏多布里昂
旧制度，波拿巴，马拉，米拉波，民族，革命
Chaudron-Rousseau (Guillaume) 肖德龙-卢梭
俱乐部及民众社团
Chaumette (Pierre-Gaspard) 肖梅特
巴黎公社，自然疆界，埃贝尔派，革命日，革命宗教，无套裤汉
Chemin-Dupontès (Jean-Baptiste) 谢曼
革命宗教
Chénier (André) 舍尼埃，安德烈
政变
Chénier (Marie-Joseph) 谢尼埃，马里-约瑟夫
历法，巴黎公社，吉伦特派，革命宗教，汪达尔主义
Choiseul (Etienne-François, duc de) 舒瓦瑟尔，公爵
路易十六，玛丽-安托瓦内特，瓦伦事件
Choudieu (Pierre-René) 舒蒂厄
山岳派
Clarke(Henri) 克拉克，亨利
意大利战役
Clavière (Etienne) 克拉维埃，艾蒂安
吉伦特派，雅各宾主义，革命日，米拉波
Clemenceau(Georges) 克雷蒙梭
救国委员会，自然疆界，学院派大革

命史学
Clermont-Tonnerre(Stanislas-Marie-Adélaïde, comte de) 克莱蒙-托内尔
革命议会，宪法，人权，平等，王政派，再生，斯塔尔夫人
Clique (Jacob) 克里克-雅各布
无套裤汉
Cloots (Anacharsis) 克洛茨，阿纳卡西斯
博爱，革命宗教，大革命与欧洲，伏尔泰
Cobban(Alfred) 科本，阿尔弗雷德
学院派大革命史学
Cochin (Augustin) 科尚，奥古斯坦
罗伯斯庇尔，泰纳
Cochon de Lapparent (Charles) 科雄
卡诺
Coleridge (Samuel Taylor) 科勒律治
革命
Colli(Michele) 科利
意大利战役
Collot d'Herbois (Jean-Marie) 科洛·德布瓦
革命议会，卡诺，救国委员会，巴黎公社，政变，公共精神，革命政府，埃贝尔派，雅各宾主义，革命日，启蒙，最高限价，恐怖
Comte (Auguste) 孔德，奥古斯特
比谢，孔多塞，丹东，博爱，基佐，学院派大革命史学，自由，米什莱，共和国，伏尔泰
Condé (Louis-Joseph de Bourbon, prince de) 孔代亲王
反革命，流亡者，瓦伦事件
Condillac (Etienne Bonnot de) 孔狄亚克
西耶斯
CONDORCET (Marie-Jean-Antoine-Nicolas de Caritat, marquis de) (1743-1794) 孔多塞
参阅第2卷
Considérant (Victor) 孔西戴朗，维克多
博爱
CONSTANT(Benjamin Constant de Rebecque, dit Benjamin) (1767-1830) 贡斯当
参阅第5卷
Corday (Charlotte) 科尔代，夏洛特
马拉
Cournot (Antoine-Augustin) 库尔诺
审判国王
Cousin (Jacques-Antoine-Joseph) 库森
巴黎公社
Cousin(Victor) 库赞，维克多
基内
Couthon (Georges) 库东
革命议会，救国委员会，政变，革命政府，雅各宾主义，革命日，山岳派，罗伯斯庇尔，恐怖
Coyer (abbé Gabriel-François) 科瓦耶
贵族，公共精神，民族
Custine (Adam-Philippe, comte de) 屈斯丁
自然疆界，大革命与欧洲

Danloux-Dumesnil 卢-迪梅尼
　　国有财产
DANTON (Georges-Jacques) (1759–1794) 丹东
　　参阅第2卷
Darnaudat (Louis-Jean-Henry) 达诺达
　　自由
Darthé (Augustin-Alexandre-Joseph) 达尔泰
　　巴贝夫
Daunou (Pierre-Claude-François) 多努
　　中央集权，孔多塞，政变，博爱，自然疆界，基佐，再生，共和国，热月党
David (Jacques-Louis) 大卫，雅克-路易
　　玛丽-安托瓦内特，革命宗教，无套裤汉
Debon (Robert-François?) 德邦
　　巴贝夫
Debry (Jean-Antoine-Joseph) 德布里
　　吉伦特派
Decrétot 德克雷多
　　国有财产
Deflers 德弗莱尔
　　俱乐部及民众社团
Delacrois (Charles) 德拉克罗瓦
　　意大利战役
Delacroix (Jean-François) 德拉克鲁瓦
　　救国委员会
Delambre (le chevalier Jean-Baptiste-Joseph) 德朗布尔
　　历法

Delandine (Antoine-François) 德朗定
　　平等
Delolme (Jean-Louis) 德罗尔姆
　　宪法
Delpont 德尔蓬
　　国有财产
Démeunier (Jean-Nicolas) 德梅涅
　　宪法，省，人权，平等，瓦伦事件
Depont 德蓬
　　国有财产
De Sèze (Romain, comte) 德塞兹
　　审判国王
Desmoulins (Camille) 德穆兰，卡米尔
　　革命议会，丹东，博爱，埃贝尔派，雅各宾主义，革命日，拉法耶特，自由，马拉，米拉波，再生
Diderot(Denis) 狄德罗
　　路易·勃朗，民法典，伏尔泰
Dobsen (Claude-Emmanuel) 多布桑
　　巴黎公社
Dodun (Julie Bourgeois, épouse de Claude Dodun, dite Mme) 多顿夫人
　　吉伦特派
Domat (Jean) 多马
　　民法典
Drouet (Jean-Baptiste) 德鲁埃
　　巴贝夫，瓦伦事件
Drumont (Edouard) 德吕蒙
　　国有财产
Dubois de Fosseux (Ferdinand) 迪布瓦·德·福瑟
　　巴贝夫

Dubois-Crancé (Edmond-Louis-Alexis)
杜布瓦-克朗塞
军队，联邦主义，自然疆界，马拉

Dubos (Jean-Baptiste, abbé) 迪博，修士
封建制度

Duchastanter (chanoine) 迪沙斯塔尼耶
非基督教化

Ducos (Roger) 迪科，罗杰
政变，吉伦特派，再生

Dufourny de Villiers (Louis-Pierre) 迪富尔尼
革命日

Dugommier (Jacques-François Coquille, dit) 迪戈米耶
军队，巴塞尔条约与海牙条约 (1795)

Duhem (Pierre-Joseph) 迪昂
历法，再生

Dulaure(Jacques-Antoine) 迪洛尔
吉伦特派，山岳派，再生

Dumas (René-François) 迪马
雅各宾主义，汪达尔主义

Dumont (André) 迪蒙
非基督教化，革命宗教

Dumont(Etienne) 杜蒙，艾蒂安
米拉波

Dumoulin (Charles) 迪慕兰
封建制度

Dumouriez (Charles-François du Périer, dit) 迪穆里埃
军队，革命议会，丹东，自然疆界，吉伦特派，饶勒斯，马拉

Duplay (famille) 杜普莱
罗伯斯庇尔

Dupont de l'Etang (Pierre-Antoine) 杜邦
意大利战役

Dupont de l'Eure (Jacques-Charles Dupont, dit) 杜邦·德勒尔
路易·勃朗

Dupont de Nemours (Pierre-Samuel) 杜邦·德·内穆尔
指券，意大利战役，中央集权，人权，平等，联盟节，革命日，重农学派，共和国，革命宗教，选举制度

Duport (Adrien-Jean-François) 迪波尔，阿德里安
革命议会，巴纳夫，丹东，人权，斐扬派，雅各宾主义，饶勒斯，自由，八月四日之夜，重农学派，革命，罗伯斯庇尔，瓦伦事件

Duquesnoy (Adrien) 迪凯努瓦，阿德里安
宪法，罗伯斯庇尔

Durkheim (Emile) 涂尔干，埃米尔
学院派大革命史学，革命宗教

Du Rozoi (Barnabé Farmian de Rosoy, dit) 迪罗祖瓦
公共精神

Duruy (Victor) 狄吕义
自然疆界

Du Teil (Jean) 迪泰伊，让
意大利战役

Duval (Georges) 杜瓦尔，乔治
革命日

Edgeworth de Firmont (Henri Essex, abbé) 埃奇沃思·德·费尔蒙
路易十六

Elbée (Maurice Gigost d') 埃尔贝
旺代

Elisabeth (Elisabeth-Philippine-Marie-Hélène, sœur de Louis XVI, dite Mme) 伊丽莎白夫人, 伊丽莎白-菲莉皮娜-玛丽-埃莱娜
路易十六, 恐怖, 瓦伦事件

Emmery (Jean) 埃梅里
民法典, 斐扬派

Enfantin (Prosper-Barthélemy, dit le Père) 昂方丹
比谢

Engels (Friedrich) 恩格斯
饶勒斯

Enchien (Louis-Antoine-Henri de Bourbon, duc d') 当甘, 公爵
波拿巴

Eschassériaux (Joseph, baron) 艾莎塞辽
自然疆界, 革命, 巴塞尔条约与海牙条约(1795)

Esprit(Jacques, dit l'abbé) 艾斯普利
平等

Esquiros (Alphonse) 埃思基罗斯
路易·勃朗, 革命政府, 马拉, 米什莱, 山岳派, 革命宗教

Expilly (abbé Jean-Joseph d') 埃克斯皮里
省

Fabre d'Eglantine (Philippe-Nazaire-François Fabre, dit) 法布尔, 代格朗丁
革命议会, 历法, 巴黎公社, 启蒙

Fabre de l'Aude (Jean-Pierre, comte Fabre, dit) 法布尔·德奥德
政变

Faipoult de Maisoncelle (Guillaume-Charles) 费普
意大利战役, 卡诺

Fauchet (abbé Claude) 福歇
非基督教化, 平等, 博爱, 吉伦特派, 革命宗教, 卢梭, 伏尔泰

Faucigny de Lucinge (Louis-Charles-Amédée, comte) 福西尼·德·吕桑日
平等

Faydel (Jean-Félix) 费代尔
斐扬派

Felice (Barthélemy de) 费利斯, 巴泰勒米·德
宪法

Fénelon (François de Salignac de La Mothe-) 费奈隆
路易十六

Féraud (Jean) 费罗
巴黎公社, 革命日, 山岳派, 热月党

Ferdinand III de Habsbourg (grand-duc de Toscane) 斐迪南三世, 托斯卡纳大公
意大利战役, 自然疆界, 巴塞尔条约与海牙条约

Ferdinand Ier de Bourbon (roi de Naples sous le nom de Ferdinand Ⅳ) 斐迪南
意大利战役

Ferguson (Adam) 弗格森
贡斯当

Ferrand (Antoine-François-Claude) 费朗
柏克

Ferrières (Charles-Elie, marquis de) 费列尔
共和国

Ferry (Jules) 茹尔·费里
孔多塞，学院派大革命史学，雅各宾主义，共和国，泰纳

Fersen (Hans Axel, comte de) 费逊，伯爵
玛丽－安托瓦内特，瓦伦事件

Feuerbach (Ludwig) 费尔巴哈
马克思

FICHTE (Johann Gottlieb) (1762−1814) 费希特
参阅第5卷

Fiévée (Joseph) 菲耶韦
伏尔泰

Flaubert (Gustave) 福楼拜
比谢

Flesselles (Jacques de) 弗莱塞勒
革命日

Flocon (Ferdinand) 弗洛孔
路易·勃朗

Flotard (J.-T.) 弗洛塔尔
比谢

Forster (Georg) 福斯特
饶勒斯，大革命与欧洲

Foscolo (Ugo) 福斯科洛
意大利战役

Fouché(Joseph) 富歇
指券，卡诺，政变，非基督教化，革命宗教，恐怖

Foullon de Doué(Joseph-François) 富隆
巴贝夫，巴纳夫，饶勒斯，革命日，拉法耶特，罗伯斯庇尔，恐怖

Fouquier-Tinville (Antoine-Quentin) 富基耶－坦维尔
公共精神，玛丽－安托瓦内特，恐怖

Fourcade (Pascal-Thomas) 富尔卡德
意大利战役

Fourcroy (Antoine-François, comte de) 福克鲁瓦
汪达尔主义

Fourier (Charles) 傅立叶，夏尔
革命宗教

Fox (Charles James) 福克斯，查尔斯·詹姆斯
大革命与欧洲

François Ier (empereur germanique) 弗郎茨一世
玛丽－安托瓦内特

François de Neufchâteau (Nicolas-Louis, comte François, dit) 弗朗索瓦·德·内夫夏托
政变，公共精神，共和国

Frédéric Ⅱ de Prusse 腓特烈二世
意大利战役，米拉波，巴塞尔条约与海牙条约 (1795)

Frédéric-Guillaume II de Prusse 腓特烈-
威廉二世
  巴塞尔条约与海牙条约 (1795)
Fréron (Louis-Stanilas) 弗雷龙
  政变, 公共精神, 热月党, 汪达尔主义
Freytag (général) 弗雷塔格, 将军
  革命政府
Frotté(Marie-Pierre-Louis, comte de) 弗
罗泰
  朱安党叛乱
Furetière(Antoine) 菲勒蒂埃, 安托万
  政变, 自然疆界, 民族
Fustel de Coulanges (Numa-Denis) 菲斯
泰尔·德·库朗热
  泰纳

Galiani (abbé Ferdinando) 加利亚尼
  重农学派
Galli Della Loggia (Pierre-Gaétan) 加利
  民法典
Galliéra (famille) 加列拉
  国有财产
Gambetta (Léon) 甘必大
  丹东, 学院派大革命史学, 共和国
Garat (Dominique-Joseph) 加拉
  巴黎公社, 平等, 罗伯斯庇尔, 伏尔泰
Garin (Etienne-François) 加兰
  巴黎公社
Garrau (Pierre-Anselme) 加罗, 皮埃
尔-安塞尔姆
  意大利战役
Gasparin (Thomas de) 加斯帕兰
  救国委员会, 革命政府
Gaulle (Charles de) 戴高乐
  救国委员会, 共和国
Gautier(P. N.) 戈蒂耶
  旧制度
Gensonné(Armand) 让索纳
  吉伦特派, 自由, 山岳派
Gentz (Friedrich) 根茨, 弗里德里希
  柏克, 美国革命
Gérando (Joseph-Marie, baron de) 热
朗多
  国有财产
Gerle (dom Christophe-Antoine) 热尔勒
  教士公民组织法, 非基督教化
Germain (Charles-Antoine-Guillaume)
热尔曼
  巴贝夫
Girardin (Louis-Stanislas-Cécile-Xavier,
marquis de) 吉拉丹
  卢梭
Glezen (Jacques-Marie) 格莱森
  俱乐部及民众社团
Gobel (Jean-Baptiste-Joseph) 戈贝尔
  巴黎公社
Godoy (Manuel de) 戈多伊, 曼努埃尔
  巴塞尔条约与海牙条约 (1795)
Godwin (William) 葛德文
  柏克, 斯塔尔夫人
Gohier (Louis-Jérôme) 戈耶
  政变
Goltz (Karl Friedrich, comte de) 戈尔茨,
伯爵

巴塞尔条约与海牙条约（1795）
Gorsas (Antoine-Joseph) 戈尔萨
　　公共精神
Gossin (Pierre-François) 戈森
　　省
Goujon (Jean-Marie-Claude-Alexandre)
　　古戎
　　最高限价
Goupil de Préfelne (Guillaume-François-
　　Charles) 古皮
　　玛丽－安托瓦内特
Grangeneuve (Jacques-Antoine Lafargue
　　de) 格朗热纳夫
　　吉伦特派
Grégoire(Henri-Baptiste, abbé) 格雷
　　古瓦
　　俱乐部及民众社团，宪法，教士公民
　　组织法，非基督教化，人权，平等，
　　自然疆界，自由，审判国王，再生，
　　汪达尔主义，瓦伦事件，伏尔泰
Grimaldi (Honoré, prince de Monaco)
　　格里马尔迪，奥诺雷，摩纳哥亲王
　　国有财产
Grimm (Friedrich) 格里姆
　　自然疆界，民族
Grisel (Georges) 格里塞尔
　　巴贝夫
Guadet (Marguerite-Elie) 加代
　　吉伦特派，革命日，伏尔泰
Guermeur (Jacques-Tanguy-Marie) 盖
　　尔默
　　俱乐部及民众社团

Guesde (Jules) 盖德
　　学院派大革命史学
Guibert (Jacques-Antoine-Hippolyte,
　　comte de) 吉贝尔
　　贵族，意大利战役
GUIZOT(François-Pierre-Guillaume)
　　(1787-1874) 基佐
　　参阅第5卷
Guyomar (Pierre-Marie-Augustin) 焦
　　马尔
　　平等
Guyot (Germain-Antoine) 纪尧
　　封建制度
Habsbourg (dynastie) 哈布斯堡，王朝
　　意大利战役，玛丽－安托瓦内特
Halbwachs (Maurice) 哈布瓦赫
　　学院派大革命史学
Halévy (Daniel) 阿莱维，丹尼埃尔
　　学院派大革命史学
Hamilton (Alexander) 汉密尔顿，亚历
　　山大
　　联邦主义，美国革命
Hanriot (François) 昂里奥
　　巴黎公社，政变，埃贝尔派，雅各宾
　　主义，革命日
Hardenberg(Karl August, prince von)
　　哈登堡
　　巴塞尔条约与海牙条约(1795)
Harnier 哈尼尔
　　巴塞尔条约与海牙条约(1795)
Harrisson 哈里森

国有财产

Haugwitz (Christian, comte von) 豪格
维茨
  巴塞尔条约与海牙条约 (1795)

Haüy (Valentin) 阿维
  革命宗教

Havet (Ernest) 阿韦，埃内斯特
  泰纳

Hayek (Friedrich August von) 哈耶克
  柏克

Hébert (Jacques-René) 埃贝尔
  吉伦特派，埃贝尔派，启蒙

HEGEL (Georg Wilhelm Friedrich)
(1770-1831) 黑格尔
  参阅第5卷

Helvetius (Claude-Adrien) 爱尔维修
  路易·勃朗

Henri de Prusse (prince) 亨利亲王
  巴塞尔条约与海牙条约 (1795)

Henri II (roi de France) 亨利二世
  自然疆界

Héraclite 赫拉克利特
  饶勒斯

Herault de Séchelles (Marie-Jean) 埃罗·
德·塞谢尔
  救国委员会，巴黎公社，革命政府，
  革命日，主权

Herder (Johann Gottfried) 赫尔德
  柏克，费希特，米什莱，基内，大革
  命与欧洲

Héron (François) 埃隆
  埃贝尔派

Hobbes (Thomas) 霍布斯
  公共精神，费希特，自由，迈斯特，
  主权

Hoche (Lazare-Louis) 奥什
  军队，卡诺，朱安党叛乱，政变，革
  命政府，大革命与欧洲，旺代

Hohenzollern (dynastie) 霍亨索伦，王朝
  巴塞尔条约与海牙条约 (1795)

Houchard (Jean-Nicolas) 乌沙尔
  军队，革命政府

Houdon (Jean-Antoine) 乌东
  启蒙，汪达尔主义

Hugo (Victor) 雨果，维克托
  丹东，马拉，米拉波，山岳派，审判
  国王，伏尔泰

Huguenin(Sulpice) 于格南
  救国委员会，巴黎公社

Humboldt (Wilhelm von) 洪堡
  康德

Hume (David) 休谟
  柏克，孔多塞，非基督教化，自由，
  审判国王，美国革命

Isnard (Maximin) 伊斯纳尔，马克西姆
  革命议会，宪法，吉伦特派

Jacqueminot (Jean-Ignace-Jacques) 雅克
米诺
  民法典

Janssen (Johannes) 扬森
  自然疆界

Jaucourt (Louis, chevalier de) 若古

# 人名索引

民主，民族

JAURES (Jean) (1859-1914) 饶勒斯
参阅第5卷

Javogues (Claude) 雅伏格
俱乐部及民众社团

Jean Bon Saint-André(André Jeanbon, dit) 让·邦·圣-安德烈
救国委员会，愆激派，公共精神，革命政府，革命日，山岳派

Jefferson (Thomas) 杰斐逊，托马斯
人权，拉法耶特，美国革命，民主

Jellinek (Georg) 耶利内克
人权，美国革命

Johannot(Jean) 若阿诺
指券

Joseph II (empereur germanique) 约瑟夫二世
教士公民组织法，路易十六，启蒙，玛丽-安托瓦内特

Joubert (Barthélemy-Catherine) 茹贝尔
政变，意大利战役

Jouenneault (ou Johannot, Jean-Louis?) 茹阿诺
最高限价

Jourdan (Jean-Baptiste, comte) 茹尔当
军队，意大利战役，卡诺，政变，自然疆界

Jullien (Marc-Antoine) 朱利安
俱乐部及民众社团，联邦主义，罗伯斯庇尔

Jung (Johann Heinrich, dit Stilling) 荣格

费希特

Junot (Andoche, duc d'Abrantès) 朱诺，阿布朗泰斯公爵
波拿巴

Juste-Concedieu(Charles-François-Jean-Michel Concedieu, dit) 茹斯特-孔塞迪厄
巴黎公社

KANT (Emmanuel) (1724-1804) 康德
参阅第5卷

Kaunitz (Wenzel Anton, comte, puis prince von Kaunitz-Rittberg) 考尼茨
玛丽-安托瓦内特

Kellermann (François-Christophe, duc de Valmy) 克勒曼
卡诺，意大利战役

Kerenski (Alexandre Fedorovitch) 克伦斯基
学院派大革命史学

Kergorlay (Louis de) 凯尔戈莱
泰纳

Kléber (Jean-Baptiste) 克莱贝尔
军队，政变，旺代

Klimrath (Henri) 克里姆拉特，亨利
民法典

Klopstock (Friedrich Gottlieb) 克罗普施托克
革命

La Boétie (Etienne de) 拉博埃西
迈斯特

Laboulaye (Edouard-René Lefebvre de)
拉布莱
共和国，美国革命

Laclos (Pierre Choderlos de) 拉克洛，
皮埃尔·肖代洛·德
俱乐部及民众社团，巴黎公社，雅各
宾主义

Lacombe (Claire) 拉孔勃
忿激派，无套裤汉

Lacoste(Jean-Baptiste) 拉科斯特
山岳派

La Fare (Anne-Louis-Henri de, évêque de Nancy, primat de Lorraine) 勒法尔，南锡主教
教士公民组织法，人权

LA FAYETTE (Marie-Joseph-Paul-Yves-Roch-Gilbert Motier, marquis de) (1757-1834) 拉法耶特
参阅第2卷

Laffitte (Pierre) 拉菲特
丹东

La Harpe (Frédéric-César de) 拉哈尔佩，弗雷德里克-塞萨尔·德
大革命与欧洲

Laignelot (Joseph-François) 莱涅洛
巴黎公社

Lakanal (Joseph) 拉卡纳尔
历法，平等，山岳派，再生，卢梭

Lalande (Joseph-Jérôme Lefrançois de) 拉朗德
历法

Lally-Tollendal (Gérard-Trophime, baron de Tollendal, comte de Lally, dit) 拉利-托朗达尔
革命议会，巴纳夫，宪法，人权，流亡者，米什莱，王政派，八月四日之夜

La Luzerne (César-Guillaume de, évêque de Langres) 拉卢塞恩，朗格勒
王政派

Lamartine(Alphonse de) 拉马丁
路易·勃朗，吉伦特派，学院派大革命史学，米什莱，山岳派，瓦伦事件，伏尔泰

Lamballe (Marie-Thérèse-Louise de Savoie-Carignan, princesse de) 朗巴勒，公主
玛丽-安托瓦内特

Lameth (Alexandre, Charles et Théodore, frères) 拉梅特
革命议会，巴纳夫，人权，平等，流亡者，斐扬派，雅各宾主义，拉法耶特，米拉波，瓦伦事件

La Mothe Le Vayer (François de) 拉莫特·勒瓦耶
平等

Lamourette (Antoine-Adrien) 拉穆莱特
博爱，再生

Lanchère 朗谢尔
国有财产

Lanfrey (Pierre) 朗弗莱
伏尔泰

L'Ange (François-Joseph) 朗日
平等

Lanchac (Alyre-Joseph-Gilbert, comte

de) 朗加克，伯爵
拉法耶特

Lanjuinais (Jean-Denis, comte) 朗瑞奈
革命议会，历法，俱乐部及民众社团，平等，联邦主义，孟德斯鸠，伏尔泰

Lanthenas (François-Xavier) 朗特纳
再生，共和国，革命宗教

Laplace (Pierre-Simon, marquis de) 拉普拉斯
历法，孔多塞

Laplanche (Jacques-Léonard Goyre-Laplanche, dit) 拉普朗什
俱乐部及民众社团，山岳派

Laponneraye (Albert) 拉波纳海
丹东

La Queuille (Jean-Claude-Marie, marquis de) 拉克耶，侯爵
拉法耶特

La Révellière-Lépeaux (Louis-Marie de) 拉勒韦利埃-勒波
巴贝夫，历法，意大利战役，卡诺，政变，平等，联邦主义，自然疆界，革命宗教，大革命与欧洲

La Rochefoucauld d'Enville (Louis-Alexandre, duc de) 拉罗什福柯·丹维尔
人权

La Rochefoucauld-Liancourt(François-Alexandre-Frédéric, duc de) 拉罗什福柯-利昂库尔，公爵
旧制度，革命议会，流亡者，拉法耶特，共和国，瓦伦事件

La Rochejaquelein (Henri du Vergier, comte de) 拉·罗什雅克兰
旺代

La Rochejaquelein (Victoire de Donnissan, marquise de) 拉·罗什雅克兰，女侯爵
朱安党叛乱

La Rouërie(Armand-Charles Taffin, marquis de) 雷扎迪耶尔，男爵
朱安党叛乱

Lasource (Marie-David-Albin) 拉索尔斯
丹东，联邦主义，吉伦特派

La Tour du Pin-Gouvernet (Jean-Frédéric de Paulin, comte de) 拉图尔迪潘
联盟节

La Tour-Maubourg (Marie-Charles-César-Florimond de Fay, comte de) 拉图尔-莫布尔
巴纳夫，斐扬派

Launay (Bernard Jordan de) 洛奈
革命日

Laurent (Paul-Matthieu, dit Laurent de l'Ardèche) 洛朗
比谢

Lauzun (Armand-Louis de Gontaut, duc de) 洛赞，公爵
拉法耶特

La Valette (Antoine-Marie Chamant, comte de) 拉瓦勒特
政变

LaVeaux (avocat) 拉沃
丹东
LaVie (Marc-Antoine) 拉维
税收
La Ville Le Roulx (Joseph de) 拉维尔·勒鲁尔克斯
俱乐部及民众社团
Lavisse (Ernest) 拉维斯，埃内斯特
救国委员会，自然疆界，学院派大革命史学，共和国
Lavoisier (Antoine-Laurent de) 拉瓦锡
汪达尔主义
Law (John) 劳，约翰
指券
Le Bas (François-Joseph) 勒巴斯
政变，革命政府
Le Bon(Gustave) 勒庞，古斯塔夫
学院派大革命史学
Le Bon(Jean) 勒庞，让
自然疆界
Lebrun (Charles-François, duc de Plaisance) 勒布伦
革命日
Le Chapelier (Isaac-René-Guy) 列沙白里哀
革命议会，国有财产，俱乐部及民众社团，联盟节，斐扬派，饶勒斯，王政派，八月四日之夜，无套裤汉，瓦伦事件
Leclerc (Jean-Baptiste) 勒克莱尔
巴贝夫
Leclerc d'Oze (Théophile) 勒克莱尔

巴黎公社，忿激派，埃贝尔派
Lecointre (Laurent) 勒库恩特尔
山岳派
Lecordier 勒科迪耶
国有财产
Lecouteulx (famille) 勒库特勒克斯
指券
Lecouvreur (Adrienne) 勒古薇尔
伏尔泰
Lefebvre (François-Joseph) 勒费富尔
政变
Lefebvre (Georges) 勒费弗尔，乔治
革命议会，巴贝夫，吉伦特派，学院派大革命史学
Le Franc de Pompignan (Jean-Georges, archevêque de Vienne) 勒弗朗·德·蓬皮尼昂，让-乔治，维埃纳省总主教
非基督教化，王政派
Legendre (Louis) 勒让德尔
共和国
Le Guen de Kerengal (Guy-Gabriel-François-Marie) 勒刚·德·科伦加尔
封建制度
Leibniz (Wilhelm Gottfried) 莱布尼茨
费希特
Lénine (Vladimir Ilitch Oulianov, dit) 列宁
学院派大革命史学，雅各宾主义
Lenoir (Alexandre) 勒努瓦，亚历山大
启蒙，汪达尔主义

# 人名索引

Léon (Pauline) 莱昂，波林娜
忿激派，无套裤汉

Léopold Ⅱ (empereur germanique) 利奥波德二世
流亡者，玛丽－安托瓦内特，瓦伦事件

Le Paige (Louis-Adrien) 勒·佩吉
宪法，主权

Le Peletier de Saint-Fargeau (Ferdinand-Louis-Félix) 勒佩勒蒂埃，菲利克斯
巴贝夫，马拉

Le Peletier de Saint-Fargeau (Louis-Michel) 勒佩勒蒂埃·德·圣法尔若
民主，再生，革命宗教

Lequinio (Joseph-Marie) 勒吉尼奥
平等

Leroux (Pierre) 勒鲁
比谢

Lescot-Fleuriot (Jean-Baptiste-Edmond) 莱斯科－弗勒里奥
巴黎公社

Lescure (Louis-Marie de Salgues, marquis de) 莱思屈尔
旺代

Letourneur (Louis-François) 勒图尔纳
巴贝夫，意大利战役，卡诺，政变，自然疆界

Le Trosne (Guillaume-François) 勒·特罗内
封建制度，重农学派

Levasseur de la Sarthe (René Levasseur, dit) 勒瓦瑟尔

革命议会，比谢，丹东，吉伦特派，革命日，山岳派

Lezay-Marnésia (Claude-François-Adrien) 勒扎伊－马内西亚
贡斯当，王政派

Lhuillier (Louis-Marie) 吕利耶
巴黎公社，革命日

Lindet (Robert) 兰代，罗贝尔
指券，巴贝夫，救国委员会，政变，非基督教化，革命政府，山岳派，审判国王

Linguet (Simon-Nicolas-Henri) 兰盖
民法典，公共精神，封建制度

Livingston(Robert R.) 利文斯通
宪法

Lloyd (Henry Humphry Evans) 劳埃德，亨利
意大利战役

Locke (John) 洛克，约翰
柏克，联邦主义，学院派大革命史学，自由，孟德斯鸠，内克，重农学派，美国革命，伏尔泰

Loménie de Brienne (Etienne Charles de Loménie, comte de Brienne) 洛梅尼·德·布里耶纳
革命议会，中央集权，孔多塞，自由，玛丽－安托瓦内特，西耶斯

Louchet (Louis) 鲁歇
政变

Louis Ⅺ 路易十一
自然疆界

Louis Ⅻ 路易十二

自然疆界

Louis XIV 路易十四
　　救国委员会，米什莱，审判国王

Louis XV 路易十五
　　路易十六，玛丽-安托瓦内特，米什莱

LOUIS XVI（Louis-Auguste）(1754-1793) 路易十六
　　参阅第2卷

Louis XVII 路易十七
　　巴塞尔条约与海牙条约(1795)

Louis XVIII（d'abord comte de Provence, puis Monsieur） 路易十八，普罗旺斯伯爵
　　旧制度，民法典，反革命，流亡者，路易十六，玛丽-安托瓦内特

LOUIS, dauphin de France (fils de Louis XV) 路易，法兰西王储，路易十五之子
　　路易十六

Louis-Philippe 路易-菲利普
　　旧制度

Loustalot (Armand-Elisée de) 卢斯塔洛
　　平等，拉法耶特，卢梭

Loutchisky (Ivan Vasilevitch) 卢奇茨基
　　学院派大革命史学

Louvet de Couvray (Jean-Baptiste) 卢韦
　　中央集权，巴黎公社，公共精神，自由，审判国王，罗伯斯庇尔，革命

Lubin (Jean-Jacques) 吕班
　　巴黎公社

Luckner (Nicolas, baron) 卢克纳
　　军队

Luther (Martin) 路德
　　路易·勃朗，基内

Lycurgue 来库古
　　再生

Mably (Gabriel Bonnot, abbé de) 马布利
　　巴贝夫，路易·勃朗，贡斯当，宪法，平等，联邦主义，联盟节，封建制度，博爱，启蒙，革命，卢梭，西耶斯，伏尔泰

Macaulay (Thomas Babington, Lord) 麦考莱
　　泰纳

Machiavel (Nicolas) 马基雅维利
　　民主

Madison (James) 麦迪逊，詹姆斯
　　联邦主义

Magnier (Brutus) 马尼耶
　　无套裤汉

Maine de Biran (Marie-François-Pierre Gontier de Biran, dit) 曼恩·德·比朗
　　泰纳

MAISTRE (comte Joseph de) (1753-1821) 迈斯特
　　参阅第5卷

Malbeste-Champertois (François) 马尔贝斯特-尚佩特瓦
　　巴黎公社

Malesherbes (Chrétien-Guillaume de Lamoignon de) 马勒泽布

中央集权，公共精神，路易十六，审判国王

Maleville (Jacques, marquis de) 马勒维尔
民法典

Mallet du Pan (Jacques) 马莱·迪潘
意大利战役，反革命，流亡者，公共精神，自然疆界，路易十六，迈斯特，托克维尔，汪达尔主义

Malouet (Pierre-Victor, baron) 马卢埃
革命议会，省，人权，流亡者，饶勒斯，王政派，八月四日之夜，泰纳

Mandar (Théophile) 芒达尔，泰奥菲勒
巴黎公社

Mandat (Antoine-Jean-Gailliot, marquis de) 芒达
革命日

MARAT (Jean-Paul) (1743–1793) 马拉
参阅第2卷

Marc-Aurèle 马克-奥勒留
泰纳

Marceau (François-Séverin Marceau-Desgraviers, dit François) 马索
军队，旺代

Maréchal (Sylvain) 马雷夏尔，西尔万
巴贝夫，历法，山岳派

Marie-Adélaïde Clotilde (sœur de Louis XVI) 玛丽-阿代拉伊德·克洛蒂尔德
路易十六

MARIE-ANTOINETTE (Marie-Antoinette-Joseph-Jeanne de Lorraine) (1755–1793) 玛丽-安托瓦内特
参阅第2卷

Marie-Caroline de Habsbourg (reine du royaume de Naples et de Sicile) 玛丽-卡罗琳
意大利战役

Marie-Josèphe de Saxe (2° femme du dauphin, mère de Louis XVI) 玛丽-约瑟芬，萨克森公主
路易十六，玛丽-安托瓦内特

Marie Leszczynska (reine de France) 玛丽·莱辛兹卡，法国王后
路易十六

Marie-Thérése d'Autriche (mère de Marie-Antoinette) 玛丽-泰蕾莎，奥地利女大公，玛丽-安托瓦内特之母
路易十六，玛丽-安托瓦内特，米拉波，巴塞尔条约与海牙条约 (1795)

Marie-Thérése (Madame Royale, fille de Louis XVI) 玛丽-泰蕾莎，长公主，路易十六之女
玛丽-安托瓦内特，瓦伦事件

Marie-Thérése d'Espagne (Ire femme du dauphin, père de Louis XVI) 玛丽-泰蕾莎，西班牙公主
路易十六

Marmont (Augustin-Frédéric-Louis Viesse de) 马尔蒙
意大利战役

Martin (Henri) 马丁，亨利

自然疆界
Martin (de Besançon) 马丁，德·贝桑松省
MARX (Karl) (1818-1883) 马克思，卡尔
参阅第5卷
Masséna (André) 马塞纳
意大利战役，政变
Mathieu (Jean-Baptiste-Charles) 马蒂埃
革命宗教
Mathiez (Albert) 马迪厄，阿尔贝尔
革命议会，巴贝夫，中央集权，政变，丹东，吉伦特派，学院派大革命史学，饶勒斯，马拉，革命宗教，泰纳
Maupeou (René-Nicolas-Charles-Augustin de) 莫普
政变，八月四日之夜
Maurepas (Jean-Frédéric Phélypeaux, comte de) 莫尔帕，伯爵
玛丽-安托瓦内特
Maury (Jean-Siffrein, abbé) 莫里，神父
革命议会，国有财产，平等，饶勒斯，自由
Mauvillon(Jakob) 莫维庸
米拉波
Mazarin (Jules) 马扎然
自然疆界
Méhée de la Touche (Jean-Claude-Hippolyte) 梅埃
巴黎公社
Menou (Jacques-François, baron de) 梅努
政变，革命日

Mercier (Louis-Sébastien) 梅西耶，路易-塞巴斯蒂安
博爱，启蒙，审判国王，瓦伦事件，伏尔泰
Mercy-Argenteau (Florimond, comte de) 梅尔西-阿尔让多
玛丽-安托瓦内特，米拉波，巴纳夫
Méricourt (Théroigne de) 梅里古，泰鲁瓦涅·德
忿激派
Merlin de Douai (comte Philippe-Antoine Merlin, dit) 墨兰·德·杜埃
自然疆界，中央集权
Merlin de Thionville (Antoine-Christophe Merlin, dit) 蒂翁维尔的梅尔兰
救国委员会
Mézeray (François-Eudes de) 梅泽莱
自然疆界
Michel Jeune (banquier) 小米歇尔（银行家）
国有财产
MICHELET (Jules) (1798-1874) 米什莱
参阅第5卷
Michels (Roberto) 米歇尔斯
雅各宾主义
Mignet (Auguste) 米涅
旧制度，路易·勃朗，比谢，革命政府，基佐，学院派大革命史学，米什莱，基内，斯塔尔夫人，恐怖，托克维尔
Mill (John Stuart) 密尔，约翰·斯图尔特

泰纳
MILLAR (John)  米勒·约翰
贡斯当
MIRABEAU (Honoré-Gabriel Riqueti, comte de) (1749−1791)  米拉波
参阅第2卷
Mitterrand (Francois)  密特朗, 弗朗索瓦
共和国
Momoro(Antoine-François)  摩莫罗
埃贝尔派, 饶勒斯, 革命日
Moncey (Bon-Adrien Jeannot de)  蒙塞, 邦-阿德里安·让诺·德
巴塞尔条约与海牙条约 (1795)
Monge (Gaspard, comte de Péluse)  蒙日, 加斯帕
历法, 意大利战役
Montalembert (Marc-René, marquis de)  蒙塔朗贝尔
卡诺
MONTESQUIEU (Charles de Secondat, baron de La Brède) (1689−1755)  孟德斯鸠
参阅第4卷
Montesquiou-Fezensac (Anne-Pierre, marquis de)  蒙特斯丘
自然疆界
Montesquiou-Fezensac (François-Xavier de)  蒙特斯丘-费赞萨克
指券
Montosier (François-Dominique de Reynaud, comte de)  蒙罗西耶

平等, 流亡者
Montmorency-Laval (Mathieu-Jean-Félicité, duc de)  蒙莫朗西
革命议会, 人权
Montmorin-Saint-Hérem (Armand-Marc, comte de)  蒙莫兰
自然疆界, 米拉波, 王政派
Moore (John)  摩尔, 约翰
马拉
Moreau (Jean-Victor)  莫罗
意大利战役, 政变
Moreau de Saint-Méry (Médéric-Louis-Elie)  莫罗·德·圣梅里
拉法耶特
Morellet (André)  莫雷莱
路易·勃朗
Morelly  摩莱里
路易·勃朗, 再生
Morisson de la Bassetière (Henri)  莫里松
审判国王
Mosselmann  莫塞尔曼
国有财产
Moulin (Jean-François-Auguste)  穆兰
政变
Mounier (Jean-Joseph)  穆尼埃
革命议会, 巴纳夫, 历法, 宪法, 反革命, 人权, 流亡者, 基佐, 革命日, 拉法耶特, 启蒙, 米什莱, 王政派, 孟德斯鸠, 革命, 主权, 斯塔尔夫人, 伏尔泰
Mounier (Sophie de)  穆尼埃, 苏菲·德

米拉波
Moy (Charles-Alexandre de) 莫瓦
革命宗教
Muguet de Nanthou 米盖·德南托
瓦伦事件
Murat (Joachim) 缪拉
雾月十八日

Napoléon Ⅲ 拿破仑三世
参阅 波拿巴 (Louis Napoléon)
Narbonne-Lara (Louis-Marie-Jacques-Amaric, comte de) 纳尔蓬
吉伦特派
Naudé(Gabriel) 诺德,加布里埃尔
政变
NECKER (Jacques) (1732-1804) 内克
参阅第2卷
Nicot (Jean, seigneur de Villemain) 尼可,让
民族
Noailles (Louis-Marie, chevalier d'Arpajon, vicomte de) 诺瓦耶,子爵
流亡者,封建制度,八月四日之夜

Ochs (Pierre) 奥克斯,皮埃尔
大革命与欧洲
Orléans (Louis-Philippe Joseph,duc d',dit Philippe Egalité) 奥尔良,公爵,别名菲利普·平等
革命议会,巴黎公社,丹东,三级会议,革命日,路易十六,米拉波,恐怖
Orry de Mauperthuy (avocat) 奥里·德·摩佩图伊
博爱
Ostrogorski (Moiseïlakovlevitch) 奥斯特罗戈尔斯基
雅各宾主义

Pache (Jean-Nicolas) 帕什
卡诺,巴黎公社,埃贝尔派,革命日
Paine (Thomas) 潘恩,托马斯
柏克,省,审判国王,再生,美国革命,大革命与欧洲
Palasne de Champeaux (Julien-François de) 帕拉斯内·德·尚波
俱乐部及民众社团
Panchaud (agioteur) 潘乔德
米拉波
Paoli (Pasquale) 保利
波拿巴
Pâris (Philippe-Nicolas-Marie) 帕里斯
巴黎公社
Parisot (Jacques) 帕里索
八月四日之夜
Parker 帕克
国有财产
Pasquier (Etienne) 帕基耶,艾蒂安
自然疆界
Pastoret (Pierre, comte, puis marquis de) 帕斯托雷
自由
Payan (Claude-François) 帕扬
巴黎公社
Pelleport (Anne-Gédéon La Fite de) 佩

# 人名索引

尔波尔
玛丽-安托瓦内特
Pépin-Desgrouettes(Pierre-Athanase-Nicolas) 佩潘-德格鲁埃特
巴黎公社
Pereyra (Jacob) 佩雷拉
革命宗教
Périer (frères) 佩里埃
巴黎公社
Perier (Scipion) 佩里埃，西皮翁
国有财产
Pérignon (Dominique-Catherine, marquis de) 佩里尼翁
巴塞尔条约与海牙条约 (1795)
Pérignon (notaire) 佩里尼翁（公证人）
国有财产
Pétion de Villeneuve (Jérôme) 佩蒂翁
革命议会，巴纳夫，俱乐部及民众社团，巴黎公社，宪法，省，平等，公共精神，吉伦特派，雅各宾主义，革命日，拉法耶特，马拉，瓦伦事件
Philippeaux (Pierre) 菲立波
山岳派
Pichegru(Charles) 皮舍格吕
卡诺，政变，反革命，自然疆界
PIE VI 庇护六世
意大利战役，教士公民组织法
Pison du Galland (Alexis-François) 皮松·迪加朗
省，人权
Pitt (William, le second) 皮特
大革命与欧洲

Platon 柏拉图
费希特
Pluche (Noël-Antoine, abbé) 普吕什
非基督教化
Plutarque 普鲁塔克
饶勒斯
Polastron (Marie-Louise-Françoise d'Esparbès de Lussan, comtesse de) 波拉斯通
流亡者
Polignac (Yolande-Martine-Gabrielle de Polastron, comtesse puis duchesse de) 波利尼亚克伯爵夫人
流亡者，玛丽-安托瓦内特
Pompadour (Jeanne-Antoinette Poisson, marquise de) 蓬巴杜尔，夫人
路易十六
Portalis (Jean-Etienne-Marie) 波塔利斯
民法典，托克维尔
Pothier (Robert-Joseph) 波蒂埃
民法典
Price (Richard) 普莱斯，理查德
柏克，美国革命，泰纳
Priestley (Joseph) 普莱斯特里，约瑟夫
大革命与欧洲
Prieur de la Côte-d'Or (Claude-Antoine Prieur-du-Vernois, dit) 科尔多省的普里厄
卡诺，救国委员会，政变，革命政府
Prieur de la Marne (Pierre-Louis Prieur, dit) 马恩省的普里厄
救国委员会，联邦主义，革命政府

Proudhon (Pierre-Joseph) 蒲鲁东
民主，联邦主义，博爱，革命政府
Prudhomme (Louis-Marie) 普吕多姆
革命
Puisaye (Joseph, comte de) 皮萨伊
联邦主义

Quasdanovitch (Peter) 科斯达诺维奇
意大利战役
Quesnay (François) 魁奈
重农学派，西耶斯
QUINET (Edgar) (1803-1875) 基内
参阅第5卷

Rabaut Saint-Etienne (Jean-Paul) 拉博·圣艾蒂安
革命议会，宪法，省，人权，平等，联邦主义，饶勒斯，孟德斯鸠，民族，重农学派，审判国王，革命
Raffet (Nicolas) 拉费
革命日
Raisson (François-Etienne-Jacques) 雷松
最高限价
Ramel de Nogaret (Dominique-Vincent) 拉梅尔
指券
Ramond de Carbonnières(Louis-François-Elisabeth, baron) 拉蒙
拉法耶特
Réal (Pierre-François, comte) 雷拉尔
巴黎公社，民法典
Regnaud de Saint-Jean-d'angély (Michel, comte) 勒尼奥·当热利
历法
Rehberg (August Wilhelm) 雷贝格
柏克，费希特，康德
Reinhold (Karl Leonhard) 莱茵霍尔德
费希特
Rémusat (Charles-François-Marie, comte de) 雷米萨
柏克，自由，伏尔泰
Renan (Ernest) 勒南
学院派大革命史学，革命宗教，泰纳
Restout (Jean-Bernard) 雷斯图
巴黎公社
Reubell (Jean-François) 勒贝尔
意大利战役，卡诺，政变，自然疆界，巴塞尔条约与海牙条约 (1795)
Reuss (Materne) 罗伊斯，马特内
康德
Réveillon(Jean-Baptiste) 雷韦永
饶勒斯
Richelet (César-Pierre) 里什莱
自然疆界
Richelieu (Armand-Jean du Plessis, cardinal et duc de) 黎塞留
比谢，救国委员会，自然疆界，米拉波，基内
Richer (menuisier) 里谢
无套裤汉
Rivarol (Antoine, dit le comte de) 里瓦罗尔
托克维尔
Robert (Pierre-François-Joseph) 罗贝尔，

弗朗索瓦
   共和国，瓦伦事件
Robespierre（Augustin de) 罗伯斯庇尔
   政变，公共精神，马拉
ROBESPIERRE (Maximilien-Marie-Isidore de) (1758-1794) 罗伯斯庇尔
   参阅第2卷
Robinet (Jean-François-Eugène) 罗比内
   丹东
Rodrigues (Olinde) 罗德里格斯
   比谢
Roederer (Pierre-Louis, comte) 勒德雷尔
   政变，平等，博爱，革命日，自由，罗伯斯庇尔，卢梭，斯塔尔夫人
Rohan (Louis-René-Edouard, prince de Rohan-Guémenée, dit le cardinal de) 罗昂，枢机主教
   玛丽-安托瓦内特
Roland de la Platière (Jean-Marie) 罗兰
   巴黎公社，丹东，联邦主义，博爱，吉伦特派，路易十六，马拉，共和国，恐怖
Roland de la Platière (Jeanne-Marie ou Manon Phlipon, dite Mme Roland) 罗兰夫人
   布里索，丹东，联邦主义，吉伦特派，拉法耶特，共和国，伏尔泰
Romme (Charles-Gilbert) 罗默，吉贝尔
   历法，联邦主义，山岳派，伏尔泰
Ronsin (Charles-Philippe) 龙森
   丹东，埃贝尔派，革命日，恐怖
Rossignol (Jean-Antoine) 罗西尼奥尔

旺代
Rouault de Cosquéran (Joseph-Yves) 鲁奥
   政变
ROUSSEAU (Jean-Jacques) (1712-1778) 卢梭
   参阅第4卷
Roux (Jacques) 鲁，雅克
   巴贝夫，比谢，巴黎公社，忿激派，埃贝尔派，革命日，马拉，最高限价，无套裤汉
Royer-Collard (Pierre-Paul) 鲁瓦耶-科拉尔
   民主，联邦主义，基佐

Sagnac (Philippe) 萨尼亚克，菲利普
   封建制度，学院派大革命史学
Saint-Cyran (Jean Du Vergier de Hauranne, abbé de) 圣西朗
   平等
Saint-Just (Louis-Antoine de) 圣茹斯特
   军队，革命议会，指券，卡诺，中央集权，救国委员会，政变，丹东，民主，省，公共精神，吉伦特派，革命政府，雅各宾主义，革命日，自由，路易十六，米拉波，山岳派，马克思，审判国王，革命，罗伯斯庇尔，卢梭，斯塔尔夫人，泰纳，恐怖
Saint-Martin (Louis-Claude de) 圣马丁，路易-克洛德·德
   迈斯特
Saint-Simon (Claude-Henri de Rouvroy, comte de) 圣西门

比谢, 孔多塞, 民主, 平等, 革命政
府, 米什莱

Sainte-Beuve (Charles-Augustin) 圣伯夫
巴纳夫, 孔多塞, 吉伦特派, 米拉
波, 泰纳

Saladin 萨拉丁
拉法耶特

Saliceti (Antoine-Christophe) 萨利切蒂
波拿巴, 意大利战役

Salles (Jean-Baptiste) 萨勒
宪法, 瓦伦事件

Sangnier (Marc) 桑尼耶
旺代

Santerre (Antoine-Joseph) 桑泰尔
革命日

Sartre (Jean-Paul) 萨特
博爱

Sauce (Jean-Baptiste) 索斯
瓦伦事件

Sauret (Pierre Franconin, baron de La
Borie, dit) 索雷
意大利战役

Savigny (Karl von) 萨维尼, 卡尔·冯
民法典

Say (Jean-Baptiste) 萨伊, 让-巴普蒂
斯特
重农学派

Scépeaux (Marie-Paul-Alexandre,
vicomte, puis marquis de) 瑟波
朱安党叛乱

Scherer (Barthélemy-Louis-Joseph) 谢雷
意大利战役

Schleiermacher (Friedrich) 施莱尔马赫
泰纳

Ségur (Henri-Philippe, marquis de)
塞居尔
贵族

Seignobos (Charles) 塞诺博斯
泰纳

Sérurier (Jean-Matthieu-Philibert, comte)
塞吕里耶
意大利战役

Servan de Gerbey (Joseph) 塞尔旺
人权, 联邦主义, 自然疆界, 吉伦特派

SIEYÈS (Emmanuel-Joseph, dit l'abbé)
(1748-1836) 西耶斯
参阅第2卷

Sillery (Charles-Alexis-Pierre, marquis
de, comte de Genlis) 西耶里
孟德斯鸠

Smith(Adam) 斯密, 亚当
重农学派, 西耶斯

Soboul (Albert) 索布尔, 阿尔贝
忿激派, 吉伦特派, 埃贝尔派, 无套
裤汉

Sorel (Albert) 索雷尔, 阿尔贝
丹东, 吉伦特派, 泰纳

Soubrany (Pierre-Auguste de) 苏布拉尼
山岳派

Souvorov(Alexandre Vassilievitch) 苏沃
格夫
巴塞尔条约与海牙条约 (1795)

Spinoza (Baruch) 斯宾诺莎
费希特

# 人名索引

STAËL (Germaine Necker, baronne, dite Mme de) (1766-1817) 斯塔尔夫人
参阅第5卷

Staline (Joseph Vissarionovitch Djougatchvili, dit) 斯大林
学院派大革命史学

Stendhal (Henri Beyle, dit) 司汤达
巴纳夫，波拿巴，意大利战役，审判国王，泰纳

Stengel (général) 斯滕格尔
意大利战役

Stofflet (Jean-Nicolas) 斯托夫莱
朱安党叛乱，旺代

Strabon 斯特拉波
自然疆界

Suleau (François-Louis) 叙罗
公共精神

Sulkowsky (Joseph) 舒尔科夫斯基
意大利战役

TAINE (Hippolyte) (1828-1893) 泰纳
参阅第5卷

Talleyrand-Périgord (Charles-Maurice, duc de) 塔列朗-佩里戈尔，夏尔
旧制度，革命议会，指券，国有财产，波拿巴，教士公民组织法，政变，平等，米拉波，王政派，再生

Tallien (Jean-Lambert) 塔里安
革命议会，俱乐部及民众社团，巴黎公社，政变，平等，热月党

Talmon (Jacob Leib) 塔尔蒙
卢梭

Talot (Michel-Louis) 塔洛
革命宗教

Target (Guy-Jean-Baptiste) 塔尔热
革命议会，中央集权，省

Thayer 塞耶
国有财产

Théot (Catherine) 泰奥，凯瑟琳
政变

Theremin(Charles) 泰勒曼，夏尔
康德

Théveneau de Morande (Charles) 泰弗诺·德·莫朗德
玛丽-安托瓦内特

Thibaudeau (Antoine-Clair, comte) 蒂博多，安托万-克莱尔
民法典，丹东，革命日

Thibaut (Antoine-Friedrich-Justus) 蒂博
民法典

Thierry (Augustin) 梯叶里，奥古斯丁
巴纳夫，路易·勃朗，平等，自然疆界，米什莱，马克思，基内，托克维尔，汪达尔主义

Thiers (Louis-Adolphe) 梯也尔
比谢，大恐慌，基佐，学院派大革命史学，马拉，基内，斯塔尔夫人

Thirion(Didier) 蒂里翁
马拉

Thou (Jacques-Auguste de) 德都
自然疆界

Thouret (Jacques-Guillaume) 图雷
革命议会，国有财产，中央集权，省，公共精神，斐扬派，孟德斯鸠，卢

梭，瓦伦事件

Thuriot de la Rozière (Jacques, chevalier) 蒂里奥
　救国委员会，革命政府，最高限价，再生

TOCQUEVILLE (Charles-Alexis-Clérel de) (1805-1859) 托克维尔
　参阅第5卷

Treilhard (Jean-Baptiste) 特雷亚尔
　民法典，教士公民组织法，伏尔泰

Tronchet (François-Denis) 特龙谢
　民法典，审判国王

Truchon de la Maisonneuve (Germain Truchon, dit) 特吕雄
　巴黎公社

Turenne (Henri de La Tour d'Auvergne, vicomte de) 蒂雷纳
　汪达尔主义

Turgot (Anne-Robert-Jacques, baron de l'Aulne) 杜尔哥
　路易·勃朗，孔多塞，封建制度，自由，路易十六，启蒙，重农学派，美国革命

Turreau de Lignières (Louis) 杜罗
　恐怖，旺代

Vadier (Marc-Guillaume) 瓦蒂埃
　巴贝夫，卡诺，政变,革命日，山岳派，瓦伦事件

Valazé (Charles-Eléonore Dufriche de) 瓦拉泽
　联邦主义，吉伦特派，审判国王

Valckenaer (Jan) 瓦尔克纳
　大革命与欧洲

Vallès (Jules) 瓦莱斯，儒勒
　山岳派

Vandal (Albert) 旺达尔
　政变，雾月十八日

Vans (William) 万斯
　国有财产

Varlet (Jean) 瓦尔莱
　巴黎公社，忿激派，吉伦特派，革命日，最高限价

Vattel (Emmerich de) 瓦泰勒
　宪法

Vauban (Sébastien Le Prestre de) 沃邦
　卡诺，重农学派

Vaubois (Charles-Henri, comte de Belgrand de) 沃布瓦
　意大利战役

Vauguyon(Antoine-Paul-Jacques de Quélen de Caussade, duc de La) 沃吉翁，公爵
　路易十六

Vellay (Charles) 韦莱，夏尔
　学院派大革命史学

Vergennes(Charles Gravier, comte de) 韦尔热讷
　自然疆界，路易十六

Vergennes (Mme de) 韦尔热讷夫人
　伏尔泰

Vergniaud (Pierre Victurnien) 韦尼奥
　巴黎公社，平等，联邦主义，博爱，吉伦特派，审判国王，革命,无套裤

汉，恐怖
Vermond (Mathieu-Jacques, abbé de) 维尔蒙，神父
  玛丽-安托瓦内特
Vernet (Horace) 贝内特，贺拉斯
  意大利战役
Vico(Giambattista) 维柯
  基内
Vigny (Alfred, comte de) 维尼
  伏尔泰
Villette (Charles, marquis de) 维莱特，夏尔
  平等，伏尔泰
Vincent (François-Nicolas) 樊尚
  巴黎公社，丹东，埃贝尔派，革命日
Virieu (François-Henri, comte de) 维里厄，伯爵
  联邦主义，王政派

Volney (Constantin-François de Chasse-bœuf, comte de) 沃尔内
  共和国，伏尔泰
VOLTAIRE (François-Marie Arouet, dit) (1694–1778) 伏尔泰
  参阅第4卷
Washington (George) 华盛顿，乔治
  拉法耶特
Willot (Amédée) 维约
  卡诺
Wimpffen (Félix, baron de) 温普芬
  联邦主义
Wordsworth (William) 华兹华斯，威廉
  大革命与欧洲
Wurmser (Dagobert Siegmund, comte von) 维尔姆泽
  意大利战役

# 主题索引*

与《辞典》中词条相关的主题以黑体表示，并注明所在卷。

**ABSOLUTISME 绝对主义**
贵族，波拿巴，反革命，封建制度，绝对君主制，基内，美国革命，卢梭，西耶斯，主权，泰纳，托克维尔

**ACADÉMIE (S) 科学院（学术院）**
贵族，公共精神
　Dictionnaire de l'—française 法兰西学院辞典
　民族

**ADMINISTRATION 行政**
波拿巴，中央集权，革命政府，主权
　—départementale 省行政
　省
　—royale 王室
　贵族

**AGENTS NATIONAUX 国民代理人**
中央集权

**AGRICULTURE 农业**
重农学派

**ALIÉNATION 异化**
马克思

**ALLEMAGNE 德国**
费希特，自然疆界，黑格尔，马克思，大革命与欧洲

**AMALGAME (LOI DE L') 混编法**
军队

**AMÉRIQUE 美国（美洲）**
联邦主义，联盟节，封建制度，内克，基内，美国革命，托克维尔

**ANCIEN REGIME 旧制度**
参阅第 4 卷

**ANGLETERRE 英国（英格兰）**
旧制度，贵族，指券，巴纳夫，柏克，贡斯当，宪法，反革命，流亡者，公共精神，康德，马拉，马克思，米什莱，王政派，孟德斯鸠，内

---

\* 据《法国大革命批判辞典》1988 年法文版主题索引编制，有修订。——编者

# 主题索引

克，审判国王，基内，革命，美国革命，大革命与欧洲，斯塔尔夫人，泰纳，巴塞尔条约与海牙条约(1795)

ANTICLÉRICALISME 反教权主义
　非基督教化

ANTIPARLEMENTARISME 反议会主义
　忿激派

ANTIQUITÉ 古代
　贡斯当，自由，马克思

APPEL AU PEUPLE 诉诸人民
　吉伦特派，审判国王

ARBITRAIRE 专断
　贡斯当，平等，自由，革命

ARISTOCRATIE 贵族
　参阅第4卷

**ARMEE 军队**
　参阅第3卷

ARTISANS 手工业者
　重农学派，无套裤汉

**ASSEMBLEES RÉVOLUTIONNAIRES**
　革命议会
　参阅第3卷

**ASSIGNATS 指券**
　参阅第3卷

AUTORITÉ 权威
　路易·勃朗，迈斯特

BAILLIAGE 司法区
　省，三级会议

BANQUE 银行
　指券
　—de France 法兰西银行
　　波拿巴

BASTILLE 巴士底
　革命日，米什莱，共和国

BELGIQUE 比利时
　自然疆界，大革命与欧洲

**BIENS NATIONAUX 国有财产**
　参阅第3卷

BOLCHEVISME 布尔什维克主义
　学院派大革命史学，雅各宾主义，恐怖

BONHEUR 幸福
　平等，自由

BOURGEOISIE 资产者（资产阶级）
　贵族，革命议会，国有财产，路易·勃朗，波拿巴，比谢，学院派大革命史学，饶勒斯，马克思，最高限价

BRISSOTINS 布里索派
　革命议会，吉伦特派，埃贝尔派，马拉

BUREAUCRATIE 官僚制
　革命政府

CAHIERS DE DOLÉANCES 陈情书
　旧制度，革命议会，比谢，民法典，省，平等，三级会议，博爱，大恐慌，旺代

CALCUL DES PROBABILITES 概率计算
　孔多塞

**CALENDRIER 历法**
　参阅第3卷

**CAMPAGNE D'ITALIE 意大利战役**
　参阅第1卷

CAPITALISME 资本主义
　国有财产

—rural（农业资本主义）
学院派大革命史学
CATHOLICISME 天主教
国有财产，路易·勃朗，波拿巴，比谢，朱安党叛乱，教士公民组织法，反革命，非基督教化，博爱，黑格尔，学院派大革命史学，米什莱，基内，革命宗教，托克维尔，旺代
**CENTRALISATION 中央集权**
参阅第4卷
CENSITAIRE (RÉGIME) 纳税选举（制）
平等，斐扬派，选举制度
CENSURE 审查
自由
CERCLE SOCIAL 社会俱乐部
巴贝夫，联邦主义，吉伦特派，瓦伦事件
CHAMP-DE-MARS 马尔斯校场
联盟节，拉法耶特，瓦伦事件
CHARBONNERIE 烧炭党
巴贝夫，比谢
CHARTE DE 1814 1814年宪章
旧制度
**CHOUANNERIE 朱安党叛乱**
参阅第1卷
CHRISTIANISME 基督教
路易·勃朗，比谢，教士公民组织法，非基督教化，博爱，学院派大革命史学，迈斯特，米什莱，基内，再生，伏尔泰
CITOYENNETÉ 公民权

巴纳夫，平等，选举，三级会议，饶勒斯，康德，自由，马克思，重农学派，西耶斯，选举制度
CLERGÉ 教会
革命议会，教士公民组织法，三级会议，旺代
**CLUBS ET SOCIETES POPULAIRES 俱乐部及民众社团**
参阅第3卷
**CODE CIVIL 民法典**
参阅第3卷
COLLIER (AFFAIRE DU) 项链事件
路易十六，玛丽-安托瓦内特
COLONIES 殖民地
巴纳夫
**COMITE DE SALUT PUBLIC 救国委员会**
参阅第3卷
COMITÉ DE SÛRETÉ GÉNÉRALE 治安委员会
革命政府，共和国，恐怖
COMMERCE 商业
贵族，巴纳夫，最高限价，孟德斯鸠，重农学派
COMMISSAIRES 特派员
军队，省，公共精神
COMMISSION 委员会
—des Monuments 历史文物委员会
汪达尔主义
—des subsistances 生活资料委员会
革命政府
—temporaire des arts 临时艺术委员会

汪尔主义

**COMMUNE DE PARIS 巴黎公社**
参阅第3卷

**COMMUNISME 共产主义**
巴贝夫，学院派大革命史学，雅各宾主义，共和国

**COMPAGNIE DES INDES 印度公司**
丹东

**COMPLOT 阴谋**
贵族，巴贝夫，朱安党叛乱，政变，流亡者，革命政府，大恐慌，埃贝尔派，学院派大革命史学，启蒙，马拉，罗伯斯庇尔，旺代

**CONCORDAT 教务专约**
波拿巴，朱安党叛乱，非基督教化，流亡者，旺代

**CONSPIRATION 密谋**
巴贝夫

**CONSTITUTION 宪法**
参阅第3卷

**CONSTITUTION CIVILE DU CLERGE 教士公民组织法**
参阅第3卷

**CONTRAT SOCIAL 社会契约**
比谢，反革命，平等，税收，自由，卢梭，主权

**CONTRE-REVOLUTION 反革命**
参阅第4卷

**CORDELIERS 科特利埃派**
丹东，忿激派，革命政府，埃贝尔派，革命日，恐怖，瓦伦事件

**CORPORATIONS 行会**
八月四日之夜，主权

**CORPS INTERMÉDIAIRES 中间团体**
柏克，税收，八月四日之夜

**COUPS D'ETAT 政变**
参阅第1卷

**COUR 宫廷**
巴纳夫，斐扬派，路易十六，玛丽-安托瓦内特，米拉波，西耶斯

**CRISE ÉCONOMIQUE 经济危机**
大恐慌，最高限价

**CULTES RÉVOLUTIONNAIRES 革命崇拜**
革命宗教

**DÉCENTRALISATION 去中央集权化**
省

**DECHRISTIANISATION 非基督教化**
参阅第1卷

**DÉCLARATION DES DROITS DE L'HOMME 人权宣言**
人权

**DÉISME 自然神论**
革命宗教，伏尔泰

**DEMOCRATIE 民主**
参阅第4卷

**DEPARTEMENT 省**
参阅第3卷

**DÉPUTÉS 议员（代表）**
革命议会，省，选举，三级会议，选举制度

**DESPOTISME 专制主义**
贡斯当，自由，孟德斯鸠，基内，主

权，泰纳
—éclairé 开明专制
　　大革命与欧洲
—ministériel, 内阁（大臣）专制
　　西耶斯
DETTE PUBLIQUE 公共债务
　　指券，教士公民组织法
DEUXIÈME RÉPUBLIQUE 第二共和国
　　共和国，托克维尔
DICTATURE 独裁
　　波拿巴，救国委员会，丹东，革命政府，埃贝尔派，学院派大革命史学，雅各宾主义，马拉，恐怖
DÎME 什一税
　　国有财产，教士公民组织法，八月四日之夜
DIPLOMATIE 外交
　　自然疆界，巴塞尔条约与海牙条约 (1795)
DISETTE 粮荒
　　大恐慌，革命日，最高限价
DIVORCE 离婚
　　民法典
DROIT 权利
　　巴贝夫，民法典，封建制度，大恐慌，八月四日之夜
—au travail 劳动权
　　巴贝夫，罗伯斯庇尔
—naturel 自然权利
　　宪法，反革命，饶勒斯，自由，美国革命

DROIT DE L'HOMME 人权
　　参阅第4卷
ECONOMIE 经济
　　革命政府，学院派大革命史学，税收，饶勒斯，马克思，最高限价，重农学派
EDUCATION 教育
　　孔多塞，丹东，民主，平等，公共精神，启蒙，民族，再生，共和国，热月党
EGALITE 平等
　　参阅第4卷
EGLISE 教会
　　参阅 Catholicisme
ELECTIONS 选举
　　参阅第1卷
EMIGRES 流亡者
　　参阅第2卷
ENRAGES 忿激派
　　参阅第2卷
EPURATION 净化
　　军队，俱乐部及民众社团，博爱，革命政府，雅各宾主义，再生
ESCLAVAGE 奴隶制
　　俱乐部及民众社团，孔多塞，康德，美国革命
ESPRIT PUBLIC 公共精神
　　参阅第4卷
ETAT 国家
　　贵族，波拿巴，中央集权，民法典，费希特，自由，启蒙，马克思，孟德

主题索引

斯鸠，托克维尔
**ETATS GENERAUX 三级会议**
参阅第1卷
**ETATS-UNIS 和合众国**
参阅 Amérique
**ETRE SUPRÊME 最高主宰**
比谢，政变，丹东，博爱，学院派大革命史学，基内，米拉波，革命宗教，罗伯斯庇尔
**EVÊCHÉ (COMITÉ DE L') 主教区（主教区委员会）**
巴黎公社
**EXÉCUTIF (POUVOIR) 执行（权力）**
宪法，丹东，民主，革命政府，王政派，内克，选举制度

**FACTIONS 派别**
丹东，民主，埃贝尔派，山岳派，罗伯斯庇尔
**FAMILLE 家庭**
民法典
**FEDERALISME 联邦主义**
参阅第1卷
**FEDERATION 联盟节**
参阅第1卷
**FEMME(s) 妇女**
民法典，非基督教化，平等，忿激派，玛丽-安托瓦内特，无套裤汉，选举制度
**FEODALITE 封建制度**
参阅第4卷
**FEUILLANTS 斐扬派**

参阅第2卷
**FIEFS 采邑**
封建制度
**FINANCES PUBLIQUES 公共财政**
内克
**FONCIER (RÉGIME) 地产（制度）**
民法典
**FRATERNITE 博爱**
参阅第4卷
**FRANC-MAÇONNERIE 共济会**
贵族，比谢，俱乐部及民众社团，博爱，启蒙，革命宗教，大革命与欧洲
**FONCTIONNAIRES 公务员**
贵族，中央集权，平等，革命政府
**FRONTIERES NATURELLES 自然疆界**
参阅第4卷
**FRUCTIDORIENS 果月党人**
意大利战役，贡斯当，斯塔尔夫人

**GARDE NATIONALE 国民卫队**
军队，联盟节，革命日，拉法耶特，基内
**GALLICANISME 高卢主义**
教士公民组织法
**GIRONDINS 吉伦特派**
参阅第2卷
**GOUVERNEMENT REVOLUTIONNAIRE 革命政府**
参阅第3卷
**GRAINS (COMMERCE DES) 谷物（贸易）**
大恐慌，最高限价

GRANDE PEUR 大恐慌
　参阅第1卷
GUERRE 战争
　军队，革命议会，指券，波拿巴，意大利战役，自然疆界，吉伦特派，革命政府，埃贝尔派，税收，雅各宾主义，饶勒斯，康德，路易十六，审判国王，共和国，大革命与欧洲，恐怖，巴塞尔条约与海牙条约(1795)
GUILLOTINE 断头台
　革命政府，审判国王，革命宗教，恐怖

HEBERTISTES 埃贝尔派
　参阅第2卷
HISTOIRE UNIVERSITAIRE DE LA REVOLUTION 学院派大革命史学
　参阅第5卷

IMPOT 税收
　参阅第3卷
INDIVIDUALISME 个体主义
　路易·勃朗，比谢，柏克，公共精神，博爱，自由，马克思，八月四日之夜，重农学派，托克维尔
INDULGENTS 宽容派
　丹东，埃贝尔派
INTENDANTS 督办
　中央集权，省，主权，托克维尔
INVIOLABILITÉ DU ROI 国王的不可侵犯性
　审判国王，瓦伦事件

JACOBINISME 雅各宾主义
　参阅第4卷
JANSÉNISME 詹森（冉森）主义
　教士公民组织法，非基督教化，平等，审判国王
JOURNEES REVOLUTIONNAIRES 革命日
　参阅第1卷
JUIFS 犹太人
　国有财产，民法典，教士公民组织法，平等，斐扬派，自由，八月四日之夜，革命宗教
JUSTICE 司法
　中央集权，人权，迈斯特，西耶斯，恐怖

LAÏCITÉ 世俗性
　民法典，米什莱
LÉGISLATIF (POUVOIR) 立法（权）
　革命议会，宪法，民主，孟德斯鸠，内克
LEVÉE EN MASSE 总动员
　军队，联邦主义，民族，革命政府，旺代
LIBÉRALISME 自由主义
　革命议会，柏克，孔多塞，贡斯当，反革命，吉伦特派，基佐，拉法耶特，自由，启蒙，最高限价，米拉波，重农学派，主权
LIBERTE 自由
　参阅第4卷
LOI 法律

民法典，民主，人权，革命政府，内克，美国革命
—agraire（农业法）
巴贝夫，平等，联邦主义，最高限价，卢梭

**LUMIERES 启蒙**
参阅第4卷

**LUTTE DES CLASSES 阶级斗争**
路易·勃朗，反革命，基佐，饶勒斯，马克思，恐怖

MANDAT 代表制
—impératif 强制委托权
民主，省，选举，卢梭，西耶斯，选举制度
—territorial 土地信用券
指券

MARAIS 沼泽派
革命议会，山岳派，审判国王

MARC D'ARGENT 银马克
选举制度

MARIAGE 婚姻
民法典

MARXISME 马克思主义
饶勒斯，学院派大革命史学，马克思

MATÉRIALISME HISTORIQUE 历史唯物主义
巴纳夫，基佐，饶勒斯，马克思

**MAXIMUM 最高限价**
参阅第3卷

MÉRITOCRATIE 成就至上论
平等

MILICE 民兵
军队，联盟节，革命日

MODÉRANTISME 温和主义
斐扬派，吉伦特派，孟德斯鸠，罗伯斯庇尔，热月党

MONARCHIE 君主制
旧制度，贵族，巴纳夫，路易·勃朗，中央集权，贡斯当，宪法，三级会议，联邦主义，封建制度，税收，拉法耶特，路易十六，迈斯特，王政派，孟德斯鸠，内克，审判国王，基内，共和国，主权，托克维尔，瓦伦事件

**MONARCHIENS 王政派**
参阅第2卷

**MONTAGNARDS 山岳派**
参阅第2卷

MUNICIPALITÉS 市政机构
中央集权，省，联盟节

**NATION 民族**
参阅第4卷

NOBLESSE 贵族
贵族，革命议会，国有财产，波拿巴，朱安党叛乱，贡斯当，平等，三级会议，封建制度，米拉波，孟德斯鸠，内克，托克维尔，旺代

**NUIT DU 4-AOÛT 八月四日之夜**
参阅第1卷

OFFICES 官职
贵族，税收，八月四日之夜

OPINION PUBLIQUE 公共舆论
俱乐部及民众社团，公共精神，三级会议，路易十六，米什莱，内克，斯塔尔夫人

PAPAUTÉ 教皇制
非基督教化，教士公民组织法，反革命

PARIS 巴黎
中央集权，巴黎公社，省，平等，联邦主义，联盟节，吉伦特派，革命日，山岳派，无套裤汉

PARLEMENTS D'ANCIEN RÉGIME 旧制度时代的高等法院
路易十六，米拉波，民族，八月四日之夜，西耶斯，托克维尔

PATRIE 党派
俱乐部及民众社团，丹东，流亡者，斐扬派，民族，共和国，大革命与欧洲

PAYSANNERIE 农民
贵族，国有财产，历法，朱安党叛乱，联盟节，大恐慌，学院派大革命史学，最高限价，八月四日之夜，托克维尔，旺代

PÉDAGOGIE 教育学
孔多塞，公共精神，启蒙，再生，热月党

PHILOSOPHIE 哲学
学院派大革命史学，启蒙，基内，斯塔尔夫人
——allemande 德国哲学
费希特，黑格尔，康德，马克思
——écossaise 苏格兰哲学
巴纳夫，贡斯当，封建制度，西耶斯

PHYSIOCRATES 重农学派
参阅第3卷

PLAINE 平原派
参阅 Marais

POIDS ET MESURES 度量衡
历法，启蒙，民族

POSITIVISME 实证主义
孔多塞，丹东，学院派大革命史学

PRÉFETS 省长
波拿巴，中央集权，省

PRESSE 报刊
军队，俱乐部及民众社团，公共精神，自由，马拉

PRÊTRES RÉFRACTAIRES 抗拒派教士
朱安党叛乱，教士公民组织法，非基督教化，恐怖，旺代

PRIVILÈGES 特权
贵族，平等，三级会议，封建制度，税收，自由，八月四日之夜，卢梭，西耶斯

PROCES DU ROI 审判国王
参阅第1卷

PROLÉTARIAT 无产阶级
巴贝夫，饶勒斯，马拉，马克思

PROPAGANDE 宣传
公共精神，革命政府，再生

PROPRIÉTÉ 财产权
贵族，巴贝夫，国有财产，柏克，民法典，平等，饶勒斯，八月四日之夜，重农学派，卢梭

PROTESTANTISME 新教

巴纳夫，路易·勃朗，比谢，教士公民组织法，反革命，非基督教化，平等，基佐，黑格尔，基内，泰纳

PROVIDENCE 神意
迈斯特

QUESTION SOCIALE 社会问题
巴贝夫，路易·勃朗，比谢，最高限价，无套裤汉

RAISON 理性
*culte de la* —理性崇拜
革命宗教
—d'Etat 国家理性
救国委员会，政变

RÉACTION 反动
贡斯当，革命，热月党
—seigneuriale（领主反动）
贵族，大恐慌

RÉFORME 改革
参阅 Protestantisme

REGENERATION 再生
参阅第4卷

**RELIGION REVOLUTIONNAIRE**
革命宗教
参阅第3卷

REPRÉSENTANTS EN MISSION 特派员
军队，中央集权，俱乐部及民众社团，政变，非基督教化，联邦主义，革命政府，革命宗教，恐怖

REPRESENTATION 代表制
革命议会，孔多塞，贡斯当，反革命，民主，人权，选举，公共精神，三级会议，基佐，革命日，内克，共和国，美国革命，罗伯斯庇尔，卢梭，无套裤汉，西耶斯，主权，选举制度，热月党，瓦伦事件

**REPUBLIQUE 共和国**
参阅第4卷

RESTAURATION 复辟
旧制度，反革命，基佐，革命，斯塔尔夫人，托克维尔

RÉVISIONNISME 修正主义
政变

**REVOLUTION 革命**
参阅第4卷

ROMANTISME 浪漫主义
反革命，迈斯特，米什莱

ROYALISME 王党主义
朱安党叛乱，政变，流亡者，联邦主义，吉伦特派，革命日，审判国王，旺代

SALONS 沙龙
吉伦特派

SANS-CULOTTES 无套裤汉
参阅第2卷

SECOND EMPIRE 第二帝国
共和国

SECTIONNAIRE (MOUVEMENT) 街区（运动）
俱乐部及民众社团，巴黎公社，政变，忿激派，博爱，革命日，审判国王，罗伯斯庇尔，无套裤汉

SEIGNEURIE 领主制
　封建制度，大恐慌，八月四日之夜
SÉPARATION DES POUVOIRS 分权
　宪法，人权，自由，王政派，孟德斯鸠，内克，美国革命，斯塔尔夫人
SEPTEMBRE (MASSACRES DE) 九月（屠杀）
　巴黎公社，丹东，马拉，恐怖
SERMENT 宣誓
—contitutionnel 宪法宣誓
　教士公民组织法，非基督教化，博爱
—du Jeu de Paume 网球场宣誓
　宪法
SERVITUDE 奴役
　封建制度，自由，马拉
SOCIALISME 社会主义
　巴贝夫，路易·勃朗，比谢，民主，博爱，革命政府，学院派大革命史学，雅各宾主义，饶勒斯，共和国
SOCIÉTÉ (S) 社会（协会，学会，会社，社团）
—civile 公民社会
　马克思，主权
—de l'histoire de la 历史学会
　革命，学院派大革命史学
—de pensée 思想社团
　俱乐部及民众社团
—de 1789 1789年社
　俱乐部及民众社团，孔多塞，斐扬派，拉法耶特
—des amis de la constitution 宪法之友社

　俱乐部及民众社团，斐扬派，雅各宾主义
—des amis de la liberté et de l'égalité 自由与平等之友社
　雅各宾主义
—des droits de l'homme 人权协会
　迈斯特
—des études robespierristes 罗伯斯庇尔研究会
　学院派大革命史学
—des républicaines revolutionnaires 革命共和派妇女社
　忿激派
—des Trente 三十人委员会
　斐扬派
—secrètes 秘密结社
　巴贝夫
SORBONNE 索邦
　学院派大革命史学
**SOUVERAINETE 主权**
　参阅第4卷
SPARTE 斯巴达
　卢梭
SPÉCULATION 投机
　指券
SUBSISTANCES 生计
　革命政府，最高限价
SUCCESSION (DROIT DE) 继承（法）
　民法典，平等
**SUFFRAGE 选举制度**
　参阅第3卷
SUSPECTS 嫌疑犯

埃贝尔派，恐怖
TAXATION (DES PRIX) 价格限定
革命政府，最高限价，卢梭
TERMINER LA RÉVOLUTION 结束革命
革命议会，巴纳夫，贡斯当，斐扬派，吉伦特派，基佐，王政派，革命宗教，革命，罗伯斯庇尔，热月党，瓦伦事件
**TERREUR 恐怖**
参阅第1卷
THÉOCRATIE 神权统治
反革命
THÉOPHILANTHROPIE 敬神博爱教
革命宗教
THÉOSOPHIE 神智学
迈斯特
**THERMIDORIENS 热月党**
参阅第2卷
TIERS ETAT 第三等级
革命议会，俱乐部及民众社团，三级会议，联盟节，基佐，王政派，民族，内克，西耶斯，主权
TOTALITARISME 极权主义
再生
**TRAITES DE BALE ET DE LA HAYE (1795) 巴塞尔条约与海牙条约 (1795)**
参阅第1卷
TRÉSORERIE NATIONALE 国家财政部
指券

TRIBUNAL RÉVOLUTIONNAIRE 革命法庭
革命政府，共和国，恐怖
TRIBUNAT 保民院
民法典
TRIUMVIRS (BARNAVE, DUPORT, LAMETH) 三巨头（巴纳夫，迪波尔，拉梅特）
革命议会，巴纳夫，斐扬派，拉法耶特，罗伯斯庇尔，瓦伦事件
TROISIÈME RÉPUBLIQUE 第三共和国
共和国
TROTSKISME 托派（托洛茨基主义）
热月党
TUTOIEMENT 以"你"相称
平等，博爱，自由，再生，无套裤汉

UNIVERSALITÉ DE LA LOI 法律的普世性
柏克，人权，平等，民族，八月四日之夜，革命

**VANDALISME 汪达尔主义**
参阅第4卷
**VARENNES 瓦伦事件**
参阅第1卷
**VENDEE 旺代**
参阅第1卷
VERTU 美德
自由，孟德斯鸠，再生，罗伯斯庇尔，伏尔泰
——républicaine 共和美德

革命政府

**VETO** 否决权

主权

**VOLONTAIRES** 志愿军

军队，联邦主义

**VOLONTARISME** 意志主义

巴贝夫，贡斯当，反革命，民主，公共精神，雅各宾主义，主权，斯塔尔夫人，恐怖

**VOLONTÉ GÉNÉRALE** 公意（普遍意志）

宪法，民主，流亡者，革命政府，黑格尔，雅各宾主义，自由，迈斯特，马克思，卢梭，西耶斯，主权，恐怖

# 《法国大革命批判辞典》（全五卷）
# 总目录

## 1. 事件卷

意大利战役（Campagne d'Italie）

朱安党叛乱（Chouannerie）

政变（Coups d'État）

非基督教化（Déchristianisation）

雾月十八日（Dix-Huit Brumaire）

选举（Élections）

三级会议（États généraux）

联邦主义（Fédéralisme）

联盟节（Fédération）

大恐慌（Grande Peur）

革命日（Journées révolutionnaires）

八月四日之夜（Nuit du 4-Août）

审判国王（Procès du roi）

圣多明各革命（Révolution à Saint-Domingue（la））

大革命与欧洲（Révolution et l'Europe（la））

恐怖（Terreur）

巴塞尔条约与海牙条约（Traités de Bâle et de la Haye（1795））

瓦伦事件（Varennes）

旺代（Vendée）

## 2. 人物卷

### 个人

巴贝夫（Babeuf）

巴纳夫（Barnave）

波拿巴（Bonaparte）

布里索（Brissot）

卡诺（Carnot）

孔多塞（Condorcet）

丹东（Danton）

拉法耶特（La Fayette）

路易十六（Louis XVI）

马拉（Marat）

玛丽－安托瓦内特（Marie-Antoinette）

米拉波（Mirabeau）

内克（Necker）

罗伯斯庇尔（Robespierre）

圣茹斯特（Saint-Just）
西耶斯（Sieyès）

**群体**

流亡者（Émigrés）
忿激派（Enragés）
斐扬派（Feuillants）
吉伦特派（Girondins）
埃贝尔派（或科特利埃派）（Hébertistes（ou Cordeliers））
王政派（Monarchiens）
山岳派（Montagnards）
无套裤汉（Sans-culottes）
热月党（Thermidoriens）


## 3. 制度卷

军队（Armée）
革命议会（Assemblées révolutionnaires）
指券（Assignats）
国有财产（Biens nationaux）
历法（Calendrier）
俱乐部及民众社团（Clubs et sociétés populaires）
民法典（Code civil）
救国委员会（Comité de salut public）
巴黎公社（Commune de Paris）

宪法（Constitution）
教士公民组织法（Constitution civile du clergé）
省（Département）
革命政府（Gouvernement révolutionnaire）
税收（Impôt）
公共教育（Instruction publique）
最高限价（Maximum）
革命宗教（Religion révolutionnaire）
选举制度（Suffrage）

## 4. 观念卷

旧制度（Ancien Régime）
贵族（Aristocratie）
中央集权（Centralisation）
反革命（Contre-Révolution）
民主（Démocratie）
人权（Droits de l'homme）
平等（Égalité）
公共精神（Esprit public）
封建制度（Féodalité）
博爱（Fraternité）
自然疆界（Frontières naturelles）
雅各宾主义（Jacobinisme）

自由（Liberté）
启蒙（Lumières）
绝对君主制（Monarchie absolue）
孟德斯鸠（Montesquieu）
民族（Nation）
重农学派（Physiocrates）
再生（Régénération）
共和国（République）
革命（Révolution）
美国革命（Révolution américaine）
卢梭（Rousseau）
主权（Souveraineté）
汪达尔主义（Vandalisme）
伏尔泰（Voltaire）

## 5. 阐释卷

路易·勃朗（Blanc (Louis)）
比谢（Buchez）
柏克（Burke）
贡斯当（Constant）
费希特（Fichte）
基佐（Guizot）
黑格尔（Hegel）

学院派大革命史学（Histoire universitaire de la révolution）

饶勒斯（Jaurès）

康德（Kant）

迈斯特（Maistre）

马克思（Marx）

米什莱（Michelet）

基内（Quinet）

斯塔尔夫人（Staël (Mme de)）

泰纳（Taine）

托克维尔（Tocqueville）

# 作者名录

- 布罗尼斯瓦夫·巴奇科（Bronslaw Baczk, 1924—2016），日内瓦大学，"公共教育（*Instruction publique*）""启蒙（*Lumières*）""热月党（*Thermidoriens*）""汪达尔主义（*Vandalisme*）"
- 基斯·M.贝克（Keith M. Baker, 1925— ），芝加哥大学，"孔多塞（*Condorcet*）""宪法（*Constitution*）""西耶斯（*Sieyès*）""主权（*Souveraineté*）"
- 路易·贝热龙（Louis Bergeron, 1929—2014），历史研究中心，社会科学高等研究院（巴黎），"国有财产（*Biens nationaux*）"
- 大卫·D.比恩（David D. Bien, 1930—2015），密歇根大学（安娜堡），"贵族（*Aristocratie*）"
- 马西莫·博法（Massimo Boffa, 1950— ），雷蒙-阿隆研究所（巴黎），"反革命（*Contre-Révolution*）""流亡者（*Émigrés*）""迈斯特（*Maistre*）"
- 加伊·博森加（Gail Bossenga），堪萨斯大学（劳伦斯），"税收（*Impôt*）"
- 米歇尔·布昌吉埃（Michel Bruguière, 1938—1989），高等研究

应用学院，第四分部（巴黎），"指券（Assignats）"
- 亚纳·福舒瓦（Yann Fauchois, 1957— ），雷蒙—阿隆研究所（巴黎），"中央集权（Centralisation）"
- 吕克·费里（Luc Ferry, 1951— ），里昂第二大学，雷蒙—阿隆研究所（巴黎），"费希特（Fichte）""黑格尔（Hegel）""康德（Kant）"
- 阿兰·福雷斯特（Alan Forrest, 1945— ），曼彻斯特大学，"军队（Armée）""大革命与欧洲（La Révolution et l'Europe）"
- 弗朗索瓦·孚雷（François Furet, 1927—1997），雷蒙-阿隆研究所，社会科学高等研究院（巴黎）"旧制度（Ancien Régime）""巴贝夫（Babeuf）""巴纳夫（Barnave）""路易·勃朗（Louis Blanc）""波拿巴（Bonaparte）""比谢（Buchez）""朱安党叛乱（Chouannerie）""教士公民组织法（Constitution civile du clergé）""雾月十八日（Dix-Huit Brumaire）""封建制度（Féodalité）""革命政府（Gouvernement révolutionnaire）""学院派大革命史学（Histoire universitaire de la Révolution）""雅各宾主义（Jacobinisme）""路易十六（Louis XVI）""马克思（Marx）""最高限价（Maximum）""米什莱（Michelet）""米拉波（Mirabeau）""八月四日之夜（Nuit du 4-Août）""基内（Quinet）""恐怖（Terreur）""托克维尔（Tocqueville）""旺代（Vendée）"
- 马塞尔·戈谢（Marcel Gauchet，1946— ），雷蒙-阿隆研究所，社会科学高等研究院（巴黎），"贡斯当（Constant）""人权（Droits de l'homme）""内克（Necker）""斯塔尔夫人（Mme

de Staël）"
- 热拉尔·让让步尔（Gérard Gengembre, 1949— ），高等人文科学师范学院，"柏克（Burke）"
- 约瑟夫·古瓦（Joseph Goy, 1935—2014），历史研究中心，社会科学高等研究院，巴黎，"民法典（Code civil）"
- 帕特里斯·格尼费（Patrice Gueniffey, 1955— ），雷蒙-阿隆研究所，社会科学高等研究院，巴黎，"布里索（Brissot）""卡诺（Carnot）""俱乐部及民众社团（Clubs et sociétés populaires）"（与朗·阿莱维（Ran Halévi）合写），"巴黎公社（Commune de Paris）""选举（Élections）""拉法耶特（La Fayette）""罗伯斯庇尔（Robespierre）""选举制度（Suffrage）"
- 朗·阿莱维（Ran Halévi, 1950— ），国家科学研究中心，历史研究中心，雷蒙-阿隆研究所，巴黎，"俱乐部及民众社团（Clubs et sociétés populaires）"（与帕特里斯·格尼费合写），"三级会议（États généraux）""斐扬派（Feuillants）""王政派（Monarchiens）"
- 帕特里斯·伊戈内（Patrice Higonnet, 1938— ），哈佛大学，剑桥，美国，"无套裤汉（Sans-culottes）"
- 贝尔纳·马南（Bernard Manin, 1951— ），国家科学研究中心，巴黎，"孟德斯鸠（Montesquieu）""卢梭（Rousseau）"
- 皮埃尔·诺拉（Pierre Nora, 1931— ），雷蒙-阿隆研究所，社会科学高等研究院，巴黎，"民族（Nation）""共和国（République）"
- 莫娜·奥祖夫（Mona Ozouf, 1931— ），社会科学高等研究院，历史研究中心，雷蒙-阿隆研究所，巴黎，"历法（Calendrier）""丹东（Danton）""非基督教化（Déchristianisation）""省（Département）""平等（Égalité）""公共精神（Esprit public）""联邦主义（Fédéralisme）""联盟节（Fédération）""博爱（Fraternité）""吉伦特派（Girondins）""饶勒斯（Jaurès）""自由（Liberté）""马拉（Marat）""山岳派（Montagnards）""审判国王（Procès du roi）""再生（Régénération）""革命宗教（Religion révolutionnaire）""革命（Révolution）""圣茹斯特（Saint-Just）""泰纳（Taine）""瓦伦事件（Varennes）""伏尔泰（Voltaire）"

- 菲利普·雷诺（Philippe Raynaud, 1952—　），社会科学高等研究院，雷蒙-阿隆研究所，巴黎，"民主（Démocratie）""美国革命（Révolution américaine）"

- 雅克·雷韦尔（Jacques Revel, 1942—　），历史研究中心，社会科学高等研究院（巴黎），"大恐慌（Grande Peur）""玛丽-安托瓦内特（Marie-Antoinette）""绝对君主制（Monarchie absolue）"

- 德尼·里歇（Denis Richet, 1927—1989），历史研究中心，社会科学高等研究院（巴黎），"革命议会（Assemblées révolutionnaires）""意大利战役（Campange d'Italie）""救国委员会（Comité de salut public）""政变（Coups d'État）""自然疆界（Frontières naturelles）""埃贝尔派（Hébertistes）""革命日（Journées révolutionnaires）""巴塞尔条约与海牙条约（Traités de Bâle et de La Haye）（1795）"

- 皮埃尔·罗桑瓦隆（Pierre Rosanvallon, 1948— ），跨学科研究中心，社会科学高等研究院（巴黎），"基佐（*Guizot*）""重农学派（*Physiocrates*）"
- 马西米利亚诺·桑托罗（Massimiliano Santoro），米兰大学，"圣多明各革命（*Révolution à Saint-Domingue*）"

图书在版编目（CIP）数据

法国大革命批判辞典.5，阐释卷/（法）弗朗索瓦·孚雷，（法）莫娜·奥祖夫主编；洪庆明译.—北京：商务印书馆，2023
ISBN 978-7-100-21932-7

Ⅰ.①法… Ⅱ.①弗… ②莫… ③洪… Ⅲ.①法国大革命—研究 Ⅳ.① K565.41

中国版本图书馆 CIP 数据核字（2022）第 255703 号

**权利保留，侵权必究。**

## 法国大革命批判辞典
## 5
### 阐释卷

〔法〕弗朗索瓦·孚雷　主编
　　　莫娜·奥祖夫
洪庆明　译
刘北成　校

商务印书馆出版
（北京王府井大街36号　邮政编码100710）
商务印书馆发行
北京中科印刷有限公司印刷
ISBN 978-7-100-21932-7

2023年10月第1版　　开本 880×1230　1/32
2023年10月北京第1次印刷　印张 10 1/8
定价：63.00 元